PAULO AMORIM

BÁRBARA LOBO

CORRUPÇÃO, AMBIENTE ECONÔMICO E APRENDIZAGEM

Copyright 2018 © by authors.

All rights reserved. No part of this publication may be reproduced or transmitted in any form or by any means, electronic or mechanical, inclunding photocopying, recording, or by any information storage and retrieval system, without permission in writing from the authors.

Todos os direitos reservados. Nenhuma parte desta publicação pode ser reproduzida ou transmitida de qualquer forma ou por qualquer meio, eletrônico ou mecânico, incluindo fotocópia, gravação ou por qualquer sistema de armazenamento e recuperação de informações, sem permissão por escrito dos autores.

Editoração eletrônica: Bárbara Lobo
Imagem da Capa/Capa: Canva/Bárbara Lobo

Corrupção, Ambiente Econômico e Aprendizagem
AMORIM, Paulo
LOBO, Bárbara

2ª Edição – 2018

ISBN: 978-65-900039-1-1

"O sentimento de estar excluído da cultura legítima é a expressão mais sutil da dependência e da vassalagem, pois implica na impossibilidade de excluir o que exclui, única maneira de excluir a exclusão."

(PIERRE BORDIEU, 2002, p. 132).

ÍNDICE

INTRODUÇÃO	08
CAPÍTULO I – O IMPACTO DA POBREZA NO PROCESSO DE APRENDIZAGEM	13
1.1 – O Problema da Aprendizagem	16
CAPÍTULO II – EDUCAÇÃO, AMBIENTE ECONÔMICO E APRENDIZAGEM	22
2.1 – A Relação Entre Pobreza e Educação	22
2.1.1 – Pobreza no Brasil e no Paraguai	22
2.1.2 – Pobreza e Suas Externalidades	34
2.1.3 – Educação e Suas Externalidades	36
2.1.4 – O Estado e a Educação	37
2.1.5 – Ambiente Econômico	66
2.2 – Produção Simbólica do Conhecimento (Poder, Herança Cultural, Campo Intelectual e Habitus de Classe)	75
2.2.1 – Por Uma Psicopedagogia Simbólica	76
2.2.2 – Bem Simbólico	81
2.2.3 – Classe Social	86
2.2.4 – O Capital Sagrado (O Sagrado e o Simbólico)	90
2.2.5 – O Mercado de Bens Simbólicos	97
2.2.6 – Habitus de Classe e Perpetuação do Poder	101
2.2.7 – Educação e Capital Simbólico	103
2.2.8 – A Construção do Pensamento e da Aprendizagem (A Gênese do Processo Ensino-Aprendizagem)	106
2.2.9 – Símbolos Não Decodificados (Psicopatias Inibidoras do Intelecto)	125
2.3 – Ambiente Econômico Corrompido (O Estado e a Corrupção no Setor Público)	128
2.3.1 – Definindo Corrupção	129
2.3.2 – Corrupção e Percepção de Corrupção	134
2.3.3 – Medindo Corrupção	137
2.3.4 – Gênese do Estado Prenhe da Corrupção	139
2.3.5 – Corrupção e Desenvolvimento Econômico	144
2.3.6 – Impactos da Corrupção no Brasil e no Paraguai	148
2.3.7 – O Custo da Corrupção no Setor Público	152
2.3.8 – Ambiente Econômico Corrompido e Aprendizagem	164
2.3.9 – Capital Ético e Moral	167

CAPÍTULO III – METODOLOGIA 184
3.1 – Tipo de Pesquisa 184
3.2 – População e Amostra 185
3.3 – Instrumentos de Medida 185
3.3.1 – Tratamento Estatístico 185
3.3.2 – Regressão Econométrica 186
3.3.3 – Modelos de Regressão Econométrica 191
3.4 – Coleta de Dados 212

CAPÍTULO IV – ANÁLISE E DISCUSSÃO DOS RESULTADOS - DESEMPENHO ESCOLAR VERSUS POBREZA: ESTUDO COMPARATIVO BRASIL-PARAGUAI 214
4.1 – Findings 215
4.1.1 – República Federativa do Brasil 215
4.1.2 – República do Paraguai 221
4.2 – Análise de Regressão Econométrica 227
4.2.1 – Modelos de Regressão Econométrica (Grupo I) 227
4.2.2 – Modelos de Regressão Econométrica (Grupo II) 264
4.2.3 – Modelo de Regressão Econométrica (Grupo III) 285

CAPÍTULO V – CONCLUSÕES E RECOMENDAÇÕES 299

SOBRE OS AUTORES 302

REFERÊNCIAS 303

APÊNDICES 312

ANEXOS 332

RESUMO

Neste ensaio pudemos fazer um estudo de Educação Comparada entre Brasil e Paraguai. Nossos esforços foram concentrados no desempenho escolar sob a ótica das classes sociais, em outras palavras, tentamos captar as similaridades, em ambos os países, da nefasta influência da pobreza na vida das crianças que cursam o ensino fundamental. Propomos uma série de correlações econométricas entre o rendimento estudantil (que no Brasil está representado pelo IDEB – Índice de Desenvolvimento da Educação Básica; e no Paraguai pela Prova Paraguai) e o nível socioeconômico dos alunos, para ser mais específico, consideramos a pobreza, para fins estatísticos em duas dimensões: a primeira, na pobreza bruta, analisamos os dados das NBIs (Necessidades Básicas Insatisfeitas) de ambos os países. As NBIs representam, de forma bruta, as condições salubres das moradias, acesso a leito hospitalares e acessibilidade a rede educacional. A segunda, Pobreza elaborada, utilizamos índices oficiais de mensuração de qualidade de vida, tais como: IDH (Índice de Desenvolvimento Humano, Índice de Pobreza e Coeficiente de Gini). Considerando a relação causal entre educação e pobreza, vimos que essas são imbricadas, sendo uma causa/efeito sobre a outra, ou seja, a ausência de um processo educacional qualitativo restringe o indivíduo na construção da cidadania e consequentemente, fixando-o no estrato social na qual nasceu. Por outro lado, a presença da pobreza na vida das pessoas, especificamente nas crianças, seria um sério empecilho ao seu desenvolvimento no processo ensino-aprendizagem. Destarte, a pobreza como isicoconsequência, isto é, a não acessibilidade educacional, geraria um quadro dramático de desigualdade social tendo como consequência a pobreza. Por outro lado, a pobreza como causa, ou seja, a presença da pobreza no contexto educacional seria um inibidor ao processo ensino-aprendizagem. Todo esse processo efeito-causa/pobreza-aprendizagem seria agudizado em um ambiente político corruptivo, para analisarmos esse ambiente corrupto criamos o Índice de Corrupção com dados primários fornecidos pelo TCERJ para os municípios da Região Metropolitana (RJ) e comparamos, através de Regressão Econométrica, com o Índice de Desenvolvimento Escolar (IDEB). Acreditamos que quanto maior for processo corruptivo, menor será o processo de aprendizagem.

INTRODUÇÃO

Segundo KALOYIANNAKI & KAZAMIAS (2012) podemos definir Educação Comparada (E. C.) como a ciência que é impulsionada pelo desejo de receber lições uteis de outros países, tomando por empréstimos, transferindo ou transplantando idéias uteis e práticas de aprimoramento educacional.

Os primeiros relatos sobre Educação Comparada, ou pelo menos seu marco inicial, se deu com a publicação de "Esquisse etvues preliminaires d'unouvragesurl'education comparée" no início do século XIX (1817) por MARC-ANTONIE JULLIEN DE PARIS (Ibiden). JULIEN acreditava que estudando o sistema educacional "além-mar", seria possível desenvolver uma visão mais ampla e a necessária técnica que ajudariam a aprimorar a educação em território nacional. De imediato, no processo inicial da Educação Comparada no início do século XIX, foi a constatação que o Sistema Prussiano de Educação era deveras superior ao restante da Europa, e mesmo com resistências iniciais foi colocado como modelo de ensino europeu, estendo sua influência até à América do Norte.

A Educação Comparada não é um objeto em si. Quando se inicia um estudo comparativo faz necessário buscar a primeira identidade, ou seja, o que se pretende comparar? Qualquer raciocínio supõe um pensamento relacional, ou seja, implica em um conhecimento de relações. Destarte, existe um universo a ser explorado em Educação Comparada: que pode ser o estudo de educação de outras pessoas em outros países; intercâmbios internacionais e estudos no exterior; apoio técnico ao desenvolvimento da educação em outros países; cooperação internacional no desenvolvimento da educação por meio de organização internacional; unidades de comparação para investigação educativa (comparação de territórios: lugar, região, província, Estado; comparação por sistemas educacionais e comparação em função da linha do tempo).

No nosso caso específico, as unidades territoriais são os Estados (Brasil e Paraguai) e o estudo comparativo se dá pelo intermédio do desempenho escolar vinculado ao nível socioeconômico. Em outras palavras, procuramos indícios, em ambos os países (Brasil e Paraguai), sobre a influência da pobreza no desenvolvimento intelectual de crianças, especificamente na questão do rendimento escolar.

Quando fazemos este tipo de comparação de sistemas estrangeiros, países com organizações de Estado tão distintas, não devemos concentrar nossos esforços somente nas instituições físicas e política que compõe o sistema, mas principalmente nas manifestações intangíveis, impalpáveis e por que não dizer espiritual que o sistema carreia em si: as manifestações de ruas, de bairros e principalmente tentar absorver o que acontece nos lares. As coisas que acontecem fora da escola são muito mais importantes do que acontece dentro delas. Como argumenta SADLER (Apud, BEREDAY 2012) "um sistema educacional é uma coisa viva", ela não se restringe a prédios, professores, alunos e o staff educacional, ela está imersa dentro de uma cultura.

Nesse estudo comparativo no rendimento escolar de crianças do ensino fundamental, mais do que discrepâncias de ambos os sistemas, procuramos similaridades de ação e reação que a pobreza desencadeia no processo ensino aprendizagem nessa faixa etária. Assim, as questões educacionais, a despeito do eixo central está no rendimento escolar, o foco não está nas escolas, mas sim na dinâmica social em que funcionam. Não pretendemos julgar quais sistemas educacionais funcionam melhor, antes de tudo, tentamos absorver a força histórica educacional não escolar, intangível, impalpável, psíquica que constrói sua idiossincrasia. O valor prático desse tipo de estudo acadêmico de outros sistemas educacionais, é conhecer as mazelas endêmicas.

Nas literaturas nacionais e internacionais contemporâneas, dá-se muito maior importância ao ambiente social em suas análises das funções da escola na vida nacional. Porém essa visão não é nova. Já em 1900 SADELR (Apud,

KAZAMIAS -2012) atentava sobre a importância do ambiente social no qual estavam submersos alunos e professores, esse ambiente, que tomamos a liberdade de chamá-lo de "ambiente econômico", não se restringe apenas as condições materiais de moradia, alimentação, vestuário, entre outros, mas também o contexto idissincrático, moral e intelectual, como também tão importante a força da tradição local.

O sistema de educação, que deveria ser um processo libertador e equalizador das diferenças sociais, em seu processo de empobrecimento, contribui historicamente para a transmissão do poder e dos privilégios. Destarte, este sistema, para as classes menos privilegiadas tornou-se forma mais dissimulada e por isso a mais eficiente para funcionar como manutenção hereditária do poder e dos privilégios. Sua dissimulação está sob a forma de neutralidade científica.

A interferência da pobreza no processo ensino-aprendizagem está no legado de bens culturais acumulados e transmitidos pelas gerações. A captura desses bens, só será realmente efetivada para aqueles que possuam as ferramentas para decifrar os seus códigos. Assim, esses códigos não estão disponíveis na escola, mas sim no seio das famílias. Em suma, como diz Bordieu "o livre jogo das leis da transmissão do capital cultural retorna as mãos do capital cultural, perpetuando esses bens na elite."

Desse modo, é na escola ou no sistema educacional onde configuram as mudanças na matriz psicossocial das populações mais desprivilegiadas. Na população abastada, como já nos referimos os códigos necessários para apreensão dos bens simbólicos são fornecidos em casa. A escola só serve como instrumento de chancela para o domínio cultural e econômico. Para os desprivilegiados que, possuem intimidade com a pobreza, esses códigos não estão com os pais e só podem ser encontrados na escola ou no sistema educacional que, paradoxalmente negam-lhe esses códigos de forma consciente ou não.

Destarte, em uma civilização onde as agressões externas aparecem vir de várias direções e de natureza diversificada, causando dores e lesões irreparáveis, a intervenção pedagógica nos parece uma das poucas tênues luz a uma civilização que obscurece com o tempo. É uma ponta de lança civilizatória dentro da barbárie urbana.

Nos tempos contemporâneos é o Estado-Nação que assumiu a responsabilidade pelo processo de difusão da educação pela sociedade. Essa assunção não é simplesmente benevolente, ela resulta na demanda no interior deste Estado para preparar cidadãos para participar da vida econômica em sociedade. Porém, se houve um processo de universalização educacional a nível global, o mesmo não se pode argumentar sobre sua qualidade. Raros são os Estados Nacionais que conseguiram programar uma educação pública com qualidade. Desse modo, o sistema educacional é bifurcado em classes de elite e para o restante da população. Parece-nos que tanto para o Brasil quanto no Paraguai educação de qualidade está privatizada, enquanto a pública possui uma crônica deficiência.

Entre outros fatores que podemos considerar sobre o fracasso da Educação pública está a corrupção. E a despeito do ideário popular o processo corruptivo não está apenas vinculado a países do Terceiro Mundo ou regimes totalitários, a prática é observada indiscriminadamente em todos os dégradés de desenvolvimento econômico e em vários tons de democracia. Deste modo, se acreditamos na premissa que a pobreza possa afetar a matriz de aprendizado das crianças, um ambiente político mais ou menos corruptivo deverá acentuar a degradação do ambiente econômico de aprendentes, de suas famílias, de professores e da própria escola, afetando diretamente o desempenho escolar.

Em suma, em nossa visão existe uma relação causal entre educação e pobreza: a ausência da primeira determina a imobilidade social. A presença da segunda torna-se preponderante para o rendimento escolar. Essa relação pobreza e educação são imbricadas, sendo uma causa/efeito sobre a outra. Ou seja, a ausência de um processo educacional qualitativo restringe o indivíduo na construção da cidadania e consequentemente, fixando-o no estrato social na qual nasceu. Por outro lado, a presença da pobreza na vida das pessoas, especificamente nas crianças, seria um sério empecilho ao seu desenvolvimento no processo ensino-aprendizagem. Destarte, a pobreza como consequência, isto é, a não acessibilidade educacional, geraria um quadro dramático de desigualdade social tendo como consequência a pobreza. Por outro lado, a pobreza como causa, ou seja, a presença da pobreza no contexto educacional seria um inibidor ao processo ensino-aprendizagem. Todo esse processo efeito-causa/pobreza-aprendizagem seria agudizado em um ambiente político corruptivo. Acreditamos que quanto maior for processo corruptivo, menor será o processo de aprendizagem.

CAPÍTULO I – O IMPACTO DA POBREZA NO PROCESSO DE APRENDIZAGEM

"Existe uma relação causal entre educação e pobreza: a ausência da primeira determina a imobilidade social. A presença da segunda torna-se preponderante para o rendimento no índice de coeficiente educacional de aprendizagem. Ambos os fatores, submetidos a um ambiente econômico corrompido, potencializa as ações nefastas da pobreza, minimizando assim os horizontes sociais de crianças oriundas de famílias menos favorecidas econômica e socialmente."

O texto destacado descreve com fidelidade a tese defendida por nós encabeçada sob o título "Corrupção Ambiente Econômico e Aprendizagem". Ele revela que pobreza e educação possuem uma relação imbricada. Sendo uma causa/efeito sobre a outra. Ou seja, a ausência de um processo educacional qualitativo restringe o indivíduo na sua construção de cidadania e consequentemente, fixando-o no estrato social na qual nasceu. Por outro lado, a presença da pobreza na vida das pessoas, especificamente nas crianças, seria um sério empecilho ao seu processo de ensino/aprendizagem. Desta forma "a pobreza como consequência", isto é, a não acessibilidade educacional, geraria um quadro dramático de desigualdade social tendo como consequência a pobreza. Por outro lado, "a pobreza como causa", ou seja, a sua no contexto educacional seria um inibidor ao processo ensino/aprendizagem.

De todas as áreas do setor público, a educação é o alvo principal dos agentes políticos e econômicos para a prática de corrupção. Isso porque é o que aloca maior volume de investimentos, segundo Hallak (2007), esse montante corresponde entre 20 a 30% de todo orçamento geral de um Estado, empregando a maior parte da mão-de-obra qualificada pública. A despeito de todo volume e aporte dado ao setor, em toda parte de mundo, desde países com tecnologia muito avançada até mesmo os mais atrasados, verificam-se sérias restrições orçamentárias, gestão enfraquecida, baixa eficiência e eficácia, desperdício, baixa qualidade de prestação do serviço e pouca relevância social ao "staff" do setor. O Comitê de Redação do Fórum Mundial de Educação, em Dacar (apud, HALLAK - 2007), chegou a um curto e conclusivo desfecho em seu encontro no ano de 1990: "A corrupção é o fator que pesa mais negativamente no uso dos recursos para educação e deve ser drasticamente reduzida."

Pereira & Costa (2009) provaram com suas pesquisas o que empiricamente tínhamos algum conhecimento sobre o assunto. Pela primeira vez no mundo contemporâneo, em algumas pesquisas, mediu-se o desempenho escolar em função do impacto com o meio-ambiente corrompido, em outras palavras, esses autores mediram o desempenho dos alunos em função da corrupção circundante. O resultado já esperado foi que: "quanto mais se rouba, mais as notas escolares caem."

Tanto no Brasil como no Paraguai muito se fala sobre a escassez de fundos para educação. Para ambos os países, o fracasso escolar é correlacionado com essa escassez de recursos, porém segundo Pereira e Costa (2009), esse é apenas um sintoma, pois se tratando de recursos, o verdadeiro problema é a maneira como os mesmos não chegam ao destino final, às escolas e como esses parcos recursos estão sendo administrados.

A PUC (Pontifícia Universidade Católica) do Rio de Janeiro, em conjunto com a Universidade da Califórnia, fez um estudo sobre o impacto da corrupção na produção de conhecimento escolar. Sob a supervisão de Cláudio Ferraz (Apud, PEREIRA & COSTA - 2009), o estudo chegou à conclusão que: "a ocorrência de casos de corrupção reduz significativamente as notas das crianças." O estudo afirma que, dependendo do nível de corrupção municipal, revelado em provas oficiais, o atraso escolar equivale a meio ano de estudo. A base de dados foi fornecida pela CGU (Controladoria Geral da União) em 370 municípios inspecionados pela entidade. O objetivo do órgão é se certificar que os repasses federais às prefeituras estão sendo usados adequadamente como assim diz a lei.

No caso da educação, seja em qualquer município, representa, quase sempre, 50% da conta. A CGU, segundo essa pesquisa, encontra irregularidades das mais diversas: merendas compradas e não servidas; licitações fraudulentas; aluguel de ônibus que jamais foram usados, entre outros (PEREIRA & COSTA- 2009).

A relação causa/efeito entre corrupção e rendimento escolar é algo muito previsível de se imaginar. Em primeiro lugar, onde os municípios possuem um agravamento sério em função da corrupção, segundo relatórios do CGU, falta o mínimo na infraestrutura educacional: refeições, bibliotecas, reciclagem para professores e todas as mazelas possível na infraestrutura predial. Em segundo lugar e mais grave é a cultura corruptiva no seio da população que contribui para a falta de comprometimento com a educação, servindo de mau exemplo para todo *"staff"* educacional e todos os *"stake holders"* envolvidos.

No Paraguai, por falta de transparências em contas públicas, sabe-se epistemologicamente, que o país tem graves problemas de corrupção, porém não existem documentos ou estudos comprobatórios. No Brasil, casos de desvios de dinheiro na educação não só tornaram-se comuns, bem como estão documentados e disponíveis na internet. Nessa presente pesquisa, analisamos as contas dos municípios fluminenses brasileiros e verificamos que as maiores partes dos desfalques estão concentradas na educação e na saúde, respectivamente. Isso acontece por que esses dois setores públicos são os que recebem a maior parte dos repasses federais. Na saúde a falta de recursos se torna quase que de imediato evidente, porém na educação, o reflexo é o atraso escolar que na realidade são parâmetros difíceis de medir e expor ao público.

Ferraz, Finan e Moreira (2008) desenvolveram uma pesquisa, com base nos dados do CGU, que teve como finalidade medir o desempenho escolar correlacionando nível social agravado pela corrupção. Esses autores criaram índices de corrupção, com banco de dados fornecidos também pelo CGU, em que provaram a correlação entre pobreza, corrupção e desempenho escolar. Os resultados secundários dessa pesquisa é que os altos níveis de corrupção enfraquecem as instituições democráticas responsáveis pela promoção social; criam distorções macro e microeconômicas que diminuem a eficiência do setor privado e aumentam o gasto público; a diminuição de investimentos em educação e saúde reduz a acumulação de capital humano e social, agravando, assim as desigualdades, isso por que domicílios pobres dependem cada vez mais de serviços públicos que, com demanda crescente, diminui sua eficácia, gerando, assim, um ciclo vicioso e sem perspectivas.

1.1 O Problema da Aprendizagem

As investigações sobre o problema da aprendizagem só foram notadas e/ou questionadas após o fim da I Guerra Mundial (1945), quando então começara o processo da Universalização do Ensino, hoje chamado fundamental, na Europa (SAVIANI, 2008). Até então o problema não aparecera. Isso porque a educação era da elite para a elite social. Os problemas de inadequação no ensino e na aprendizagem ocorreram quando a banda ou o extrato social, ora anteriormente excluído dos meios acadêmicos começaram a popular as salas de aula e academias. Os autores pelas responsabilidades desse fracasso e suas possíveis explicações tem flutuado ao longo das décadas.

Na Europa, na década de 1920, surge uma Nova ciência que tentava se aprofundar nos processos ensino-aprendizagem balizando professores e estudantes para essa nova realidade. Essa nova ciência era a "psicopedagogia". Ramos (2009) argumenta que esse nascimento se deu logo após a I Guerra Mundial. Essa recém-ciência era derivada de psicólogos, médicos, psiquiatras, enfim, especialistas das áreas médicas que, nesse momento da história da ciência, fazia um processo de medicalização do processo ensino-aprendizagem.

Aproveitando-se desse processo de medicalização da aprendizagem, as elites junto com a burguesia locais, se apoderavam da máquina educacional, pública ou não, para se perpetuar no poder. Teorias racistas pregavam uma espécie de evolução natural da espécie humana e a existência de uma hierarquia antropológica baseada na ciência. Destarte, a elite possuiria um dom e talentos naturais para a vida acadêmica em detrimento das classes desprivilegiadas. Estas por sua vez teriam uma carência nata. A pobreza, a desestruturação familiar, a falta de estímulo, o desinteresse dos pais, sua desnutrição, a linguagem pobre e seus problemas emocionais natos, eram mais que suficientes para explicar o seu fracasso e/ou sua ausência na escola.

O objeto de estudo da psicopedagogia seria, segundo Bossa (2012), o homem, na condição de transmissão e assimilação do conhecimento e, acima de tudo contextualizado na sua ação de aprendizagem. Ramos (2009) argumenta que a psicopedagogia no Brasil teve forte influência da escola argentina, na qual possui cursos no nível de graduação e pós-graduação (stricto sensu). Essa influência se deu, acima de tudo, sob forte clandestinidade, pois ambos os países estavam sob governos ditatoriais. Influência essa, nesse momento histórico se deu sob o contexto da medicalização do processo ensino-aprendizagem.

A falta de conhecimento sobre a questão de aprendizagem levava pais, responsáveis, professores, enfim, todo staff do processo educacional, a serem encaminhadas a profissionais das mais diversas áreas de atuação. Segundo Ramos (2009) o termo psicopedagógico era utilizado em substituição ao termo médico-pedagógico. Médicos de toda a sorte, agora, eram responsáveis pelo problema da aprendizagem. Na década de 1970 a medicalização do ensino estava instaurada no Brasil. A disfunção neurológica era à base do entendimento para o fracasso escolar. Exatamente o que Ramos (2009) chama de DCM (Disfunção Cerebral Mínima), ou seja, pequenas disfunções cerebrais que trariam ao longo do tempo, sérios problemas de aprendizagem. Essa visão médica do aprendizado, inicialmente, era usada dentro dos consultórios psiquiátricos. Posteriormente, foi sendo utilizado dentro das salas de aulas, segundo Ramos (2009), sem nenhum critério. Crianças e adolescentes eram rotuladas como incapazes, os estratificado permanentemente no seu nível social.

O rótulo de DCM, no Brasil, funcionava como uma espécie de carapaça ideológica para encobrir o real estado de coisas que passava a educação nacional. O sistema de universalização da educação continha sérias limitações. Os espaços físicos não comportavam a gama de população entrante no sistema educacional. O número de professores também era insuficiente, como, insuficientes era o aporte financeiro ao setor.

Na década de 1950, no então governo Vargas, os "escolanovistas" dominaram o cenário da educação nacional (SAVIANI, 2008). Na escola Guatemala, no Estado da Guanabara, sob a influência do INEP (Instituto Nacional de Estudos e Pesquisas Educacionais Anísio Teixeira), foi criado o SOPP (Serviço de Orientação Pedagógica) que corresponderia, o que hoje, um departamento específico, criado nas escolas, para a resolução dos problemas de aprendizagem. Política que se configura até hoje.

Não obstante a primeira geração de escolanovistas não mudava muito o quadro em relação à questão da medicalização da aprendizagem. Sílvio Romero, o médico baiano Raimundo Nina Rodrigues (Patto, 1998) foram personagens dessa escola que, em seus trabalhos científicos justificavam as teorias racistas das provas de inferioridade da raça negra e/ou mestiça, julgando-as incompatíveis com o meio acadêmico. Esses senhores acreditavam fielmente na influência negativa da cultura desses grupos étnicos e sociais no rendimento escolar. Essa nova forma de ver o fracasso escolar como uma patogênese, se camuflava em teorias ambientalistas que, afirmava de forma generalizada que a criança carente é portadora de distúrbios no desenvolvimento psicológico, tornando-a menos capaz do que uma criança de classe média ou mesmo da elite, para a aprendizagem escolar. Para esses, pesquisadores escolanovistas a pobreza no meio ambiente e nas práticas familiares de socialização era a origem dos distúrbios de aprendizagem. Foram usados pesquisas e critérios comparativos que afirmavam a inferioridade intelectual do povo.

Os escolanovistas de segunda geração, estabilizados na vanguarda da educação nacional, estavam fortemente embasados em uma concepção neoliberal da educação. Rejeitavam por completo os conceitos de medicalização do processo-ensino aprendizagem e estavam criteriosamente seguindo a cartilha neoliberal da educação pluralista e para todos. Para tanto a escola teria que dar condições de igualdade para que todos pudessem ter acesso à educação. Anísio Teixeira Filho em seus artigos vai de encontro a uma sociedade capitalista, na igualdade de oportunidades, cabendo a escola ao papel privilegiado de promover essa igualdade, independente da origem do aprendente. Nesse cenário tornou-se relevante o papel das políticas educacionais e pesquisa. O rendimento escolar estava fortemente vinculado ao aporte de políticas públicas desenvolvidas.

O diagnóstico promovido pelos escolanovistas de segunda geração para o problema da aprendizagem recaía agora na situação do ensino público fundamental e na precariedade deste ensino oferecida a população carente. Ao longo de quatro décadas parece ser o discurso oficial do não aprendizado, alternando ora nas condições físicas de aprendizagem, ora culpabilizado o professor, mal formado, mal treinado, responsabilizando-o pela frágil condição socioeconômica onde se encontra atualmente. Esse discurso não parece ter mudado muito a partir dos primeiros anos de 1970 para a atualidade. Segundo Patto (2009) o máximo que essa ideologia conseguiu "arranhar" na quebra dessa postura é que a escola atual é inadequada para as crianças pobres, ou seja, as classes entrantes no jogo político. Destarte, a escola como a conhecemos hoje, foi planejada para crianças favorecidas, estaria falhando, a tentar ensinar com os mesmos métodos e mesmos conteúdos as crianças pobres. Virtualmente diferentes. Não deficientes.

A cegueira imposta pela teoria da deficiência cultural foi tão forte, devastadora e durou um longo tempo que deixou sequelas para a sociedade contemporânea. Ela não nos deixou ver fatores realmente intra e principalmente extraescolares que impactam no processo de ensino-aprendizagem. Durante muitos anos a responsabilidade do fracasso escolar recaiu sobre a inadequação da clientela. Como a sustentação dessa ideologia não era mais possível, culpabilizou-se o sistema educacional.

Hoje, gradativamente, o foco da dificuldade escolar se volta para questões fora do ambiente escolar, considerando-se fatores físicos, emocionais, psicológicos, pedagógicos, sociais, culturais e acima de tudo simbólicos. No nosso mundo, tudo que temos, sentimos, construímos, aprendemos, ensinamos se dá de forma simbólica. Culturas estão separadas por símbolos. A aprendizagem se dá, principalmente, por bens que são herdados por famílias, a herança de capital cultural. Crianças que mais se destacam não são aquelas que mais estudam. Mas sim que possui uma vasta herança de capital simbólico advindo de suas famílias. Sem negligenciar todos os fatores que promovem o aprendizado, acreditamos que a verdadeiro sucesso escolar se dará quando a escola for uma instituição que ao mesmo tempo em que forneça bens simbólicos, introduza também os códigos para decifrar e consumir esses bens.

Como podemos observar, a aprendizagem humana exige que a encaremos com grande complexidade esse gigantesco mecanismo. Códigos de aprendizagem requerem métodos para decifrá-los. Esses não são universais. Difere de culturas, de faixa etária, de gênero. Exige uma postura investigativa integradora de vários saberes humanos, nas palavras de Bossa (2008). Atingir a matriz psicossocial de cada indivíduo é a chave do sucesso. A psicopedagogia pode até facilitar o processo de avaliação dos entraves de aprendizagem, mas seus diagnósticos sempre dependeram de uma multi e transdiciplinariedade: psicanálise, pedagogia, biologia, filosofia, linguística, antropologia, e muito outros.

Carvalho (2012) nos relata que crianças, na maior parte das vezes, possuem dificuldades de aprendizagem em função da percepção negativa sobre o seu próprio comportamento, quando comparadas a crianças com rendimento satisfatório. Saviani (2008) nos coloca que por mais inteligentes que possas parecer, crianças não aprendem sozinhas, como também não estudam sozinhas. Elas precisam de adultos. E quando os adultos a sua volta não possuem códigos simbólicos para ajudá-las o aprendizado é comprometido.

O aporte ao diagnóstico do tratamento dos problemas escolares tem como sujeito e o objeto, como argumenta Bossa (2012), uma dimensão biopsicocultural, isso quer dizer, o professor como mediador desse processo; a escola submersa a cultura local, a família responsável pela constituição e desenvolvimento da criança. Todos esses aspectos são analisados historicamente. É o que Amorim (2011) chama de "Ambiente Econômico". Isso tudo, é claro sob a perspectiva de um ser singular.

CAPÍTULO II – EDUCAÇÃO, AMBIENTE ECONÔMICO E APRENDIZAGEM

2.1 A Relação Entre Pobreza e Educação

Nessa seção abordaremos como o ambiente econômico da criança pode interferir no seu processo ensino-aprendizagem. Entendemos como ambiente econômico aquele definido por Amorim (2011), como o ambiente circundante da criança, ou seja, família, comunidade, escola, município... De uma forma geral, à medida que este ambiente econômico se deteriora, o mesmo acontece em relação à aprendizagem da criança. Não estamos apenas falando da infraestrutura básica de sobrevivência, mas e principalmente da herança recebida da família na forma de capital cultural. Nesse sentido, abordaremos alguns sintomas do processo de externalidade tanto da educação (ou pela sua ausência), bem como da própria pobreza.

2.1.1 Pobreza no Brasil e no Paraguai

Tomamos emprestado o termo "externalidade" das implicações das ações dos agentes econômicos. De uma forma geral, esses agentes tomam suas decisões buscando atender explicitamente suas metas. As empresas fazem a maximização dos seus lucros. Por outro lado, a população procura atender melhor ou maximizar o seu bem-estar. Porém, existem inúmeras ações realizadas por pessoas e empresas que afetam positiva ou negativamente outras firmas ou outras pessoas. Enfim, essas ações são desconsideradas e os impactos são ignorados, essas repercussões na vida das pessoas e das empresas são chamadas, segundo Andrade (2004), de externalidades. Adaptando para a nossa realidade, verificaremos a atual situação da pobreza, tanto no Brasil, bem como no Paraguai, e os impactos sociais e econômicos desses reflexos na vida das pessoas e na sociedade.

Os critérios de classificação da pobreza são deveras voláteis, dependendo do tipo de cultura na qual estamos fundamentados, do posicionamento geográfico da região em questão e principalmente em função da linha do tempo. Hoje o conceito é de difícil compreensão e acima de tudo, torna-se relativizado.

Mollat (apud, EZEQUIEL, 1990) argumenta que o processo de identificação de um indivíduo pobre pode ser feito através de três aspectos: o biológico, o econômico e o sociológico. O econômico está vinculado às trocas, funcionando aqui como moeda. Pobre então seria o cidadão que está completamente excluído desse processo. No contexto social pode ser muito mais complexo. A palavra pobre teve origem do neolatino vulgar, segundo Ezequiel (ibidem), era usado como contraponto ao rico. Nos séculos XIII e XIV, era usada para designar pessoas comuns. Na Inglaterra, eram basicamente pessoas que estavam vinculadas a uma economia de subsistência (LAMBERT, 2006). Já a questão biológica da pobreza está associada as suas necessidades básicas não satisfeitas. Essas necessidades podem variar de cultura para cultura, mas de uma forma geral, vincula-se as expressões pobreza ou indigência a uma "linha da pobreza."

Existem várias dimensões na qual podemos focalizar uma discussão sobre a pobreza. Mesmo aquela que nos parece universal, como por exemplo, vincular o seu estudo à subsistência humana, também é muito relativo. Essa relatividade converge para os recursos materiais disponíveis em uma determinada época e ainda ao padrão cultural e de consumo no qual os indivíduos estão inseridos. Como podemos visualizar na tabela abaixo, as linhas de pobreza descritas são variáveis e essa variação está vinculada os níveis de desenvolvimento social da nação. Por exemplo, enquanto um cidadão na Dinamarca precisa de E$ 16.800,00 anuais para a sua sobrevivência, em

Portugal, país da mesma União Europeia necessitaria de E$ 6.300,00. Essa relação nos remete à noção de pobreza absoluta e relativa.

Quadro 1 – Linhas de Incidência de Pobreza na União Européia (Países Selecionados – 1995).

Países	Linha de pobreza (ECU mil)	Proporção de Pobres(%)
Alemanha	14,0	10,7
Dinamarca	16,8	10,0
Espanha	7,5	23,9
França	12,8	20,5
Inglaterra	11,2	21,4
Portugal	6,3	17,0

Fonte: Rocha (1) 2003. Adaptado pelo autor.

A pobreza absoluta ou miséria, está ligada à sobrevivência biológica, ou seja, física, atreladas às necessidades básicas de sobrevivência das pessoas. Já a pobreza relativa insere necessidades, além das básicas mencionadas, aquelas a serem satisfeitas em função do modelo social e cultural, no qual o indivíduo está submerso, relativizando com outros indivíduos da mesma sociedade onde o mínimo vital já é garantido.

Como critério epistemológico nesta pesquisa, para isolarmos a população pobre do total, se utilizará as linhas de indigência e de pobreza. A primeira refere-se às necessidades nutricionais. Dizemos que a população que vive abaixo dessa linha é indigente (miserável) ou ainda, população em extrema pobreza. Também não existe uma universalização para essa linha. Como podemos observar na tabela abaixo, mesmo se tratando de um mesmo país existe uma variação muito grande nas linhas de pobreza nos centros metropolitanos. Isso acontece porque essas linhas são calculadas através de uma cesta de consumo mínimo de uma dada família. O índice é construído levando-se em consideração o menor valor possível estipulado pela aquisição desta cesta básica. As variações observadas acima são de natureza múltipla: organismos nacionais, como o da tabela acima, podem utilizar metodologias diferentes. O custo da alimentação básica difere em função do tipo de alimento básico adotado e em função da Infraestrutura de produção geográfica. A escolha correta da linha de pobreza a ser adotada é um ponto de partida crucial para o estudo do problema. Principalmente quando o objeto de estudo trata-se de países com culturas e hábitos bem diferentes: Brasil e Paraguai.

Quadro 2 - Linhas de Pobreza, Segundo Regiões Metropolitanas Derivadas do ENDEF e da POF - R$ Set. 1999.

Região metropolitana	LP – Endef	LP – POF	Desvio(%)
Belém	89,76	87,73	-2,26
Fortaleza	53,90	88,58	64,33
Recife	70,44	128,78	82,82
Salvador	74,93	114,93	53,38
Velo horizonte	74,47	109,78	47,42
Rio de Janeiro	102,28	130,74	27,83
São Paulo	114,80	167,97	46,31
Curitiba	59,34	106,55	79,56
Porto Alegre	74,23	83,51	12,50
Brasília	80,11	148,81	85,75
Gôiania	—	138,25	—

Fonte: Rocha (1) 2003 - Adaptado pelo autor.

Em função da ausência de microdados regionais, tanto no Brasil como no Paraguai e para de equacionarmos normas técnicas quando falamos em pobre e pobreza, adotaremos a mesma metodologia utilizada pelo IBGE (Instituto Brasileira de Geografia e Estatística), assim, utilizaremos o salário mínimo como parâmetro para a construção, de ambas as linhas, e para ambos os países. Mesmo sabendo que a adoção de um salário mínimo não contempla todas as necessidades básicas de um cidadão, tanto paraguaio como o brasileiro, adotaremos a metodologia de Tolosa (2005) que admite ¼ do salário mínimo per capita para a linha de indigência e ½ para linha de pobreza.

Especialistas no estudo sobre pobreza no Brasil parecem unânimes em afirmar que a principal causa está vinculada à desigualdade social. Além de outros fatores que poderíamos adicionar a essas causas teríamos: a educação que é o grande entrave para o estabelecimento de uma sociedade mais justa. O número de pobres está estritamente vinculado ao analfabetismo e/ou nível cultural. Existe uma relação direta entre o nível de escolaridade e o prêmio vinculado ao salário.

Outro fator responsável pelo grande volume da pobreza nacional brasileira é a enorme disparidade do crescimento regional. No século XXI, o Nordeste Brasileiro, ainda mantém elevada proporção de contingentes de população pobre. Hoje a região concentra, aproximadamente, 50% dos pobres a nível nacional (ROCHA, 2003). Os grandes centros urbanos brasileiros abrigam também grandes contingentes de pobres.

As constantes ondas de êxodos rurais no Brasil, sobretudo, entre as décadas de 1970 a 1990, tiveram grandes repercussões a nível nacional. A pobreza que antes era rural transformou-se em quase totalmente urbana; não pela melhoria de condições de vida da primeira, mas sim pelo efeito polarizador da segunda. Segundo Rocha (2003), a pobreza está vinculada de forma linear à idade do indivíduo. A despeito dos grandes programas de transferência de renda, feitos pelo governo federal, vinculado ao idoso, a verdadeira fragilidade social está atrelada à população infantil. Crianças são exponencialmente mais pobres quando comparados a outros extratos (ROCHA – ibidem), esse é um fato tenebroso da sociedade humana também corroborado pela UNESCO.

Quadro 3 - Perfil Pobre Versus não-pobres (pessoas) Brasil 1999.

Variáveis	Categorias	Pobres	Não-pobres		Proporção de pobres (%)	
			N° (mil)	Part. (%)	N° (mil)	Part.(%)
Gênero	Masculino	26.221	48,2	50.132	49,5	34,3
	Feminino	28.219	51,8	51.216	50,5	35,5
Idade	0 a 4	7.944	14,6	6.627	6,6	54,5
	5 a 7	4.657	8,6	4.429	4,4	51,3
	8 a 9	2.938	5,4	3.074	3,0	48,9
	10 a 14	7.589	13,9	8.959	8,8	45,9
	15 a 19	6.186	11,4	10.301	10,2	37,5
	20 a 29	8.226	15,1	17.578	17,3	31,9
	30 a 59	14.658	26,9	38.538	38,0	27,6
	60 e mais	2.235	4,1	11.831	11,7	15,9
Cor ou Raça	Indígena	134	0,2	115	0,1	53,8
	Branca	20.611	37,9	63.759	62,0	24,4
	Preta	3.848	7,1	4.557	4,5	45,8
	Amarela	93	0,2	600	0,6	13,4
	Parda	29.751	54,6	32.304	31,9	47,9
Analfabetismo 10 a 19 anos	Alfabetizados	12.676	32,6	18.800	21,6	40,3
	Analfabetos	1.092	2,8	459	0,5	70,4
20 anos e mais	Alfabetizados	18.903	48,9	60.110	68,9	24,0
	Analfabetos	6.117	15,7	7.828	9,0	43,9
Frequência à escola (7 a 14 anos)	Só frequentam à escola	6.045	79,7	7.774	86,8	43,7
	Só Trabalham	120	1,6	108	1,2	52,5
	Trabalham e estudam	1.083	14,3	883	9,9	55,1
	Não trabalham nem estudam	333	4,4	186	2,1	64,1
	Nunca frequentaram à escola	5.600	27,1	8.159	13,9	40,7
Escolaridade (25 anos de idade ou mais)	1 a 4 anos	8.786	42,5	19.812	33,8	30,7
	5 a 8 anos	4.422	21,4	11.670	20,0	27,5
	9 a 11 anos	1.666	8,0	11.635	19,9	12,5
	12 e mais	143	0,7	6.796	11,6	2,1
	Sem informação	65	0,3	473,9	0,8	12,1

Fonte: Rocha (1) 2003 - Adaptado pelo autor.

Quando a miséria impera no meio infantil, então uma das poucas portas abertas à acessibilidade de ascensão social, abruptamente se fecha: a educação comenta Amorim (2011). Pobreza e educação possuem um efeito causal. Por causal entendemos que, imbricadamente, uma está vinculada a outra, sendo causa e ao mesmo tempo efeito. O processo de assimilação de conhecimento, entre outros fatores, necessita de um meio ambiente econômico, no mínimo sadio. Como veremos mais adiante, crianças pobres possuem várias formas de bloqueio a sua cognição. A debilidade causada pela pobreza a milhares de jovens em um determinado país compromete seriamente o seu futuro operacional e tantos outros futuros que possamos projetar para uma nação.

O perfil do chefe de família no Brasil é um grande gargalo para o desenvolvimento econômico-social da nação. Mesmo com a entrada da mulher fortemente no mercado de trabalho, a sua situação de discriminação, em relação ao gênero persiste. De uma forma geral, ela apresenta rendimentos inferiores aos dos homens. Nos centros urbanos, onde os chefes de família são predominantes femininos, as famílias são debilitadas sócio e economicamente. A cor desse chefe de família pode também interferir em seu rendimento. "Segundo ROCHA (2003), chefe de famílias de cor parda" tende a serem os mais pobres dos estratos de cor verificados

Todo esse processo de fragilidade familiar atinge diretamente as crianças, o elo social mais fraco. Refletindo em ambiente econômico desfavorável. Assim, crianças com estrutura econômica familiar fragilizada possuem maior resistência e/ou dificuldade em seu aprendizado. Assim, a vida acadêmica ou técnica torna-se um sonho distante. Para essa criança, a meta principal torna-se a sobrevivência. Nestes termos, o aprendizado escolar é negligenciado ao segundo ou terceiro plano, se transformando, assim, em artigo de luxo.

Segundo Veloso (2011), pais de famílias com o perfil mencionado acima, estão menos propensos a incentivarem seus filhos a estudarem. O problema da aprendizagem torna-se exterior à sala de aula, onde o staff educacional terá muito pouco sucesso na reversão desse quadro. Destarte, políticas públicas eficientes, realmente preocupadas em promover o reforço econômico do entorno escolar, ou seja, recuperando com infraestrutura pertinente a escolas, bairros e principalmente as suas famílias, não só se tornam bem-vindas, bem como ao nosso pensar, é a única forma de promover políticas públicas educacionais eficientes.

Fogel (2002) possui uma definição muito original de pobreza. Para esse autor seria uma privação da condição humana que impede a satisfação das necessidades, chamadas por ele, de básicas de padrão de uma vida digna. Segundo ele, essas carências estão associadas à insuficiência de ingressos e acesso inadequados aos serviços sociais básicos providos pelo Estado. Outra instância de pobreza considerada pelo autor é sua completa posição subalterna perante a sociedade, no que tange às decisões que afetam diretamente a qualidade de vida de uma região. Destarte, essas pessoas são completamente despossuídas até de decidir sobre que tipo de vida deveriam ter.

Fogel (2002) segue os mesmos métodos básicos do governo da República do Paraguai para estimar a incidência de pobreza: o primeiro é considerar as NBI (Necessidades Básicas Insatisfeitas) e o segundo é estipular a linha de pobreza. Os NBIs buscam determinar o conjunto das necessidades básicas e em que nível elas podem ser consideradas satisfeitas. Considerando o nível de salubridade das casas, a infraestrutura sanitária, acessibilidade a educação e a capacidade de sobrevivência da população. Fogel (2002) argumenta que entre os anos de 2000 a 2001 a pobreza assolava 41,3% das residências urbanas e 61,7% das rurais. Este autor também estabelece a linha de pobreza seguindo o salário mínimo tal qual como o IBGE procede no Brasil. O argumento utilizado por ele também se refere à ausência de microdados regionais para estipulação de menor valor de uma cesta básica de alimentos.

A situação da pobreza e extrema pobreza do Paraguai, quando comparado com a do Brasil, é um pouco mais grave. Segundo Fogel (2002) 33,9% da população Paraguai vive na linha de pobreza e 15,5% abaixo dela. Porém, segundo este mesmo autor, se fosse utilizada a linha da pobreza indicadas pela CEPAL (no ano de 2005), que é de U$ 2,00/dia, o número de pobres seria ainda muito maior.

Enquanto no Brasil existe uma estabilização perigosa da linha da pobreza envolvendo, segundo Rocha (2003), 5% da população, no Paraguai não há estabilização. Como se verifica na tabela abaixo, entre os anos de 1994 a 2001 houve um incremento na pobreza, tanto relativa, como a absoluta. O total da população pobre relativa no ano de 1994 era de 16,4%, em 2001 passou para 18,3%. Já a população no limite da pobreza, que em 1994 era de 13,9%, passou para 15,6% em 2001. A concentração dessa pobreza relativa e absoluta, segundo Fogel (2002) está associada à área rural e quase 100% dessa população são indígenas ou descendentes místicos. Fato esse que podemos observar empiricamente quando caminhamos sobre as ruas de Assunção.

Essa população tem consumo deficitário de calorias e não possui habilidades econômicas de promover seu próprio sustento. Segundo Fogel (ibidem) a causa dessa insuficiência da produção de alimentos nas áreas rurais do país se deve à grande produção de cereais destinada ao mercado externo, as empresas rurais que as produzem possuem incentivos governamentais que, além de captar todas as formas de incentivos do Estado, permanecem com a maior e melhor contingência de terras.

A despeito de todo processo de pobreza mostrado até aqui no Paraguai, esse quadro não difere muito do restante de toda América Latina. Esses índices têm aumentado em todo subcontinente, principalmente entre os anos de 1995 e 2001, como mostra o gráfico abaixo.

O problema para o Paraguai é que a incidência da população pobre é muito alta e crescente, mesmo se comparada à América Latina. No ano de 1995, essa cifra estava acima de 30%.

Quadro 4 - Distribuição da Pobreza por Anos na República do Paraguai.

Área/Status de Pobreza	1994	1995	1996	1997/98	1999	2000/1
Urbana						
Pobres Extremos	7.8	6.8	4.9	7.3	6.1	7.1
Pobres não Extremos	19.1	16.9	16.3	15.9	20.6	20.5
Total	26.9	23.7	21.2	23.1	26.7	27.6
Rural						
Pobres Extremos		21.4		28.9	26.5	25.6
Pobres não Extremos		15.8		13.7	15.4	15.7
Total		37.2		42.5	42.0	41.2
Pobres Extremos		13.9		17.3	15.5	15.6
Pobres não Extremos		16.4		14.8	18.2	18,3
Total		30.3		32.1	33.7	33.9

Fonte: DGEEC, apud, Fogel 2002 - Modificado pelo autor.

Gráfico 1 - Evolução da Pobreza na América Latina - 1970/1995.

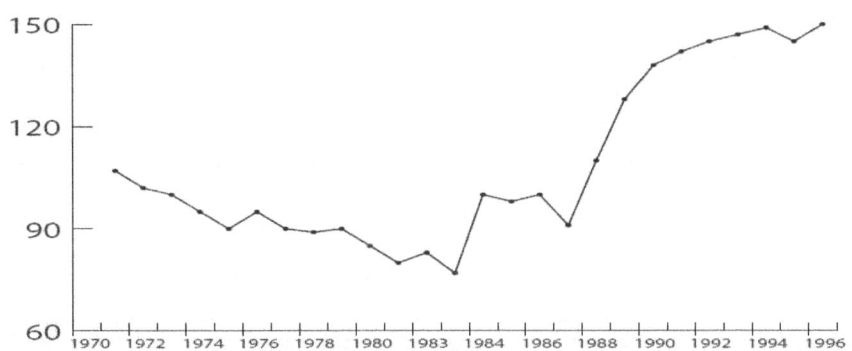

Fonte: BID - Informe de Progresso Econômico e Social (1998) - Cifras Ajustadas em Dólar Americano, (apud, FOGEL - 2002) - Modificado pelo autor.

O gráfico abaixo nos revela uma tendência que vem se confirmando na América Latina, bem como em todo planeta: existe gradativamente uma transferência da pobreza e da indigência das áreas rurais para os grandes centros urbanos. As porcentagens de novos ingressos nessas linhas correspondem às áreas de maior metropolização. No Paraguai temos um processo nascente. No Brasil a questão já é realidade.

Gráfico 2 - Paraguai: Intensidade de Pobreza - 1999. Ingressos Novos na Linha de Pobreza.

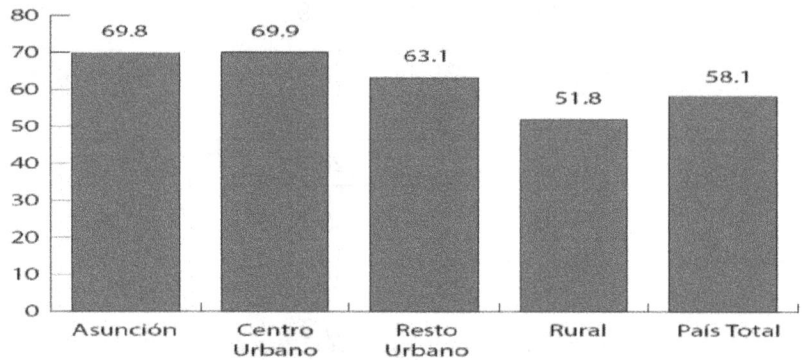

Fonte: DGEEC, apud, Fogel (2002). Adaptado pelo autor.

O mapa abaixo corrobora com o gráfico acima. Em tons mais escuros são observadas as populações de maior concentração na linha da pobreza ou indigência. Como podemos verificar os maiores problemas estão localizados no centro geográfico da República do Paraguai. Fogel (2002) nos adverte que a concentração de população na linha da pobreza se evidencia nos departamentos de Caaguazú e San Pedro, e em alguns distritos no departamento de Concepción. Caazapá e Gauirá também concentram enormes contingentes de populações pobres. Este mapa permite que as autoridades públicas, além de fazerem intervenções necessárias para o bem-estar dessas populações, possam levantar as causas da pobreza dessas pessoas e orientar melhores intervenções sob a ótica de políticas públicas.

Figura 1 - Paraguai: Mapa de Pobreza por Distritos (% da População Ingressas na Linha de Pobreza).

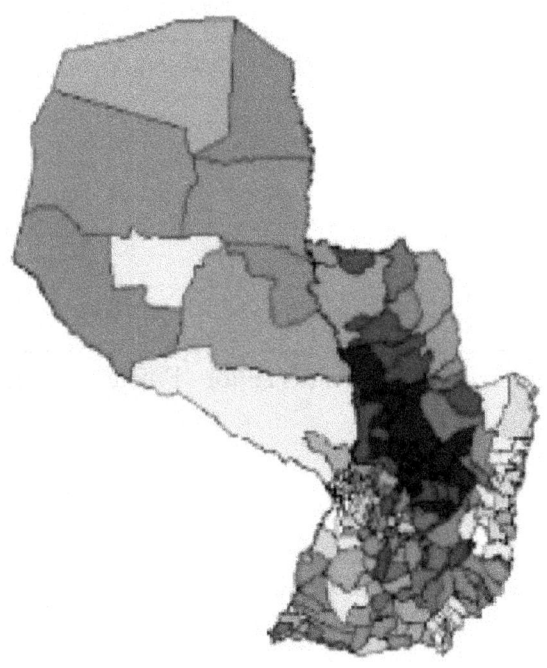

Fonte: DGE (Direção Geral de Estatísticas, Sondagens e Censos), apud, Fogel (2002) - Adaptado pelo autor.

Um dado mais preocupante nos é fornecido pela tabela abaixo produzida por Fogel (2002). Ela representa uma pesquisa domiciliar tendo em foco a pobreza no Distrito Capital (Assunção) e de sua Região Metropolitana. Segundo a fonte consultada pelo autor (DGEE), com base nos anos de 1996 as residências pobres no Paraguai representam 58,7% de toda a população total. Os pobres inerciais, ou seja, aqueles que se fixaram permanentemente na linha de pobreza são de 31,7%. Os pobres recentes, aquelas populações entrantes nesta linha da pobreza correspondem a 6,3%. Finalmente, os pobres crônicos ou que estão situados abaixo da linha da pobreza é da ordem de 20,7%. Então números bem maiores do que aqueles apresentados anteriormente. É mais um indício do processo de metropolização da pobreza no Paraguai.

Quadro 5 - Quantidade de Residências Segundo o Tipo de Pobreza em Assunção e Arredores.

Tipos de Pobres	Asuncion		Centro urbando	
	Total de Pessoas	%	Total de Pessoas	%
Não-Pobre	77.479	56,1	85.050	41,3
Pobres Inercais	36.069	26,1	65.389	31,7
Pobres Recentes	4.336	3,1	13.070	6,3
Pobres Crônicos	20.171	14,6	42.584	20,7
Total	138.058	100,0	206.093	100,0

Fonte: DGEEC, Sondagens de Residências (1996) - Paraguai, apud, Fogel (2002) - Adaptado pelo autor.

2.1.2 Pobreza e Suas Externalidades

Os processos de externalidades que a pobreza pode trazer para o ser humano, esteja ele situado em qualquer parte do planeta, são bastante debatidos, mas, estão longe de serem totalmente compreendidos em todas as suas dimensões. A manifestação da pobreza se percola pela própria sobrevivência, no sentido biológico, até exclusão parcial ou total da cidadania. O indivíduo pobre e principalmente o miserável, por ter os seus sentidos básicos e psicológicos comprometidos, fica alienado à percepção de uma vida real. São incapazes de inferir socialmente sobre os destinos da vida alheia, em comunidade e principalmente de suas próprias. Seu intelecto fica tolhido. Destarte, sem a intervenção da sociedade, ficará sempre fixado ao seu estrato condicionado, restando para esse ser, na melhor das hipóteses uma morte indolor. Segundo Fogel (2002), os componentes básicos em que essa população é submetida transfiguram-se em uma insegurança cidadã, em todos os seus sentidos. Na vida comunitária a expressão maior dessa exclusão se concretiza via desocupação. O aumento da violência delitual, tanto nas cidades como no campo, expressa claramente a qualidade de vida dessa população. É uma amostra visível da decomposição social de uma determinada comunidade que possui reflexos diretos neste extrato social.

Os efeitos da corrupção estatal e o lado perverso da mídia refletem substancialmente nas populações mais pobres. Se for verdade que as drogas, o álcool e a promiscuidade e seus efeitos nefastos têm impactos em toda a sociedade, ela é sentida e ampliada em populações que não possuem sua cidadania assegurada. Mesmo as agressões que, por toda a sociedade é muito debatida, tal como a degradação ambiental, é sofrida primeiramente por essas populações de ruas que não possuem como se defender de toda a sorte de contaminação produzidas pelo comércio e principalmente pela indústria.

O desaparecimento da ética nas instituições públicas e uma visão global onde apenas os mais poderosos são ouvidos, também são refletidos mais fortemente para essa população que não tem a quem recorrer dos seus direitos restando apenas simplesmente implorar pela sua sobrevivência. Nas áreas rurais verifica-se uma falência da vida em família e em sociedade, isso se consubstancia na falta de autoridade para fazer valer as leis em convívio social.

O quadro abaixo elaborado por Fogel (2002) nos dá uma visão, mesmo que diminuta, da dimensão da exclusão social sofridas pelas populações que vivem na linha de pobreza ou abaixo dela.

Quadro 6 - Dimensões da Exclusão Social

Arena	Elementos
Direitos	Sistemas Legais
	Direitos Humanos
	Cívicos
	Democráticos

Fonte: Fogel (2002) - Adaptado pelo autor.

O esquema faz-nos refletir e delinear por muitos caminhos diferentes que envolvam a exclusão. Podemos começar trilhando pela desigualdade no acesso ao sistema judicial que, vem crescendo na medida em que os acessos julgados, quando, por exemplo, existem pedidos de reparação, requer a presença de advogados que, pela ausência de uma defensoria pública, esses profissionais necessitam ser pagos, o que, de fato anula os diretos das populações pobres em relação à lei. No mercado de trabalho, os empresários primam pelo capital social e pelo humano, porém esse capital se encontra no seio das famílias e/ou fornecido pelo Estado como educação formal. É sabido que o Estado possui profunda debilidade em fornecer esses bens em boa qualidade, destarte, comprometendo seriamente a qualidade do capital humano. Sem esse capital, a população se encontra permanentemente excluída de todo e qualquer mercado de bens, o que corrobora a manutenção do seu "status quo."

2.1.3 Educação e Suas Externalidades

Existe uma tentação natural de se acreditar que os efeitos da educação em uma dada sociedade tendem a serem todos positivos, porém, a questão é paradoxal. Tanto no Brasil, como no Paraguai, devido a um quadro histórico, oriundo de políticas públicas que refletem uma baixa inclusão cultural, grupos que detêm uma mínima qualidade educacional sofrem uma externalidade altamente positiva. Os prêmios pagos, para ambos os países, sobre cada ano de escolaridade individual, estão entre os maiores do mundo, segundo Veloso (2011). Por outro lado, essa condição gera uma profunda desigualdade social. Destarte, grande parcela da população, de ambos os países, desprovida de capital cultural, sofre um processo de externalidade negativa que, em nossa opinião, possui grandes responsabilidades pelos elevados índices de pobreza e extrema pobreza nos países em consideração.

2.1.4 O Estado e a Educação

Apesar da educação não ser considerada um bem público puro, tanto no Brasil, como no Paraguai, e os seus retornos serem altos, a intervenção estatal no setor não só é bem-vinda, como também necessária, tanto do ponto de vista da eficiência econômica, como no da distributiva. Torna-se missão árdua detectarmos todos os processos de externalidade oriundo do sistema educacional. Porém, é inquestionável, que através da análise de uma vasta literatura, e desde que sua oferta seja equânime, a educação influencia positivamente qualquer comunidade humana no planeta, argumento compartilhado por Moreti (2004). Este autor também argumenta que níveis mais altos de educação estão associados a altas taxas de produtividade, não só de quem as adquiriu, como também de seus companheiros de trabalho. Os processos de participação mais ativa em sociedade estão correlacionados a níveis de instrução (DEE – 2004, MILLIGAN, MORETI E OREOPOULOS – 2004). Níveis mais elevados em educação estão associados à baixa frequência criminal e corruptiva (LOCHNER & MORETTI, 2004).

A democratização ao acesso à educação está associada a maior salubridade da população, que por sua vez estão vinculados a menores custos de assistência médico-hospitalar por parte do Estado (CURRIE E MORETTI, 2003). Estes autores concluíram pesquisas que levam à conclusão que níveis mais altos de educação para os pais refletem, necessariamente, maior índice de educação para os filhos.

Todas essas constatações que fizemos podem nos esclarecer da importância da intervenção estatal no setor educacional. Em suma, níveis maiores em educação resultam, em última instância, em salários mais altos, com retornos públicos e privados assegurados. Destarte, o investimento em capital humano torna-se imprescindível para o crescimento econômico de qualquer Estado.

O primeiro, porém não único fim, em que o Estado tem com o setor educacional é a produtividade. Uma dada sociedade dotada de elevada concentração de capital cultural, como argumenta GRUBER (2009), extirpa a pobreza, a miséria, faz diminuírem as discrepâncias sociais e beneficia diretamente o próprio Estado. Este autor argumenta que os benefícios sociais resultantes da produtividade ocorrem por meio de dois canais: o primeiro refere-se ao transbordamento de produtividade. Ou seja, um indivíduo capacitado estará também beneficiando os seus companheiros. Em segundo é que em função da elevada produtividade do trabalhador, o Estado arrecadará mais impostos, que se converterão em novas formas de políticas públicas, adicionadas as já existentes, melhorando assim, a qualidade de vida da sociedade como um todo.

A educação pública e/ou privada pode também elevar de forma indireta a qualidade de vida das pessoas. Gruber (2009) argumenta que a educação transforma a população em eleitores mais bem informados, críticos e atuantes na sociedade. Nesse processo, cada cidadão pode influir positivamente no bem-estar do outro, melhorando a qualidade de vida e fortalecendo a democracia.

Outro ponto que pode justificar a intervenção estatal no setor educacional é a falha no mercado. Sem a presença da escola pública, famílias obrigatoriamente teriam que solicitar empréstimos a bancos particulares para atenderem às suas demandas. O problema é que esse tipo de financiamento é muito raro. Isso porque a educação não é um bem físico que pode fornecer garantias aos bancos do retorno de suas inversões. Não existe nenhuma garantia que seu filho dará certo. O banco também não pode exigir como garantia o seu filho... Essa situação se concretiza em uma falha de mercado no setor educacional.

Destarte, o Estado resolve essa falha de mercado financiando as famílias. No Brasil e no Paraguai esse financiamento não se dá de uma forma direta, mas sim através de um nível fixo através das escolas públicas. Então por que estes Estados não financiam diretamente as famílias? A resposta é muito controvertida. Ambos os Estados não acreditam no gerenciamento educacional das famílias quando se trata de escolher um nível educacional dos seus filhos. O argumento usado por ambos Estados (Brasil/Paraguai) é que, se houvesse um financiamento direto as famílias, não existiriam garantias que esse financiamento cobriria todas as despesas na instituição privada, envolvendo assim, um sacrifício por parte dessas famílias para o pagamento do restante das despesas.

Uma justificativa final da intervenção do Estado nesse setor é o da redistribuição. A mobilidade social deveria ser o objetivo principal do Estado quanto à política pública. Pessoas de baixa renda se fixando a classe média e explodindo no mercado em demandas reprimidas para alavancar a economia, pode ser a salvação de todo um país. A educação pública e/ou o financiamento público da educação parece ser o único passaporte para essa ascensão.

Existe um sem fim de possibilidades em que o Estado possa intervir no setor educacional na forma de políticas públicas. Essas possibilidades contam com experiências internacionais, podem funcionar individualmente ou em conjunto. As principais formas de políticas públicas, com comprovações internacionais, onde os resultados são amplamente positivos são as seguintes: investimento em capital humano; "Accountability"; "Educations Vouchers" e as "Charters Schools."

A iniciativa pela opção em aplicar investimento em capital humano, partiu, primeiramente, da iniciativa privada. O motivo pelo qual as empresas investem em capital humano é porque elas necessitam ampliar o seu capital físico. Melhorando a qualificação dos seus trabalhadores, elas aumentam também sua produtividade. GRUBER (2009) define capital humano como o estoque de qualificação de uma determinada pessoa, que pode ser aumentada com educação adicional.

O fraco desempenho tanto de estudantes brasileiros como os paraguaios, na atualidade, revela a ausência de políticas públicas que envolvam seu staff educacional. Programas para aperfeiçoamento de professores têm mostrado bons resultados nos Estados Unidos. "Teach for America (TFA) é um programa de treinamento e recrutamento de professores criados nos Estados Unidos em 1989. Os candidatos selecionados passam por um programa intensivo. O componente do treinamento é importante: técnicas de abordagens com crianças pobres. Em seguida esses professores são alocados por um período mínimo de dois anos em escolas públicas do bairro de baixa renda. Veloso (2011) argumenta que estudos comparativos entre alunos fora e dentro do programa são significativos. Os rendimentos de alunos no programa são geralmente acima de 25%; sua permanência na escola é prolongada, mostrando assim que esse item é muito importante quando se pretende melhorar o quadro educacional.

Veloso (2011) define "accountability" como um processo em que todos os atores envolvidos, (stake holders) são responsabilizados pelos resultados. O principal objetivo é expor resultados, sejam eles acadêmicos e/ou como a disposição de financiamentos e gastos públicos. Todo esse processo gera pressão das autoridades e dos envolvidos para obterem resultados ou diagnosticar problemas. Não só de cobranças vive o processo. Recompensas são previstas para alunos, professores e a própria instituição educacional que atingirem as metas previstas.

Experiências internacionais têm mostrado bons resultados no processo de "accountability". Nos Estados Unidos (VELOSO, 2011) vários estados adotaram o sistema na década de 1990. Em 2002 o sistema foi adotado, a nível federal, com o nome de "No Child Left Behind – Nenhuma Criança Deixada Para Trás, estabelecendo que todos os Estados devessem adotar o sistema em suas escolas. No Chile existe um sistema parecido: "Nacional de Evaliación Del Desempeño de Los Estabelecimentos Subvencionados (SNDE). Este sistema é um pouco mais organizado, além de todos os itens exemplificados no sistema Norte Americano, ele consegue medir também a participação dos pais. The Educations Vouchers ou Vales Educacionais é uma forma moderna em oferecer ensino público com administração privada que vem alcançando resultados positivos nos Estados Unidos e mesmo no Brasil com algumas escolas-pilotos. A diferença básica entre o sistema de "accountability" e os Vales Educacionais é que este tenta identificar as escolas de boa qualidade por meio de indicadores de desempenho, transferindo assim, a decisão para os pais dos alunos sobre que tipo de educação deseja para seus filhos.

A base da política é transferir para a população os vales educacionais que poderão ser usados tanto nas escolas públicas como nas privadas, dando uma opção a mais para as famílias que decidem qual tipo de escolas querem para os seus filhos. Destarte, a competitividade também está assegurada, na medida em que as escolas públicas competem com grau de igualdade pelos incentivos dados pelo governo. O gráfico abaixo pode nos esclarecer um pouco mais sobre esse sistema.

Empiricamente sabemos que a escola pública, de um modo geral, oferece um ensino de qualidade inferior, quando comparado a instituições privadas. Desse modo, as famílias têm que enfrentar o "trade off": matriculam os seus filhos em escolas públicas e, consequentemente aumentam seus rendimentos domésticos ou escolhem a instituição privada de ensino, onde o financiamento por parte do estado é zero, e veem seus rendimentos encurtarem, diminuindo assim a qualidade de vida.

Destarte, por exemplo, no gráfico acima a família Marra, representada pela letra "X", inicialmente, sem a intervenção do Estado, possui gastos G1 em educação e qualidade E1 (menor possível). Quando o estado introduz a educação pública gratuita, a restrição orçamentária que era de A a B, se transforma em ACDB. Os gastos com educação para G2, e o nível educacional deslocam-se positivamente de E1 para Ef.

A família Oliveira, representada pela letra "Z", por estar em uma classe social privilegiada ou mesmo por optar por uma educação de qualidade no maior nível educacional, E3, a um custo mais elevado, G4, vendo suas restrições orçamentárias em um estado mais crítico. A família Barbosa, aqui representada pela letra "Y", teria inicialmente optado pelo nível educacional E2 (o segundo melhor) com gastos educacionais fixados em E3.

Gráfico 3 - Gastos Com Educação Pública Deslocam Gastos Privados.

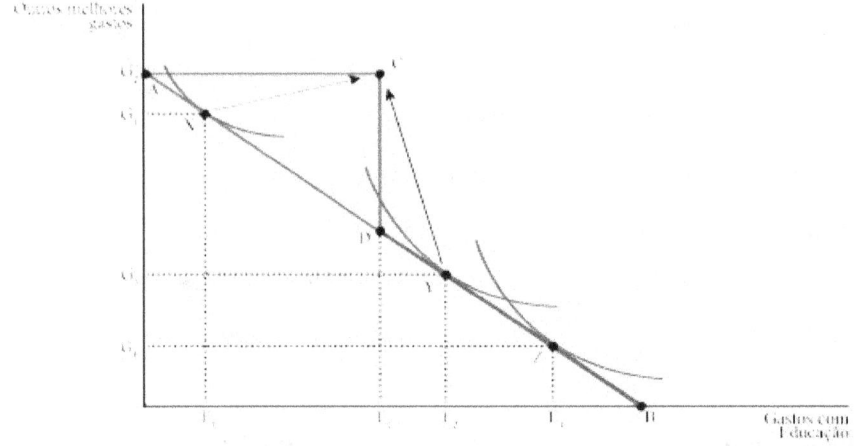

Fonte: Gruber (2009) - Adaptado pelo autor.

Como os Barbosas não possuem qualquer forma de financiamento privado na educação de seus filhos, têm que optar pelo financiamento do Estado (que tem um nível fixo de gastos). Assim por restrições orçamentárias, os Barbosas passam de um nível educacional de E2 para Ef, diminuindo a qualidade de educação de sua família. Assim, a educação oferecida pelo Estado eleva a qualidade dos Marras, diminui a dos Barbosas e torna sem efeito para a família Oliveira.

Uma possível solução apresentada pelo problema acima poderia ser resolvida com os vales educacionais, tanto no deslocamento da qualidade educacional, proposto pelo gráfico abaixo, como também expandiria, de forma uniforme, os rendimentos das respectivas famílias. GRUBER (2009) define Vale Educacional como uma quantia fixa, dada pelo governo, às famílias com filhos em idade escolar, que pode ser gasta em qualquer tipo de escola: tanto a particular como a pública. Vários analistas têm proposto o sistema de vales educacionais, como política pública, na qual os contribuintes têm a liberdade de escolha de usar seus vales nas escolas privadas ou públicas. Fica claro no gráfico abaixo que todas as famílias, nesse modelo, têm suas expectativas econômicas tal qual a cultural expandida, pela linha paralela em vermelho.

Gráfico 4 - Gastos Educacionais Versus Outras Formas de Gastos.

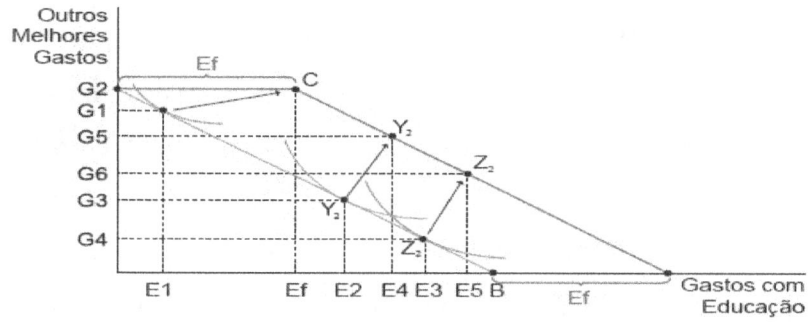

Fonte: Gruber (2009) - Adaptado pelo autor.

As Charters Schools representam uma forma de política pública credenciada em algumas escolas experimentais dos Estados Unidos que tem mostrado grandes resultados no desempenho acadêmico. A descentralização da gestão da escola pode contribuir para elevar o grau de "accountability", na medida em que as comunidades locais têm maior incentivo na questão do monitoramento dos resultados educacionais. Um fator fortemente positivo é a administração que é executada pela comunidade local preferencialmente que, empiricamente, tende a conhecer os pontos fracos e as potencialidades de seus alunos melhor do que ninguém. Nessa modalidade de política pública participam instituições privadas, com ou sem fins lucrativos que podem receber recursos governamentais, tais como; orçamento, professores, e o próprio prédio, para iniciar um processo de educação comunitária.

Destarte, esses candidatos à administração escolar, devem elaborar um plano educacional (Charter) e submetê-lo a uma autoridade pública. Caso seja aprovado, é estabelecido um curto contrato, cuja renovação está estritamente vinculada à execução das metas propostas no plano de contrato. Mesmo sob administração privada, as Escolas Chartes são públicas e não podem ser cobradas quaisquer mensalidades ou taxas. Para evitar quaisquer tipos de segregação ou apropriação da máquina pública pela elite, o número de vagas é restrito e os ingressos são feitos através de sorteios públicos. A principal diferença, segundo VELOSO (2011), é que a dinâmica cultural recebe um turbilhonamento pela questão da competitividade. A equipe administrativa precisa dos resultados e é pressionada para isso. Destarte, todos os atores envolvidos do staff educacional terão seus salários flutuantes em função do desempenho educacional. Outros problemas que afetam as escolas públicas tradicionais, tais como decisões administrativas de efeito retardado, não afetam as escolas nesse modelo.

No Paraguai o sistema de financiamento é relativamente simples. O distrito central, Assunção, fornece subsídios para o funcionamento de todos os outros departamentos. Estes departamentos, atualmente, gozam de certas liberdades administrativas, porém o financiamento de toda a estrutura, como mostra a tabela 7 (página 60) é de pura responsabilidade de Assunção.

Segundo PINEDA (2012) os gastos gerais do MEC no ano de 2008 eram de G$ 2.886.000,000, 00, no ano seguinte eram de G$ 3.280.000,000, 00 e em 2010 eram de G$ 3.500,000, 000,00. Mesmo verificando uma cifra crescente, o país emprega 4,5 % do seu PIB em educação. O montante é muito pequeno no total e proporcionalmente o valor do PIB também, quando comparado a países de mesma categoria econômica. Opinião também corroborada por PINEDA (ibidem). A educação básica, ao contrário do Brasil onde fica negligenciada no repartir do bolo com apenas 30% do valor da pasta (VELOSO, 2011), no Paraguai fica com o maior montante que, segundo PINEDA (ibidem) está ordem de 80%.

O grande problema verificado em ambos os países é a corrupção, que no Brasil estima-se que esteja na ordem de 50%, segundo a CGU (Controladoria Geral da União). No Paraguai não existem estudos em relação a esse problema, mas, inferimos que esteja em um montante muito próximo a isso. O acordo feito com o governo dos Estados Unidos (MEC/USAID) é um valioso investimento que o governo Norte Americano presta ao país como fator complementar no setor educacional. O sistema de financiamento da educação pública brasileira é muito mais complexo do que do estado paraguaio. Essa complexidade é devida a natureza federativa do Estado. O marco inicial do atual sistema de financiamento da educação pública brasileira é do ano de 1988 através da constituição e sua promulgação. Segundo esta carta magna, 25% da receita de impostos devem ser vinculados à educação, isso para as unidades de federação, municípios e o distrito federal. Os municípios devem oferecer obrigatoriamente a educação infantil, creches e pré-escola e, com prioridade para o ensino fundamental.

As unidades federativas e o Distrito Federal devem oferecer ensino básico, com prioridade no ensino médio. Cabe a União (Governo Federal) oferecer vagas no ensino superior e apoiar as esferas subalternas no ensino básico.

O sistema apresentado acima, desde sempre, apresenta distorções. Por exemplo: na Região Nordeste do país, onde a escolaridade é muito baixa, 25% do orçamento para as unidades federativas para o setor educacional sobravam. Porém era insuficiente para a rede municipal. Aproximadamente, segundo Veloso (2011), 80% dos municípios da região não conseguem arcar integralmente com essas despesas. Destarte, o governo federal, com o propósito de corrigir estas distorções, criou alguns planos de ações. Em 1996 foi criado o FUNDEF – Fundo de Manutenção do Ensino Fundamental. Sua homologação foi em 1998. O FUNDEF criou um fundo de participação dos municípios que, correspondia a 15% da arrecadação dos mesmos. Os recursos do FUNDEB e sua distribuição para os demais municípios dependem das matrículas vigentes. Este sistema estabeleceu o custo/aluno, ou seja, o mínimo a ser gasto no âmbito nacional, a fim de manter um mínimo padrão de ensino. O FUNDEF teve um papel significativo para a expansão do ensino fundamental, porém, o ensino médio ficou estagnado. Com o objetivo de corrigir este problema, em 2007 entrou em vigor o FUNDEB – Fundo de manutenção do Ensino Básico, substituindo o antigo fundo. O FUNDEB opera, nos mesmos moldes que seu antecessor, porém inclui o Ensino Médio, o EJA – Educação de Jovens e Adultos, e claro, o Ensino Fundamental.

Quadro 7 - Quadro da Educação Contemporânea no Paraguai

Nível	Matrículas	Docentes (Qtd.)	Centros Educativos (Qtd.)
Educação Inicial	157.361	8.383	5.765
Formal	155.440	8.295	5.742
Não Formal	1.921	110	63
Educação Escolar Básica	1.162.769	59.487	8.231
1º e 2º ciclo	833.487	36.052	7.129
3º ciclo	329.282	29.180	4.317
Educação Especial	7.808	1.467	77
Educação inicial	834	99	23
Educação Escolar Básica 1º e 2º ciclo	1.537	147	22
Educação Escolar Básica 3º ciclo	496	85	7
Programa Especial	3.855	433	72
Aula de apoio em instituições de Esp.	978	62	*
Nível especial em instituições de EEB	1.086	157	*
Aula de apoio em instituições de EEB	17.385	649	*
Educação Média	231.088	26.199	2.448
Bacharelado Científico e Técnico	229.071	26.051	2.418
Educação Média Aberta (BC com enfase em Ciências Sociais)	590	148	37
Formação Profissional	1.427	162	18
Educação Permanente	109.644	5.916	1.692
Educação Básica Bilíngue de Jovens e Adultos	47.099	3.360	1.173
Educação Média Alternativa para Jovens e Adultos	15.064	568	76
Educação Média a Distância de Jovens e Adultos	20.844	761	106
Formação Profissional	26.657	878	374
Formação Profissional Inicial	16.763	744	477
Alfabetização	75		4
Formação Superior não Universitária	12.113	1.035	86
Formação Docente Inicial	2.669	594	48
Formação Docente em serviço - Profissionalização	1.511	110	15
Formação Docente em Serviço - Especialização	1.249	100	19
Habilitação Pedagógica	49	9	2
Capacitação, Atualização, Workshops, Seminários, Simósios	3.339	78	8
Educação Técnica Superior	3.296	262	31
Total	1.680.803	76.970	10.931

Fonte: MEC-PY, apud, Pineda (2012) - Modificado pelo autor.

O PDDE – Programa Dinheiro Direto na Escola é outra forma de apoio do governo federal à educação básica. Ele é complementar ao FUNDEB. Sua função é a melhoria da gestão nas escolas públicas, fornecendo com isso, maior autonomia e agilidade para as unidades escolares. Também a nível de suporte foi criado o Bolsa Família, que é um programa de complementação de renda que possui como finalidade reforçar o cinturão de segurança da criança: a família. O programa é acompanhado de condicionalidades: desde acompanhamento dos filhos em relação aos compromissos com saúde e do estado nutricional do menor, até o comprometimento com a vida educacional.

Gráfico 5 - Relação Entre o Gasto Público em Educação em Relação ao PIB e a Renda Per Capita.

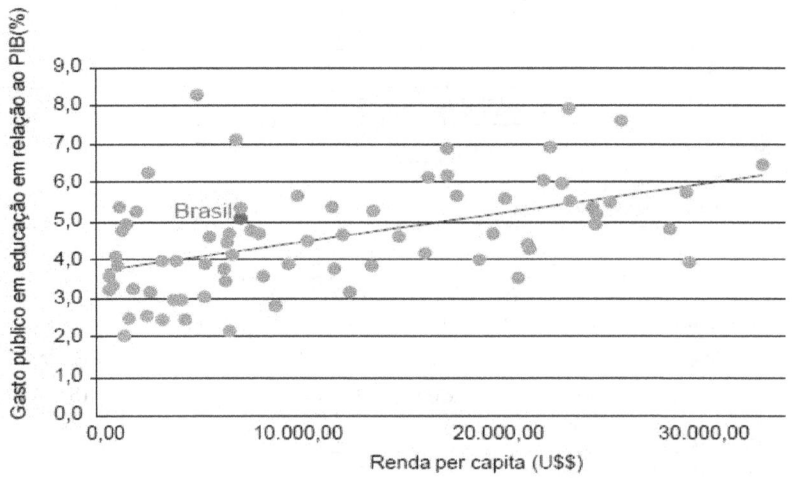

Fonte: os dados de renda per capita foram obtidos na Penn World Table 6.3. Os dados de gastos públicos em educação em relação ao PIB para o Brasil foram obtidos no INEP/MEC e são de 2008. Para os demais países ver UNESCO (2010), apud, Souza (2011) - Adaptado pelo autor.

A despeito do senso comum, o Brasil não investe pouco no setor educacional. De uma forma geral, os países que mais investem em educação são os países desenvolvidos. Porém quando se compara o gasto per capita, como demonstra o gráfico abaixo, o Estado gasta um pouco acima do esperado em relação aos países do mesmo nível. Porém quando comparado, com outros países, em relação a performance educacional, como mostra o gráfico abaixo, nossos resultados são bastante pífios. O gráfico 6 acima mostra resultado dos países participantes do PISA (que é uma avaliação de desempenho escolar a nível internacional). Observe que somos um ponto divergente quando comparados com países com o mesmo nível socioeconômico. Poderíamos aqui inferir em algumas possibilidades que nos possam apontar para alguns fatores que nos expliquem esse fraco rendimento dos alunos brasileiros. Em primeiro lugar, acreditamos que 50% de todo o volume de investimentos educacionais não cheguem ao seu destino final.

Gráfico 6 - Relação Entre a Nota de Matemática no PISA e o Gasto Público por Aluno no Ensino Fundamental em Relação ao PIB Per Capita.

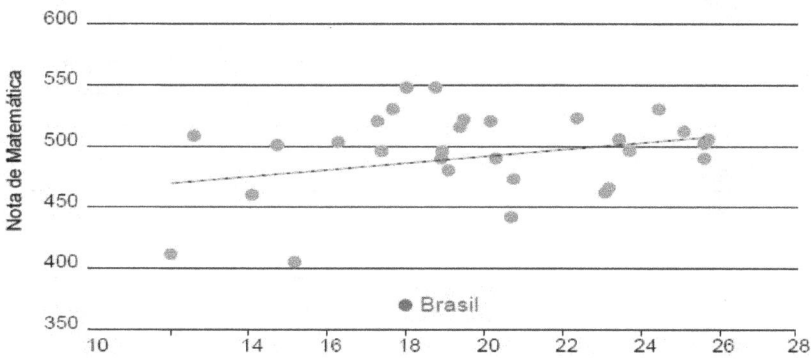

Fonte: os dados de renda per capita foram obtidos da Penn World Table 6.3. Os dados de gastos públicos em educação em relação ao PIB para o Brasil foram obtidos do INEP/MEC e são de 2008. Para os demais países ver UNESCO (2010). Os dados da nota de matemática foram obtidos do PISA 2006 Apud, Souza (2011, Adaptado pelo autor).

Essa também é a mesma conclusão chegada pela CGU (Controladoria geral da União). A corrupção no setor educacional seria um sério empecilho para o rendimento escolar. Em segundo, mesmo com todo processo de avanço de descentralização, o setor de administração dos recursos públicos é muito mal gerido, ocasionando profundo desperdício. Em terceiro, a prioridade com que são executados esses gastos é preocupante. Como se pode observar no quadro 8, o

Brasil gasta aproximadamente 5,2 vezes mais no ensino superior do que em todo restante do ensino básico.

O problema que não aparece na tabela abaixo é que quase a totalidade da população que necessita da escola pública para concluir o ensino básico, vive em comunidades com risco social latente. Por outro lado, as camadas populacionais que estudam em uma universidade pública, são justamente aquelas que menos precisam desse tipo de investimento público. Verificamos assim que o tipo de políticas públicas adotadas pelo Estado não são imparciais. Não promove ascensão social.

Quadro 8 - Gasto Público em Educação Por Aluno em Relação ao PIB Per Capita Por Nível de Ensino em 2006 (em %).

Países	Ensino Fundamental	Ensino médio	Ensino Superior	Todos os Níveis	Razão superior/ Fundamental
Brasil	18,0	13,4	93,2	18,9	5,2
Argentina	13,2	20,3	14,2	15,8	1,1
Chile	11,1	12,4	11,5	11,7	1,0
Coréia do Sul	17,2	22,2	9,5	16,7	0,5
Espenha	19,4	21,0	23,5	22,3	1,2
Estados Unidos	22,2	24,6	25,4	23,9	1,1
França	17,1	26,5	33,5	24,7	1,9
Índia	8,9	16,2	55,0	14,0	6,2
Irlanda	15,0	22,8	26,4	19,8	1,8
Japão	21,9	22,4	19,1	21,5	0,9
México	13,4	13,8	35,4	15,5	2,5
Portugal	22,1	34,0	28,8	28,0	1,3
Reino Unido	22,1	27,3	29,2	25,8	1,3
Uruguai	8,5	10,4	18,1	10,6	2,1

Fonte: os dados do Brasil Foram Obtidos no INEP/MEC e são de 2008. Para os demais países ver UNESCO (2010), apud, Veloso (2011).

Acreditamos que as desigualdades de renda no Brasil e no Paraguai estejam diretamente vinculadas ao processo educacional. Essa opinião também é compartilhada com Ferreira (2003) e Veloso (2011). Segundo esses autores isso acontece por dois principais motivos: o primeiro é que a educação gera uma elevada desigualdade na qualidade da força de trabalho. A segunda é que a taxa de retorno à educação, em ambos os países, ou seja, o aumento de salários de um ano adicional de estudo é elevado, principalmente quando comparado a realidade latino-americana.

Ferreira e Veloso (2005) argumentam que a educação é condição privilegiada para entendermos a desigualdade social em qualquer país. Segundo eles, diversos estudos mostram que o processo de acessibilidade à educação, por parte da população, pode representar uma variação salarial na ordem de 40%. Segundo ainda essa pesquisa, em regiões economicamente emergentes, tal qual a América Latina, essa importância é muito mais acentuada, quando comparada, por exemplo, com os Estados Unidos. A resposta para isso é competitividade. Como nos Estados Unidos existe maior acessibilidade educacional por parte da população, o retorno econômico a essa acessibilidade é menor. Ao contrário, na América Latina, a parcela da educação que recebe uma educação de qualidade ainda é relativamente baixa, nesse caso o retorno é maior.

Outro grande gargalo relacionado à mobilidade educacional é a desigualdade de oportunidades, que teria como origem a própria condição social do indivíduo. Ferreira e Veloso (2003) argumenta que a escolaridade da família pode ser uma grande alavanca/entrave à mobilidade social. Eles mostram que, um filho de pai analfabeto, tem aproximadamente 32% de probabilidade de ser analfabeto também. Ou ainda, a probabilidade do filho ter apenas dois anos de escolaridade é da ordem de 50%. No outro extremo, são praticamente nulas as chances de pais com curso superior completo ter filhos analfabetos. O contrário também é verdadeiro, para pais analfabetos, a probabilidade de os filhos completarem o grau superior é de apenas 0,6%.

Políticas públicas de países subdesenvolvidos tais como o Brasil e o Paraguai deveriam levar em conta as condições socioambientais dos aprendentes. Regiões onde se verificam baixo IDH ou baixo índice de GINI as crianças possuem sérios problemas no desenvolvimento escolar. Esses problemas não serão apenas equacionados aumentando a participação da verba na educação. Estudos apontam que a participação e as condições socioambientais da comunidade circundante são muito importantes para o desenvolvimento desses pequenos jovens. A escola é apena uma pequena e importante engrenagem. Mas o problema de aprendizado se configura muito distante dos seus muros.

Desde muito cedo a elite econômica e social brasileira percebeu que a sua perpetuação no poder estava atrelada diretamente ao domínio da informação. Destarte, existe um vácuo de políticas públicas educacionais no país, desde sua gênese, que garanta a construção do processo educacional democrático.

A educação tradicional, ou seja, aquela que se instalou primeiro no país, pode ser dividida em dois grandes grupos: a concepção religiosa e a leiga. A primeira vertente, a religiosa, teria como seu emblema a consideração da essência humana como concepção divina. Já concepção leiga, foi elaborada pelos pensadores modernos, mostrando a ascensão da burguesia como classe social. Espelhava sua ideologia. Destarte, esta escola nasce como instrumento de realização das ideias liberais, baseadas no racionalismo iluminista que, teria como principais concepções: a escola pública gratuita, sem a presença da igreja (leiga) e obrigatória. Aqui a essência humana se identificava com a natureza humana.

A história da educação no Brasil, segundo Saviani (2008), começa com a chegada do aparelho estatal português no ano de 1500. A questão educacional passava pela evangelização. Como qualquer forma de colonização, o Estado português necessitava imprimir o seu selo: a língua. Tal como no Paraguai, os primeiros evangelizadores, logo, educadores do país foram os franciscanos (SAVIANI, 2008). Eles chegaram juntos com os primeiros núcleos de exploração do território brasileiro. Como não tinham nenhum suporte, nem militar, nem financeiro, na nova colônia, o sistema faliu.

Foram os Jesuítas os verdadeiros responsáveis pela fixação da língua portuguesa no território brasileiro e pela primeira fase do nosso processo educacional. Segundo Saviani (2008) os Jesuítas chegaram a nosso território em 1549. Este autor considera o fato como marco zero da educação nacional. O sucesso dos Jesuítas em relação aos franciscanos está no seu procedimento administrativo. Sabendo da negligência da Coroa Portuguesa em relação ao processo educacional, esses (os jesuítas) pediram consentimento ao Estado para elaborarem atividades produtivas e comerciais para seu auto-sustento. Dessa forma desenvolviam várias e múltiplas atividades econômicas, desde a criação de gado à monocultura de cana-de-açúcar, com condições privilegiadas dada pelo Estado português. Além disso, exploravam os trabalhos manuais dos indígenas na produção de móveis e utensílios.

A educação praticada pelos Jesuítas era basicamente para dois mercados: para os indígenas e para os crioulos. A educação dos indígenas era feita em aldeias que reproduziam com fidelidade os seus mosteiros. Na realidade eram verdadeiras oficinas. Nelas, os Jesuítas faziam a catequese que, segundo Saviani (2008), era à base da dominação ideológica. Ensinavam técnicas agrícolas e artesanatos de diversas naturezas, firmando assim uma grande indústria.

A educação dada aos "crioulos" era de forma sofisticada e imitava as universidades europeias. O ensino exclusivo era caro. Gerava vultosos rendimentos a ordem. Mesmo que não se manifestassem publicamente contra o ensino para as classes populares isso não era necessário. A educação era para a elite.

O declínio do poder jesuítico, paradoxalmente, segundo Saviani (2008) está vinculado ao seu sucesso. Por serem isentos totalmente de impostos, os Jesuítas não competiam de forma proporcional com os demais concorrentes no reino. Essa configuração criou muitos inimigos influentes na corte portuguesa. Os índios catequizados aguçavam a cobiça dos bandeirantes paulistas que tinham interesse nessa mão-de-obra especializada e barata. Dessa forma, faziam sucessivas invasões a esses mosteiros com a finalidade de capturar esses indígenas. Estas bandeiras tinham tanto apoio do estado Português como do Espanhol. Revoltados com a escravização dos índios, que afetava diretamente os seus interesses, os Jesuítas tentaram resolver o problema a sua maneira: armaram-se. O resultado foi que eles desafiaram ao mesmo tempo os dois Estados Íberos e segundo SAVIANI (2008) foram expulsos do Brasil em 1759, bem como do Império Espanhol.

A Igreja Católica, em moldes mais submissos, assumiu a educação no país no período pós-jesuítico. A assunção do Estado Português com o Marquês de Pombal teve como consequência uma política extremamente burguesa. A Educação foi dividida em clássica, voltada para a elite colonial e técnica, voltada para comerciantes: pequena e alta burguesia. A população pobre não tinha acesso à educação. Destarte, negros, pardos e indígenas estavam igualmente expropriados da escola.

No século XVII, com a ascensão da burguesia no poder e o paralelo enfraquecimento da Igreja católica, associados aos parcos recursos da Coroa Portuguesa em relação à instrução pública, a vertente leiga gradativamente toma conta do cenário cultural. As ideias pedagógicas leigas sobre o ecletismo, liberalismos e positivismo inundavam as escolas. A vertente leiga da educação tinha como sua principal bandeira a intervenção do Estado na Instrução pública, no sentido de regulamentação. Os economistas ortodoxos baseados no "lasses faire, lassaiz passer" e uma grande parte dos católicos, achavam que o ensino era incumbência da igreja. A burguesia na realidade, não pensava na universalização do ensino, mas sim em se apoderar da máquina estatal para se locupletar do processo.

A questão da universalização da educação nacional veio junto com a corrente da chamada "Escola Nova". Esses escolanovistas tiveram início no ano de 1932 (quando da chegada de Getúlio Vargas no Poder) e seu ápice foi no ano de 1969. Nesse momento da história brasileira o eixo econômico deslocava-se para o Centro-Sul. A economia cafeeira dava os primeiros passos criando a infraestrutura para a nova fase da industrialização brasileira. Com o advento do incremento industrial, o quadro demográfico do país começara a mudar. Era momento de reviravoltas e grandes instabilidades dentro do governo brasileiro.

Os principais rivais dos escolanovistas era a Igreja Católica. Tanto esta como a burguesia teriam apoio do governo de Vargas que se sustentava desse confronto, fazendo seu próprio equilíbrio. Esse modelo de industrialização nacional foi consolidado, posteriormente, com a ascensão de Juscelino Kubitschek ao poder, com as indústrias de consumo duráveis em meados dos nos 50.

Entre as décadas de 1960 e 70 entra em cena a Escola Produtivista. O país estava em plena ditadura militar e o lema do governo era possuir uma postura ultra-desenvolvimentista. É nesse momento que a economia nacional iniciava o processo conhecido como transnacionalização, ou seja, a chegada de transnacionais no território brasileiro, principalmente oriundos dos Estados Unidos. Essas empresas necessitavam de mão de obra minimamente qualificada para trabalharem em suas fábricas de montagem.

A chegada dessas empresas ao país coincidiu com o acordo MEC/USAID que, não somente visava o financiamento de uma educação de massa, específica para atender às necessidades das empresas aqui instaladas, tinha também no seu alvo a mudança de comportamento da população para o seu controle através da ideias do "behaviorismo" e outra organização cultural do trabalho: o taylorismo-fordismo. Dentre esses pensadores destacam-se Frederik Skinner, que teria suas obras baseadas na ciência do comportamento. Com base na suposta neutralidade da ciência, sua racionalidade, eficiência e produtividade (SAVIANI, 2008), a pedagogia tecnicista elucidava que o processo educativo teria como metas a objetividade e a operacionalização.

O processo de universalização da educação foi uma verdadeira hecatombe para a sua qualidade. O número de entrantes nesse período, segundo Saviani

(2008) multiplicou-se por dez. O ensino fundamental tornou-se obrigatório, porém os investimentos no setor decaíram abruptamente, a despeito de sua expansão. Segundo Saviani (ibidem): em 1946 o montante do PIB aplicado em educação era na ordem de 12%, em 1970 passou para 7,6% e em 1975 para 4,3%. Com esse procedimento, a despeito da universalização, parece que a máquina educativa brasileira tornou-se emperrada. Mesmo depois de 70 anos de história educacional brasileira, ainda estamos lutando para chegarmos ao mesmo nível de investimentos que tínhamos em 1946. O agravante é que, hoje, temos uma população cinco vezes maior e um quadro de estudantes e staff educacional proporcionalmente 20 vezes maior. Como resultado disso, grande parte da população pobre entrante no sistema não aprende. Isso porque a infraestrutura é ineficiente. Segundo VELOSO (2011), como já havíamos argumentado, de todo orçamento da pasta, o nível superior consome simplesmente 70% de todos os recursos...

Amorim (2012) argumenta que a economia brasileira ao longo do século XX se comportou com grandes oscilações. Porém, no período conhecido como "milagre econômico" foi que esse crescimento foi mais expressivo. Nos finais dos anos 70, por diversas circunstâncias, com o advento da universalização do ensino básico foi que a educação brasileira ganharia contornos contemporâneos....

O indicador mais elementar quando tratamos de educação, em qualquer nação, é o índice de analfabetismo. Segundo Ferreira e Veloso (2003), no ano de 2000, o Brasil tinha uma taxa de analfabetismo em torno de 14%. Os contornos dessa observação ficam mais claros quando comparamos com desempenhos de países vizinhos. Por exemplo: Argentina e Chile apresentam no mesmo ano, taxas respectivamente de 3,2% e 4,2%. Em países com padrões de vida inferior na média a do brasileiro, por exemplo, a Colômbia, possui sua taxa de analfabetismo também inferior a do Brasil, que está na ordem de 8,4%. Mesmo na República da África do Sul, herdeira do cruel sistema de "apartheid", possui sua taxa de analfabetismo muito próxima a do Brasil, que está na ordem de 15%.

O gráfico abaixo mostra a evolução média da escolaridade No Brasil comparada com alguns países selecionados na América Latina. Esses dados nos revelam que a população com 15 anos ou mais com o ensino fundamental completo é da ordem de 78,2%. Apenas 14,4% desta população concluíram o ensino médio. A parcela que cursou o nível superior (completando ou não o curso) é da ordem de 7,5%. De uma forma mais genérica a escolaridade média no Brasil é de 4,9 anos.

Gráfico 7 - Evolução da Escolaridade Média no Brasil e Países Selecionados da América Latina.

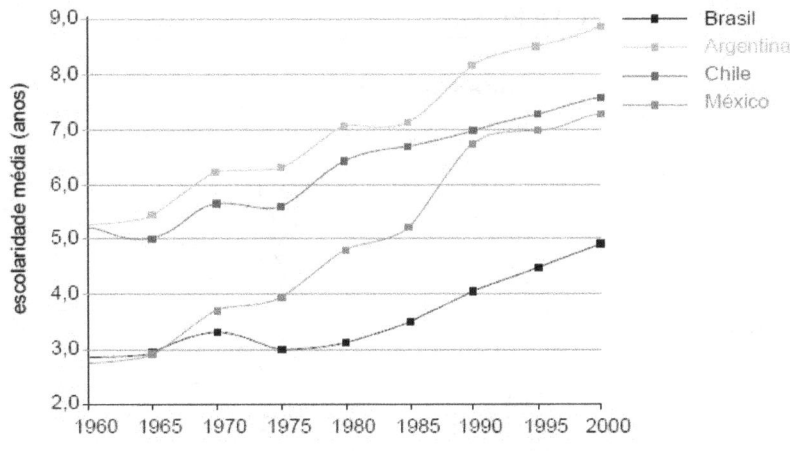

Fonte: Barros e Lee, apud Guimarães e Veloso (2005) - Adaptado pelo autor.

A despeito do quadro mostrado acima, bem como pelo gráfico, ambos refletem o grande déficit social que o Estado brasileiro tem com sua população. Isso não significa um padrão de inércia deste Estado. Ao contrário. As taxas de analfabetismos no país tiveram uma expressiva redução entre os anos de 1920 a 1970. Quando comparamos os anos de 1950 até 2000, essa taxa caiu ao redor de 50% para 15% (VELOSO, 2011).

Veloso (ibidem) afirma que foi a partir da década de 1980 que a educação nacional passou por profundas transformações. Antes desse período, a escolaridade média da população com 15 anos ou mais permaneceu constante no patamar de 3,1 anos. A partir desse ponto, até o ano 2000 a escolaridade média vem aumentando até atingir o seu clímax de 4,9 anos. Outro "boom" de desenvolvimento educacional pode ser observado entre os anos de 1990 e 2000. Por exemplo, quando comparado a 1960, os sem escolaridade, que eram da ordem de 47,5% teve uma queda expressiva para 16% em 2000. A população com acesso ao ensino fundamental teve um grande salto: de 36,4% em 1960 pulou para 62,2% em 2000.

Quadro 9 - Evolução da Composição Educacional da População com 15 anos de idade ou mais no Brasil - 1960 a 2000.

Ano	Sem Escolaridade (%)	Ensino Fundamental (%)	Ensino Médio (%)	Ensino Superior (%)
1960	47,5	38,4	14,3	1,8
1965	43,2	41,7	13,4	1,7
1970	37,5	47,4	13,5	1,7
1975	26,9	61,6	7,7	3,8
1980	17,5	59,0	9,3	4,3
1985	28,1	60,1	8,6	5,3
1990	18,7	63,9	11,3	6,1
1995	17,7	64,0	11,6	6,7
2000	16,0	62,2	14,4	7,5

Fonte: Barros e Lee, apud, Guimarães e Veloso 2004 - Adaptado pelo autor.

Também entre os anos de 1990 e 2000, a matrícula do ensino médio mais que dobrou, elevando-se de 3,5 milhões para 8,2 milhões. Isso representou uma elevação da taxa bruta do ensino médio de 41% em 1990 para 77% em 2000. Estrela de todo esse processo foi o ensino superior. Entre 1990 até 2000 houve um acréscimo de 1, 154 milhão de matrículas, correspondendo a um aumento de 75%.

A despeito de todo processo evolutivo descrito acima, os gargalos educacionais continuam fortes no século XXI: tanto a distorção série-idade, quanto a baixa qualidade do ensino permanecem como grandes desafios a serem enfrentados por novas políticas públicas. Outros problemas graves também esperam soluções: as idades medianas para a conclusão do ensino fundamental no Brasil permanecem ainda muito altas, na esfera dos 15 anos. No Nordeste Brasileiro a situação é mais dramática, com essa idade se estendendo para 17 anos. Por último, Guimarães e Veloso (2005) argumentam que os resultados do Sistema de Avaliação Nacional de Educação Básica (SAEB) mostram queda no desempenho escolar dos alunos matriculados no curso do ensino fundamental em todo território nacional nos anos de 1995 a 2001 demonstrando lamentavelmente uma tendência.

A despeito de serem países latino-americanos, podemos observar grandes diferenças nas matrizes educacionais produzidas pelo Brasil, bem como pela República do Paraguai. Contudo, podemos salientar e levando em consideração área geográfica na qual estamos falando, a acessibilidade ao ensino no Paraguai teve uma configuração um pouco mais democrática que a do Brasil...

A independência política do Paraguai se deu recentemente, no ano de 1811. Sua trajetória de formação foi "sui gêneris" devido ao processo de isolamento em relação a outras províncias espanholas e à massiva utilização da língua guarani. Pineda (2012) argumenta que o Primeiro Governador Espanhol, Domingos Martínez de Irala, elevou Assunção a categoria de cidade. Ele ordenou também grande transferência da população de Buenos Aires para Assunção, fortalecendo os laços com as populações guaranis locais. Essas medidas, mas adiante, se configuraria no que hoje conhecemos como Paraguai. Nesse período também, o governador mandou instalar as primeiras escolas.

De modo semelhante como ocorrera no Brasil, Pineda (2012) argumenta que, ao longo de 250 anos, a educação Paraguaia teve forte influência da Igreja Católica. Foi capitaneada pelos Franciscanos e posteriormente substituída pelos Jesuítas. Bem como ocorrera no Brasil, as primeiras escolas paraguaias começaram a funcionar nos conventos, e eram destinadas à população da elite local que poderia arcar com os altos custos.

Pineda (2012) argumenta que tal como ocorrera no Brasil, os Jesuítas teriam um plano educacional diferenciado para os indígenas. Estes eram catequizados, além de ensinar ofícios técnicos que variavam entre agricultura e trabalhos manuais que facilitavam a vida da ordem religiosa em evidência.

O processo de independência do Paraguai se deu aos moldes iluministas franceses do século XIX. O processo se deu paralelamente a independência da Argentina em 1810 que insistiu em manter seu poder vinculado ao território do Paraguai (PINEDA, 2012). Porém a diferenciação étnica populacional composta por Crioulos e indígenas e a forte relação destes com o estado propiciaram o movimento de independência paraguaia.

Finalmente em 12 de outubro de 1813 foi proclamada a república no Paraguai. Porém no ano seguinte o Dr. José Gaspar Rodríguez de Francia tomou o poder em um golpe de Estado, instaurando pela primeira vez a ditadura no país. Como consequência imediata do ato político, segundo Pineda (2012) o ensino superior no país foi pulverizado.

A despeito do que acontecera com o ensino superior, PINEDA (2012) argumenta que a educação básica gozava de excelente saúde. Francia estabeleceu a obrigatoriedade da instrução pública de crianças e jovens até 14 anos de idade. Nesse período, segundo PINEDA (ibidem), a república chegou a ter 140 escolas com 140 professores e mais de 5000 alunos no ensino fundamental. Ao contrário do que existia no Brasil no mesmo período, não existia discriminação de credo, cor, raça ou gênero para frequentar as aulas. Também não havia diferenciação quanto à qualidade do ensino oferecido. Com a morte de Francia em 1840, segundo PINEDA (2012), a república passa por vários governos efêmeros. Gradativamente o ensino superior é incorporado à grade oficial do país.

Na metade do século XIX sobe ao poder a dinastia López. Esse é um momento de grandes reformas tecnológicas mundiais. Mudanças essas trazidas pelos ventos da revolução industrial. Pela primeira vez o país se abre para as nações estrangeiras no sentido de absorção de tecnologia. Porém tropeçando na falta de mão-de-obra proveniente do ensino superior. Destarte, o país dava ênfase à educação técnica. Como o país não poderia oferecer esse ensino técnico de qualidade, muito jovens abastados partem para o exterior para obter essa educação. Os destinos mais procurados eram Londres e Paris.

Com os Lopez no poder, a educação no Paraguai dá um salto qualitativo e quantitativo. A educação primária triplicou passando para 17000 alunos e mais de 400 escolas segundo Pineda (2012). Alunos com recursos escassos tinham sua alimentação, vestuário e material didático provido pelo Estado. Algo revolucionário para época.

O esforço de Francisco Solano López em promover uma comunhão nacional para obter um Estado moderno, gerando um desenvolvimento educacional sem precedentes, criou expectativas negativas ao jogo político internacional. Segundo Hobsbawnm (1998), o fascinante crescimento da República do Paraguai interferira severamente nos planos políticos e geoeconômicos da Inglaterra, que através do Brasil, teria planos de dominar economicamente o subcontinente.

Às vésperas da conflagração bélica que, segundo HOBSBAWN (ibidem), foi "diabolicamente montada pelo Império Britânico", o país contava com 435 escolas e 42.524 alunos. No final da guerra que ocorreu em 1º de março de 1870, o país estava completamente arruinado. Nesse momento, segundo PINEDA (2012), sobravam apenas 180.000 habitantes. Dois terços da população estavam mortas. Os sobreviventes eram apenas: mulheres, idosos e crianças, na maior parte.

A preocupação com a educação já estava latente nos primeiros dias do governo provisório com o estabelecimento de reconstrução das poucas escolas públicas que restavam de pé.

Em 1871 se cria a Inspeção Geral das Escolas. No ano seguinte é fundado o Colégio Nacional da Capital. O processo de estabilização foi longo e árduo. Foi dada ênfase a educação. Porém o Estado estava pobre e destruído. Com todos os esforços para proporcionar uma educação de qualidade no país. No ano de 1880, dez anos após a grande hecatombe, o país contava com 252 escolas, 400 professores e um pouco mais de 15000 alunos.

No limiar do século XX, segundo PINEDA (2012), o Paraguai contava com 300 escolas, com aproximadamente 500 professores e 25000 alunos. Números bastante modestos para uma população, na época de 500.000 habitantes. Estes números refletem a grande instabilidade política atravessada pelo país nesse momento histórico. Apenas em um período de 12 anos, 10 presidentes se sucederam. Todos resultados de golpes relativamente curtos, situação que empobrecia anda mais um país assolado.

A década de 1940 é marcada pela presença dos militares no setor educacional. Isso ocorreu principalmente pela épica vitória que o país conseguiu contra a Bolívia na Guerra do Tchaco. O país, virtualmente em desvantagem de aproximadamente 1 para 3, conseguiu vencer o confronto que, segundo PINEDA (2013) foi em função das técnicas ensinadas nas escolas militares instaladas no país.

Na década de 1950/60, a ditadura, ainda arraigada na cultura popular, foi representada pela era stronista. A educação foi completamente comprometida pelo culto à personalidade do presidente. Pela primeira vez, desde a Grande Guerra, oposicionistas se faziam ouvir no país. Essa resistência era capitaneada pelos estudantes universitários.

No final da década de 1990, o governo Strossner dava sinais de cansaço. Havia descontentamento de trabalhadores, empresários e até mesmos nos setores militares.

Todos estavam capitaneados pela Igreja católica. Na noite de 2 de fevereiro de 1989, um movimento liderado pelo General Andrés Rodriguez iniciou uma ofensiva militar que derrubou o governo Strossner. Em maio foram marcadas eleições gerais na qual Rodriguez saiu presidente.

Em fins dos anos 1990, segundo Pineda (2012) o MEC (Ministério de Educação e Cultura) iniciou um processo de descentralização, onde, gradativamente, parte de suas atribuições começaram a migrar para os departamentos. Em 2000 o MEC teria uma autonomia em investimentos na ordem de G$ 1.324.000,00. O Número total de alunos era de 132.517 alunos (PINEDA – ibidem).

A educação do Paraguai possui um aspecto "sui gêneris" em função de configurar com idiomas bilíngues (espanhol e guarani) oficiais do Estado. Com as recentes reformas educativas, o ensino básico passou a ser obrigatório em todo território nacional.

Os Estados Unidos têm contribuído técnica e quantitativamente para a melhoria educacional no país (MEC/USAID). Destarte, a matrícula pré-escolar, segundo Pineda (2012), que era de 17% passou para 90% da população em idade escolar, no ensino médio de 28% para 58% e o mais importante, a permanência da população no sistema educativo que era de 5,4 anos no ano de 1992, passou para 7,2 anos uma década depois. Média bem superior à brasileira.

Houve também uma melhoria significativa do quadro de professores no país. Segundo PINEDA (2012), no início do século XXI, 82,2% dos professores universitários possuem título de graduação; 16,2% possuem título de mestrado e 1,6% de doutorado.

O grande problema verificado por PINEDA (ibidem) é que o país não possui estrutura para fazer a manutenção de mestres e doutores em território nacional. Muito deles migram para nações desenvolvidas onde são atraídos por melhores salários e condições de trabalho.

O grande desafio do Estado Paraguaio contemporâneo é fazer a manutenção de uma população cada vez mais jovem dentro dos limites da sala de aula. Segundo Pineda (2012) no censo de 2002, dos 5.566.852 habitantes 41% estão na faixa entre 0 a 14 anos e 54% entre 15 a 65 anos de idade.

A população urbana aumenta vertiginosamente, alcançando, nesta data, 56,7% contra 43,3% da rural. 50,6% da população possuem até o 6º grado completo. A média de estudo da população até 25 anos é de 2,5anos (PINEDA – ibidem).

Em 2003, segundo Pineda (2012), os cursos de nível superior no Paraguai tomaram um grande avanço. Foi promulgada a lei 2.072 que criou a Agência Nacional de Avaliação e Acreditação da Educação Superior, mais conhecida como ANEAS. Esta instituição tem por finalidade avaliar a acreditar a qualidade das instituições a nível superior.

Pode ser um passo importante para equalização dos problemas de revalidação de títulos de pós-graduação adquiridos por brasileiros no Paraguai. Além do mais, todo processo de reforma educacional com ênfase na educação básica tem a supervisão do Banco Mundial.

Outro grande desafio encontrado pelo governo de Assunção é especialmente a educação da população pobre que, tem um alto grau de correlacionamento com a população indígena. Segundo Pineda (2012), ao contrário de que acontece com o restante da população do país, os indígenas possuem uma média de escolaridade de 2,2 anos e a taxa de matrículas em áreas rurais, que são redutos da população indígenas, é quatro vezes menor proporcionalmente a rural. A taxa de repetência da população indígena é da ordem de 70% e a evasão escolar é a maior do país.

No campo da investigação, ou seja, a porcentagem da população que consegue chegar a nível superior, segundo Pineda (2012), é uma das menores no continente. Enquanto os argentinos possuem 2,06%; o Brasil 0,92; a Bolívia 0,3; o Paraguai conta com apenas 0,15% da população.

No ano de 2008 segundo Pineda (2012), o MEC sofreu grandes transformações operacionais, se subdividindo em dois grandes vice-ministérios: o 1° para Desenvolvimento Educativo e o 2° para Gestão Educativa. Com ajuda do Banco Mundial como financiador e Supervisor e os Estados Unidos através do acordo MEC/USAID, a merenda escolar teve seu fornecimento regularizado e levado todos os pontos do território nacional.

O atual quadro da educação no Paraguai pode ser representado pela tabela abaixo. Como podemos observar na tabela elaborada por PINEDA (2012), a educação universitária, no ano de 2012, era constituída por 52 universidades, 38 institutos superiores, 206 institutos técnicos superiores e 120 institutos de formação de docentes.

Do total, 360 são privadas e 56 da rede oficial. Dos 120 institutos de formação de docentes, 4 funcionam como centro regional de educação, destes, 80 é da rede privada e 36 oficiais. Dos 206 institutos técnicos superiores ofertam 737 carreiras. As 52 universidades contam com 119 faculdades e totalizam 1.537 carreiras com 291 variedades.

A educação inicial contempla crianças entre 0 a 5 anos de idade, divididas em duas etapas. A educação básica contempla crianças entre 6 a 14 anos de idade. É subdividida em três ciclos. Cada ciclo dura de 3 anos. E finalmente a educação secundária é composta de 3 anos. Podemos ver que o sistema de grade curricular é muito parecido com que é usado no Brasil. Como no Paraguai existe uma forte influência do Estado americano, e esse no Brasil, isso é compreensível.

Quadro 10 - Situação Atual da Educação no Paraguai.

Idade	Nível	Tipo	Fase	Den.	Observação
0-2			Etapa 1		Muitas Creches também cumprem com o estipulado no currículo da Educação Inicial.
3		Educação Inicial	Etapa 2	Pre Jardim	
4				Jardim	
5				Pre-Escolar	
6				1º Grau	
7			1º Ciclo	2º Grau	
8				3º Grau	
9		Educação Escolar Básica (EEB) Primária	2º Ciclo	4º Grau	Bacharelados: A - Técnicos: 1. Industrial 2. Serviços 3. Agropecuários B - Científicos: 1. Letras e Artes 2. Ciencias e Tecnologias 3. Ciencias Sociais
10	1º Nível			5º Grau	
11				6º Grau	
12				7º Grau	
13			3º Ciclo	8º Grau	
14				9º Grau	
15		Educação Média	Secundária	1º Curso	
16	2º Nível			2º Curso	
17				3º Curso	
18			Em geral 4 anos para Licenciatura e 6 anos para terminar a carreira. Tese para doutorado.	1º Ano	1. Educação Técnica Superior 2. Formação Docente 3. Institutos de Formação Superior 4. Universidades
19				2º Ano	
20				3º Ano	
21	3º Nível	Educação Terciária		4º Ano	
22				5º Ano	
23				6º Ano	
24				Tese	
25 ou mais	No Paraguai se oferecem mais 1.200 carreiras universitárias, Muitas delas com pós-graduações que duram de 2 a 4 anos. O sistema educativo Do Paraguai também oferece sistema de educação de adultos e sistemas de educação inclusiva e indígena.				
2. Educação não Formal			1. Educação Não formal (artes e Ofícios)		
3. Educação Informal ou Reflexa			2. Sistema Nacional de Educação Profissional		
			Meios de Informação e Comunicação Social		

Fonte: Pineda (2012) - Adaptado pelo autor

2.1.5 Ambiente Econômico

A despeito de todos os vieses que possam comprometer o processo de aprendizagem autores especialistas no assunto, tanto nacionais (AMORIM, 2012 – VELOSO, 2011), bem como internacionais (VYGOTSKY, 2010 – BORDIEU, 2002) acreditam que o grande responsável pela crise de aprendizagem que recai sobre a educação contemporânea é a negligência dada ao "Ambiente Econômico", no qual estão vinculados professores, escola, mas principalmente, alunos e o seu entorno: família, vizinhança, comunidade e todo inventário de infraestrutura econômica e social à disposição dessa criança.

Veloso, colunista do caderno de economia da Folha de São Paulo, em 18 de setembro de 2010, escreveu um artigo sob título: "Ambiente Econômico e Aprendizagem. Segundo ele, estudos internacionais mostram que o ambiente socioeconômico, a qual estão vinculados professores, a própria escola, mas principalmente o ambiente onde é criado esse aluno pode determinar a qualidade deste aprendizado.

Destarte, essas experiências demonstram que fortalecer o entorno do aluno pode ser decisivo para o seu sucesso intelectual. Nos Estados Unidos, na cidade de Nova Iorque, segundo Veloso (2011), foram implementadas em escolas da rede pública, selecionadas pela carência comunitária, onde foram incrementados diversos programas de saúde comunitária, nutrição, assistência social, esporte, lazer, não só voltados para crianças, como também as suas famílias. O objetivo foi criar um cinturão econômico satisfatório ao redor da família, com o objetivo central de atingir o aluno. O cerne da questão era a melhoria do desenvolvimento cognitivo do menor.

Panofsky (2003) a luz de Vygotsky, propõe que intermediação do processo de aprendizagem da criança é feita através de instrumentos, signos e símbolos e que seu ambiente mais próximo é preponderante para o seu desenvolvimento intelectual. São nesses ambientes que se configuram a mediação social, as relações de poder e a própria inserção do indivíduo na sociedade.

Durkheim, Hegel, Marx influenciaram Vygotsky em sua teoria. Segundo estes autores as relações sociais ou interpessoais dependeriam diretamente do ambiente no qual o indivíduo está submerso. Uma concepção comum entre todos esses autores é a "chave sócio-genética" que caracteriza as relações do indivíduo com a sociedade. Vygotsky (2010) argumenta que a consciência primária (ou a personalidade), é construída derivada da consciência secundária, ou seja, com base no ambiente social. Em outras palavras, o que esse autor nos queria dizer é que a sociedade influencia diretamente na formação da consciência.

Os homens, segundo Panofsky (2003), são inseridos na sociedade com suas relações pré-definidas, alheias as suas vontades e que são indispensáveis para o modo de produção econômica. As formas e as percepções com que esses processos são desenvolvidos formam a consciência social. Segundo Vygotsky (2010) não é a consciência do homem que determina o seu ser, mas é o contrário, seu ser social que determina essa consciência. Assim argumenta Vygtsky: "a influência na base (ambiente), sobre o psicológico, superestrutura do homem, acaba por não ser direta, mas mediada por um grande número de materiais complexos e fatores espirituais (in PANOFSKY, 2003). Vygotsky (2010) argumenta que o desenvolvimento intelectual depende necessariamente do seu meio ambiente e este possui sua própria estrutura social. Evolutivamente esse ambiente vai sendo moldado pela classe social que o habita, com seus valores, crenças, tradições.

Figura 2 - Zona de Desenvolvimento Real e Proximal

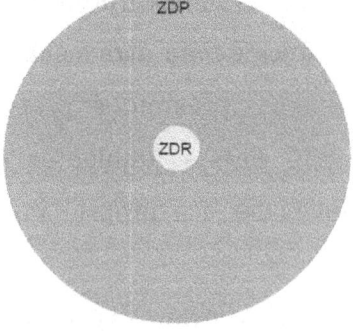

Fonte: Tabulações Próprias.

Esse ambiente é territorializado pela cultura, fazendo, orientando, moldando a personalidade do indivíduo. Ele escreveu ainda: "as crianças crescem na vida daqueles ao seu redor e seus espaços na vida são múltiplos e variados".

O desenvolvimento integral do indivíduo não se dá de forma única individual, ou seja, ele não está desacoplado do desenvolvimento social da família, do bairro, do município, enfim, do ambiente que o rodeia. Por isso, sua expansão intelectual está projetada para além das salas de aula. As motivações para o processo de aprendizagem se dão, segundo Fernandéz (1991) através do desejo. Esta ideia também é corroborada por Vygotsky (2010) que afirma que desejos, motivações e emoções são todos produzidos através de um sistema de relações nesse ambiente. Na raiz desse sistema imbricado de relações nasce o "habitus", que segundo BORDIEU (2002) é "um sistema de disposições que interagem com experiências passadas funcionando a cada momento como uma matriz de percepções, aparências e ações."

Círculos Ambientais são definidos por Amorim (2012) como uma espécie de Infraestrutura econômico-social que está no entorno do indivíduo e que, pode funcionar como catapulta e/ou barreira do seu desenvolvimento intelectual. Estes círculos estão baseados na teoria de Vygotsky, e nos remete aos conceitos de Zona de Desenvolvimento Real e Proximal. Na próxima seção, abordaremos esse conceito de forma mais consistente. Por ora nos basta fazermos um pequeno resumo sobre essa teoria. O gráfico abaixo nos mostra um pequeno círculo com o símbolo ZDR (Zona de Desenvolvimento Real) e outro círculo maior com o símbolo ZDP (Zona de Desenvolvimento Potencial).

Podemos admitir que a Zona de Desenvolvimento Real seja funções de atividades cerebrais que, segundo Fitipaldi (2006), é a cultura que se torna parte da natureza humana através de uma herança.

A herança cultural. Com essa definição consegue-se explicar as transformações dos processos psicológicos elementares dentro da história de cada um. Contudo, essa Zona de Desenvolvimento Real, ou seja, o estágio atual do desenvolvimento intelectual da criança não permanece intacto ao longo do tempo. Ela pode se expandir como demonstra o gráfico acima. A expansão da Zona de Desenvolvimento Potencial dependerá do tipo de meio circundante da criança. É o que Vygotsky (2010) chama de Zona de Desenvolvimento Proximal.

Rabelo e Passos (2005) acredita que as características individuais e até mesmo as formas atitudinais estão embebidas nas trocas com o coletivo, com o meio circundante. Mesmo que admitamos que no processo da formação da personalidade exista apenas um self por indivíduo, este foi moldado, construído com relação com outros indivíduos.

Segundo a teoria de Vygotsky só podemos entender o indivíduo em função de sua territorialização e da história desta. Essa perspectiva histórico-cultural-territorial tem como fundamento o desenvolvimento de funções superiores (FPS). Funções essas tipicamente humanas, tais como: atenção, o pensamento abstrato, o comportamento voluntário, a imaginação, a memória. Destarte, a Zona de Desenvolvimento Potencial, ou seja, o que o indivíduo poderá ser capaz de executar, dependerá de seu entorno, como mostra o gráfico acima.

Como mostra a figura abaixo, seccionamos a Zona de Desenvolvimento Proximal do indivíduo em: família, escola e o Lugar. Como lugar é um substantivo de definição imprecisa, podemos expandi-lo até onde percebamos que as políticas públicas tenham influência na vida do indivíduo.

Figura 3 - Os Círculos Ambientais

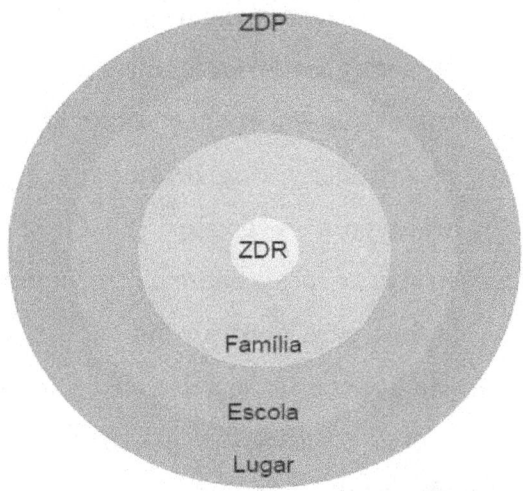

Fonte: Tabulações Próprias.

Segundo Souza (2006), a família possui papel insubstituível e determinante na trajetória dos filhos. A formação de sociedade coesa em padrões éticos e morais é responsabilidade de todos os seguimentos sociais, porém há atribuições básicas da família. Quando esta família falha em tais atribuições, toda a sociedade padece. Assim Souza (ibidem) expressa a importância da família:

> "Toda família é unidade política intrinsecamente, no sentido que contém linhas de força, distribuem-se, redistribuem-se lealdades e subserviências. Exercem-se autoridades e autoritarismos, constroem-se e reconstroem-se alinhamentos, fabricam-se autonomias, organiza-se aprendizagem, disputa-se conhecimento (p. 65)."

Quando o círculo familiar cria ambiente propício para a aprendizagem, o desenvolvimento intelectual da criança é assegurado. Família interessada gera comunidade organizada, capaz de pressionar o poder público, para que se cumpram as obrigações legais. Políticas públicas educacionais só serão assertivas, quando levarem em consideração as condições socioculturais das famílias.

Souza (2006) argumenta que alunos, estudantes, são atores socialmente constituídos e trazem consigo, uma bagagem sociocultural diferenciada. Destarte, o sucesso escolar pode ser aplicado em condições socioeconômicas mais ou menos favoráveis das famílias que engendram essas crianças. BORDIEU (2002) considera ainda que as atitudes e comportamentos sejam socialmente condicionados. Tal como argumenta Vygotsky (2010), Bordieu (ibidem) considera que as ações das estruturas socais sobre o comportamento individual ocorrem, obrigatoriamente de fora para dentro e não ao contrário, ou seja, a formação da personalidade no ambiente social se dá em um conjunto de disposições para ação típica dessa posição. É o que Bordieu (ibidem) chama Habitus de família ou de classe social, que é formado ao longo do seu tempo de vida e perpetua sua estrutura social.

No contexto desses habitus, quando esse sistema de disposição é incorporado pelo sujeito, ele não faz mecanicamente, ao contrário, essas disposições obedecem a princípios e orientações que são sempre adaptadas em função das circunstâncias. De outra forma podemos dizer que as estruturas sociais condicionam as ações individuais. O sucesso ou o insucesso dos indivíduos pode ser caracterizado por componentes objetivos externos que contribuem para isso, tais como: capital econômico (acesso a bens e serviços), capital social (relacionamentos sociais importantes e influentes mantidos pela família), capital cultural (atribuídos pelos títulos escolares e cultura geral da família).

Bordieu (2002) argumenta que o capital cultural é elemento imprescindível na obtenção do sucesso escolar. Essa perspectiva não diminui o peso do fator econômico na explicação do sucesso escolar. Pelo contrário, destaca-o. A posse de capital cultural, principalmente nos países alvos desta pesquisa (Brasil e Paraguai), onde grande parte da discrepância social pode ser explicada pelas diferenças de níveis educacionais, está vinculada a classe social. A posse desse capital cultural favorece o desempenho escolar, na medida em que facilita a aprendizagem de conteúdos e códigos escolares. Quanto maior for o valor agregado do capital cultural familiar, mais próxima dos códigos escolares estará a criança.

Para Vygotsky (2010) a escola deveria funcionar como uma ponte intermediária entre o mundo real e o processo de aprendizagem, de modo que ela (a escola) fosse capacitada de infraestrutura, técnicas, profissionais, enfim, um ambiente no qual a criança pudesse ter um sentimento de pertencimento, não igual, mas próximo ao que ele idealiza como realidade. A definição da atual escola pública é assim definida por Nogueira e Catani:

> "Com efeito, para que sejam favorecidos os mais favorecidos e desfavorecidos os mais desfavorecidos, é necessário e suficiente que a escola ignore no âmbito dos conteúdos de ensino que transmite, dos métodos e técnicas de transmissão dos critérios de avaliação, as desigualdades culturais entre as crianças de diversas classes sociais. Em outras palavras, tratando todos educandos, por mais desiguais que sejam eles de fato, como iguais em direitos e deveres, o sistema escolar é levado a dar sua sanção às desigualdades iniciais diante da cultura (NOGUEIRA & CATANI, apud FITIPALDI, 2006, P72)."

Para Vygotsky (2010) a escola deveria funcionar como uma ponte intermediária entre o mundo real e o processo de aprendizagem, de modo que ela (a escola) fosse capacitada de infraestrutura, técnicas, profissionais, enfim, um ambiente no qual a criança pudesse ter um sentimento de pertencimento, não igual, mas próximo ao que ele idealiza como realidade.

Na transmissão da herança cultural familiar, a escola tem um papel preponderante. A primeira questão que poderíamos suscitar sobre ela é a escolha sobre os conteúdos a serem abordados. Estas escolhas se dão através de um arbítrio cultural. De uma forma geral, a cultura possui uma concepção antropológica. Nenhuma cultura possui condições de se colocar superior a outra. A escolha dos currículos que orientam toda vida cultural de uma nação é tomada de forma arbitrária. Destarte, a cultura aprendida dentro da escola tem a pretensa intenção de superioridade. Dizemos pretensa porque mesmo o valor que lhe é atribuído também se dá de forma imposta. Não existe nenhum causa científica comprobatória de sua seleção.

O professor, tal qual o sacerdote postulado por Bordieu (2002), garante a sua legitimidade como elemento cultural neutro. Ou seja, apartidário, que não estaria vinculado a nenhuma classe social. Porém, por esse discurso de neutralidade, torna-se um veículo reprodutor da legitimação das desigualdades existentes. Isso é garantido através de técnicas de ensino que ignoram as desigualdades sociais e econômicas do aprendente. Destarte, alunos de classes sociais mais abastadas que dominam e decifram os códigos oficiais de comunicação tem maiores condições de sucesso escolar.

Destarte, o desempenho escolar é compreendido a partir da distância que o aprendente tem com a cultura selecionada na escola. Nesse contexto, as instituições privadas de educação possuem um rendimento muito melhor do que o das escolas oficiais (públicas) em função do tipo de clientela que cada uma recebe. Classes sociais mais abastadas já apresentam aptidões culturais e linguísticas que, de certa forma, parecem naturais, inatas, não como herdadas da cultura familiar. Crianças oriundas de berços abastados não conseguem perceber a agressividade e imposição da cultura escolar, passando a ver os outros estudantes como inferiores intelectual e moralmente. A situação é agravada quando a própria classe social empobrecida é forçada a acreditar nestes desígnios. Destarte, a elite se perpetua no poder, antes de tudo, pela conquista dos aparelhos educacionais mais eficientes. As escolas assim funcionam como estâncias mantenedoras do "real status quo social."

O fenômeno da globalização acentua outro a que Santos (2006) chama de "glocalidade." Este por sua vez, é uma resposta dada, aos recônditos mais reservados, reagindo assim com mais individualidade a uma tentativa de formação de um mundo homogeneizante. Cada lugar possui sua idiossincrasia, sua maneira de ver e encarar o mundo. O lugar não é isolado do mundo. Faz parte dele. Porém a própria necessidade de regime de acumulação de capital, a nível mundial, leva a uma maior associação de processos e subprocessos, uma multiplicidade de ações locais, fazendo do lugar um campo onde interage um complexo de forças que convergem para si. Em suma, o lugar é o espaço onde a sociedade tem um sentimento de pertencimento, onde as relações sociais, econômicas, religiosas e afetivas territorializam-se e, por isso mesmo não possui, necessariamente, fronteiras ou limites físicos.

O lugar é o espaço visto com lentes especiais onde a heranças culturais brotam em cada ponto. É vivo, dinâmico e mutável, como a própria sociedade que o habita. O empobrecimento desse lugar reflete-se no empobrecimento de cada componente desse habitat. Empobrece cada relação, experiências, a dinâmica da vida. Como qualquer outro habitat, ele necessita de infraestrutura para vida: água, alimento, moradia, ambiente salubre. No caso dos seres humanos, para que possam desenvolver suas verdadeiras potencialidades, necessita também de cultura, experiências, dignidade. Infraestrutura de sobrevivência se confunde com a social, mostrando apenas a qualidade de vida. Sem ela é impossível projetar qualquer um à plena cidadania.

Políticas públicas educacionais eficientes devem levar em consideração todas as formas de infraestruturas sociais. Não existe desenvolvimento psicossocial individualizado. Seres humanos crescem com o meio, com seus pares, com sua família, com sua comunidade.

2.2 Produção Simbólica do Conhecimento (Poder, Herança Cultural, Campo Intelectual e Habitus de Classe)

Nesta sessão abordaremos como se processa a construção do intelecto humano através da aquisição de bens simbólicos. Como principal representante desses bens, colocaremos a educação como destaque e, de que forma as classes sociais se perpetuam no poder manipulando esse capital simbólico que, acaba retornando a própria elite intelectual que, vias de regra, representa também a elite econômica. O cerne da questão é que as classes menos favorecidas economicamente, mesmo tendo acesso a uma rede de ensino público, não consegue se apoderar desse bem, porque na realidade lhes são negados os códigos para consumir tal bem: a educação.

2.2.1 Por Uma Psicopedagogia Simbólica

As investigações sobre o problema da aprendizagem só foram notadas e/ou questionadas após o fim da I Guerra Mundial (1945), quando então começara o processo da Universalização do Ensino, hoje chamado fundamental, na Europa (SAVIANI, 2008). Até então o problema não aparecera. Isso porque a educação era da elite para a elite social. Os problemas de inadequação no ensino e na aprendizagem ocorreram quando a banda ou o extrato social, ora anteriormente excluído dos meios acadêmicos começaram a popular as salas de aula e academias. Os autores pelas responsabilidades desse fracasso e suas possíveis explicações tem flutuado ao longo das décadas.

Na Europa, na década de 1920, surge uma Nova ciência que tentava se aprofundar nos processos ensino-aprendizagem balizando professores e estudantes para essa nova realidade. Essa nova ciência era a "psicopedagogia". Ramos (2009) argumenta que esse nascimento se deu logo após a I Guerra Mundial. Essa recém ciência, era derivada de psicólogos, médicos, psiquiatras, enfim, especialistas das áreas médicas que, nesse momento da história da ciência, fazia um processo de medicalização do processo ensino-aprendizagem. Junto com a burguesia, locais se apoderavam da máquina educacional, pública ou não, para se perpetuar no poder. Teorias racistas pregavam uma espécie de evolução natural da espécie humana e a existência de uma hierarquia antropológica baseada na ciência. Dessa forma, a elite possuiria um dom e talentos naturais para a vida acadêmica em detrimento das classes desprivilegiadas. Estas por sua vez teriam uma carência nata. A pobreza, a desestruturação familiar, a falta de estímulo, o desinteresse dos pais, sua desnutrição, a linguagem pobre e seus problemas emocionais natos, eram mais que suficientes para explicar o seu fracasso e/ou sua ausência na escola. As tentativas de definição de psicopedagogia em visão contemporânea são incompletas e complexas. Bossa (2012) a define como:

> "Conjunto de práticas institucionalizadas de intervenção no campo da aprendizagem, seja no campo da suposição, seja no âmbito da prevenção, como diagnóstico e tratamento da aprendizagem escolar."

O objeto de estudo da psicopedagogia seria, segundo Bossa (2012), o homem, na condição de transmissão e assimilação do conhecimento e, acima de tudo contextualizado na sua ação de aprendizagem. Ramos (2009) argumenta que a psicopedagogia no Brasil teve forte influência da escola argentina, na qual possui cursos no nível de graduação e pós-graduação (strictu censu). Essa influência se deu, acima de tudo, sob forte clandestinidade, pois ambos os países estavam sob governos ditatoriais. Influência essa, nesse momento histórico se deu sob o contexto da medicalização do processo ensino-aprendizagem.

A falta de conhecimento sobre a questão de aprendizagem levava pais, responsáveis, professores, enfim, todo staff do processo educacional, a serem encaminhadas a profissionais das mais diversas áreas de atuação. Segundo Ramos (2009) o termo psicopedagógico era utilizado em substituição ao termo médico-pedagógico. Médicos de toda a sorte, agora, eram responsáveis pelo problema da aprendizagem. Na década de 1970 a medicalização do ensino estava instaurada no Brasil. A disfunção neurológica era à base do entendimento para o fracasso escolar. Exatamente o que Ramos (2009) chama de DCM (Disfunção Cerebral Mínima), ou seja, pequenas disfunções cerebrais que trariam ao longo do tempo, sérios problemas de aprendizagem. Essa visão médica do aprendizado, inicialmente, era usada dentro dos consultórios psiquiátricos. Posteriormente, foi sendo utilizado dentro das salas de aulas, segundo Ramos (2009), sem nenhum critério. Crianças e adolescentes eram rotuladas como incapazes, os estratificado permanentemente no seu nível social.

O rótulo de DCM, no Brasil, funcionava como uma espécie de carapaça ideológica para encobrir o real estado de coisas que passava a educação nacional. O sistema de universalização da educação continha sérias limitações. Os espaços físicos não comportavam a gama de população entrante no sistema educacional. O número de professores também era insuficientes, como, insuficientes era o aporte financeiro ao setor.

Na década de 1950, no então governo Vargas, os "escolanovistas" dominaram o cenário da educação nacional (SAVIANI, 2008). Na escola Guatemala, no Estado da Guanabara, sob a influência do INEP (Instituto Nacional de Estudos e Pesquisas Educacionais Anísio Teixeira), foi criado o SOPP (Serviço de Orientação Pedagógica) que corresponderia, o que hoje, um departamento específico, criado nas escolas, para a resolução dos problemas de aprendizagem. Política que se configura até hoje.

Não obstante a primeira geração de escolanovistas não mudava muito o quadro em relação à questão da medicalização da aprendizagem. Sílvio Romero, o médico baiano Raimundo Nina Rodrigues (Patto, 1998) foram personagens dessa escola que, em seus trabalhos científicos justificavam as teorias racistas das provas de inferioridade da raça negra e/ou mestiça, julgando-as incompatíveis com o meio acadêmico. Esses senhores acreditavam fielmente na influência negativa da cultura desses grupos étnicos e sociais no rendimento escolar. Essa nova forma de ver o fracasso escolar como uma patogênese, se camuflava em teorias ambientalistas que, afirmava de forma generalizada que a criança carente é portadora de distúrbios no desenvolvimento psicológico, tornando-a menos capaz do que uma criança de classe média ou mesmo da elite, para a aprendizagem escolar. Para esses, pesquisadores escolanovistas a pobreza no meio ambiente e nas práticas familiares de socialização era a origem dos distúrbios de aprendizagem. Foram usadas pesquisas e critérios comparativos que afirmavam a inferioridade intelectual do povo.

Os escolanovistas de segunda geração, estabilizados na vanguarda da educação nacional, estavam fortemente embasados em uma concepção neoliberal da educação. Rejeitavam por completo os conceitos de medicalização do processo-ensino aprendizagem e estavam criteriosamente seguindo a cartilha neoliberal da educação pluralista e para todos. Para tanto a escola teria que dar condições de igualdade para que todos pudessem ter acesso à educação. Anísio Teixeira Filho em seus artigos vai de encontro a uma sociedade capitalista, na igualdade de oportunidades, cabendo a escola ao papel privilegiado de promover essa igualdade, independente da origem do aprendente. Nesse cenário, tornou-se relevante o papel das políticas educacionais e pesquisa. O rendimento escolar estava fortemente vinculado ao aporte de políticas públicas desenvolvidas.

O diagnóstico promovido pelos escolanovistas de segunda geração para o problema da aprendizagem recaía agora na situação do ensino público fundamental e na precariedade deste ensino oferecida à população carente. Ao longo de quatro décadas parece ser o discurso oficial do não aprendizado, alternando ora nas condições físicas de aprendizagem, ora culpabilizado o professor, mal formado, mal treinado, culpabilizando-o pela frágil condição socioeconômica onde se encontra atualmente. Esse discurso não parece ter mudado muito a partir dos primeiros anos de 1970 para a atualidade. Segundo Patto (2009) o máximo que essa ideologia conseguiu "arranhar" na quebra dessa postura é que a escola atual é inadequada para as crianças pobres, ou seja, as classes entrantes no jogo político. Assim sendo, a escola como a conhecemos hoje foi planejada para crianças favorecidas, estaria falhando, a tentar ensinar com os mesmos métodos e mesmos conteúdos as crianças pobres. Virtualmente diferentes. Não deficientes.

A cegueira imposta pela teoria da deficiência cultural foi tão forte, tão devastadora e durou um longo tempo que deixou sequelas para a sociedade contemporânea. Ela não nos deixou ver fatores realmente intra e principalmente extraescolares que impactam no processo de ensino-aprendizagem. Durante muitos anos a responsabilidade do fracasso escolar recaiu sobre a inadequação da clientela. Como a sustentação dessa ideologia não era mais possível, culpabilizou-se o sistema educacional.

Hoje, gradativamente, o foco da dificuldade escolar se volta para questões fora do ambiente escolar, considerando-se fatores físicos, emocionais, psicológicos, pedagógicos, sociais, culturais e acima de tudo simbólicos. No nosso mundo, tudo que temos, sentimos, construímos, aprendemos, ensinamos se dá de forma simbólica. Culturas estão separadas por símbolos. A aprendizagem se dá, principalmente, por bens que são herdados por famílias, a herança de capital cultural. Crianças que mais se destacam não são aquelas que mais estudam. Mas sim que possui uma vasta herança de capital simbólico advindo de suas famílias. Sem negligenciar todos os fatores que promovem o aprendizado, acreditamos que o verdadeiro sucesso escolar se dará quando a escola for uma instituição que ao mesmo tempo em que forneça bens simbólicos, introduza também os códigos para decifrar e consumir esses bens.

Como podemos observar, a aprendizagem humana exige que a encaremos com grande complexidade esse gigantesco mecanismo. Códigos de aprendizagem requerem métodos para decifrá-los. Esses não são universais. Difere de culturas, de faixa etária, de gênero. Exige uma postura investigativa integradora de vários saberes humanos, nas palavras de Bossa (2008). Atingir a matriz psicossocial de cada indivíduo é a chave do sucesso. A psicopedagogia pode até facilitar o processo de avaliação dos entraves de aprendizagem, mas seus diagnósticos sempre dependeram de uma multi e transdisciplinaridade:

psicanálise, pedagogia, biologia, filosofia, linguística, antropologia e muitos outros.

Carvalho (2012) nos relata que crianças, na maior parte das vezes, possuem dificuldades de aprendizagem em função da percepção negativa sobre o seu próprio comportamento, quando comparadas à crianças com rendimento satisfatório. Saviani (2008) nos coloca que por mais inteligentes que possam parecer, crianças não aprendem sozinhas, como também não estudam sozinhas. Elas precisam de adultos. E quando os adultos a sua volta não possuem códigos simbólicos para ajudá-las, o aprendizado é comprometido.

O aporte ao diagnóstico do tratamento dos problemas escolares tem como sujeito e o objeto, como argumenta Bossa (2012), uma dimensão biopsicocultural, isso quer dizer, o professor como mediador desse processo; a escola submersa à cultura local, a família responsável pela constituição e desenvolvimento da criança. Todos esses aspectos são analisados historicamente. É o que Amorim (2011) chama de "Ambiente Econômico". Isso tudo, é claro, sob a perspectiva de um ser singular.

2.2.2 Bem Simbólico

Um bem simbólico, segundo Bordieu (2002), se dá quando a configuração de um objeto artístico ou cultural é atribuída um valor de mercado, sendo assim, consagrado pelas leis gerais da oferta e procura (leis do mercado), ganhando destarte, o status de mercadoria. Dessa forma, para esses produtos, é formado um mercado consumidor, como também produtor de bens simbólicos. Porém o consumo de tais bens fica patentemente restrito àquelas pessoas que possuem códigos simbólicos para consumir esses bens. Seu consumo está vinculado à possibilidade de decifrar tais códigos. Por sua vez, a decifração destes está vinculada a sua aquisição que, só podem ser obtidas através do convívio com as obras produzidas de tais categorias e, a fonte disso encontra-se no seio da família.

A importância da compreensão da formação, consumo e produção de um bem simbólico é que ao redor deste tema podemos compreender o contexto das dinâmicas sociais. Mudanças de cunhos sociais motivadas pela incorporação ou não de um bem cultural podem estar no centro de uma identidade coletiva e/ou, simplesmente podemos entender o porquê de tais indivíduos se comportarem dessa forma ou não daquela. De outro, modo podemos entender que a construção de um bem simbólico só pode ser feito sob um embasamento intelectual desses bens. Segundo Vieira e Silva (2012) é dessa forma que se constrói a história de um povo.

A passagem em que um determinado bem simbólico, particular, torna-se um bem histórico consolidado, do tipo universal, formando uma identidade coletiva, segundo Vieira e Silva (2012), se dá através da articulação de um discurso sob diversas formas de violência para que se transforme em um discurso social hegemônico como aponta Bordieu (2002) essa é a dinâmica do confronto entre classes. Destarte, esse discurso é marcado pela provisoriedade e pela precariedade. Essa luta pela hegemonia está em constante movimento. No centro desse discurso hegemônico são colocadas questões éticas e/ou morais. A atenção deve ser colocada pela intencionalidade dessas últimas e para quem esses valores são colocados a disposição. Assim sendo, como coloca Jardim Pinto (Apud, VIEIRA & SOUZA, 2012), esses discursos lutam por estabelecer verdades, por excluir alguns campos de significação em detrimento de outros. Como podemos observar estes discursos ditos hegemônicos não podem conter o holístico, nem tão pouco representa uma maioria, sempre é contingencial, ou seja, representam uma imposição hegemônica estruturada.

O bem simbólico quando tornado universal passa de um conteúdo hermético, privado, para ser, nas palavras de Vieira e Souza (2012), publicizado, usa-se diferentes estratégias de legitimação. Essa legitimação é feita por uma determinada classe social ou por um grupo muito reduzido de pessoas. Destarte, a constituição de um imenso capital fica restrito a esse determinado grupo. O valor desse bem é estabelecido como um único ponto de referência, ao do próprio grupo que o domina.

O discurso para a construção de um capital simbólico é praticado, nas palavras de Vieira e Souza (2012), por atores sociais. Sua função é sobrevalorizar os produtos que produzem, e/ou dominam em detrimento das classes sociais que não possuem esses códigos. Podemos chamar esses atores sociais de militantes. Esses têm como finalidade a construção e a manutenção de um discurso que, acima de tudo, são mediadas pela educação. Por ela o discurso é construído e legitimado toda prática de valoração do bem simbólico na forma de "inculcação" e submissão do proletário ou classes subalternas. Essa educação é muito mais complexa do que a educação formal que é recebida nas escolas. O enquadramento dessa legitimação e os códigos para absorção desses bens simbólicos é feito por contato permanente. Preferencialmente na família. E é por isso que a educação formal, dentro das escolas, não consegue romper os grilhões da submissão simbólica do proletariado, pois esses códigos não se encontram nos muros escolares. Essa escola não está capacitada para manusear símbolos e signos presentes nesses discursos ditos hegemônicos. Não obstante, essa mesma escola, através da academia, ao mesmo tempo em que nega esses códigos para as classes subalternas, legitimam o discurso hegemônico.

Concordamos que o grupo dito portador dos discursos hegemônicos não são homogêneos. Seu poder de ditar as normas simbólicas de produção e consumo determina a sua posição no campo intelectual e seu grau de participação. Torna-se imprescindível para esse domínio o controle intelectual, isto é, acesso às palavras e aos signos. Não estamos aqui argumentando a classe social assim como concebe Karl Marx no campo político, mas sim como a esfera econômica visualizada por Bordieu. Assim os possuidores e produtores de bens simbólicos são aqueles que possuem reservas de capital cultural que, por sua vez possuem um determinado valor dentro de um campo (de reconhecimento desses bens), o que garante seus portadores a possibilidade de acessar sinais e símbolos que, por sua vez estão ligados a militantes, ou seja, defensores desses bens por toda uma sociedade. Esses militantes, que não são políticos, funcionam como uma espécie de porta-vozes de todo interesse social. Estes são "untados" de poder e passam a negociar esses bens sob essas correlações de forças.

Esses militantes, revestidos de poder simbólico, embutidos de elevada concentração de capital cultural, funcionam para essa elite, nas palavras de Vieira e Souza (2012), como um "fiel depositário" desse capital, agindo como uma espécie de "banqueiro simbólico." Essa delegação de poder, para algumas pessoas, não é feita ao acaso, ela serve para produzir uma ação orquestrada, impedir a ação de possíveis competidores e concentrar esse capital simbólico nas mãos de agentes específicos. Estamos diante então do que Bordieu (2002) chama sobre o ensaio das desigualdades. Desigualdades essas criadas a partir da produção e posse desse bem simbólico. É importante que se frise que esse processo não ocorre mecanicamente. Existe uma espécie de pacto subliminar, um consentimento entre dominadores e dominados. Russeau (Apud, VIERA & SOUZA, 2012) sentencia que "o homem nasce livre e encontra-se algemado em todas as partes." Ele falava sobre a sociedade e que esta é produtora de desigualdade.

Esse pacto não consciente entre "lobos e cordeiros" só pode ser evidenciado quando compreendemos a constituição de um "habitus de família, pois esta nos possibilitará a compreensão entre dominantes e dominados. O habitus nos possibilita ver um esquema que possa traduzir a ação dos agentes sociais. Esse habitus é construído a partir da biografia e de acordo com o campo de atuação da família na qual está submerso o indivíduo. Este hábitus é uma espécie de programação individual levando-se em consideração o campo do ator. Nele podemos antecipar o futuro do jogo, a predisposição para agir.

Dentro de um sistema de preferências individuais é o habitus que serve de orientação dessas preferências. Não se trata de uma posição determinista como relata Vygotsky (2010), mas é um esquema que guarda uma relação direta de como o indivíduo se ocupa no interior de cada campo. O habitus se dá, prioritariamente, com o acúmulo de aquisição de bens simbólicos, conhecimento e saberes específicos dentro de um campo. Nesse sentido o habitus é uma função prática dentro da sociedade. Todos os indivíduos possuem um status dentro da família e cada família possui uma posição dentro desse campo cultural. A competência do habitus é prática. O que é adquirido é inseparavelmente para a atuação do ator social. A ação prática está vinculada uma linguagem específica, este domínio prático as situações permitem produzir um discurso justo, adequado para diversas situações adequadas. Ou seja, o comportamento do ator, suas atitudes para as diversas situações estão vinculadas ao seu campo intelectual.

O ápice da característica do habitus é o discurso. Ademais, falar o que se pensa, de forma clara, para que todos entendam só é possível com a manipulação dos símbolos verbais que correspondam aos seus reais pensamentos. E isso é privilégio para poucos. A palavra é uma atitude final na hora de demonstrar atitudes e assegurar a legitimação de valores. Mais uma vez coloca-se importante salientar que a concentração de capital simbólico parece estar ligada a origem social, pois estes códigos estão nas famílias sob a forma de saberes, capacitações. E sua legitimidade está na forma de capital social. A luta entre dominantes e dominados está irremediavelmente ligado ao capital simbólico. O poder dos dominantes não está simplesmente na coerção física, mas está acima de tudo sob a mudança na matriz psicossocial através do discurso reconhecido como universal. Essa sim é uma violência muito mais eficaz e contundente que a física. Destarte, o arbitrário é definido como bom, fino, caro, de bom gosto, enfim, uma ciência universal, etc.

2.2.3 Classe Social

A relevância de se estudar uma determinada classe social é que cada uma dessas ocupa uma posição na estrutura social historicamente construída e definida e, que estas, podem ser afetadas por todas as partes constituintes nesse processo. Destarte, cada classe possui propriedades inerentes a cada campo de atuação, certo tipo específico de prática profissional que lhe configura as condições materiais para sua existência. Podemos citar como exemplo a situação apontada por Max Weber (Apud, BORDIEU – 2012), quando isola o modo de vida de um determinado agricultor. Sua prática de trabalhar a terra faz uma correlação de sua vida, direta com a natureza. Sua dependência com os fatores naturais e sua submissão a ela, o leva a ter traços únicos de religiosidade, o que determina, em alguma medida, a sua posição como classe social.

Max Weber (Apud, BORDIEU – 2012) fala em classe como um sistema de relação de produção. Por se configurar dessa forma, argumenta ele, que a margem de progressão é muito pequena, ou seja, as movimentações sociais entre uma classe e outra é altamente restrita. Segundo Bordieu (2002), uma classe social não se define por si própria. Sua configuração e características estão vinculadas e moldadas a uma estrutura maior. Só podemos identificá-las quando fazemos analogias a outras.

Um membro de uma determinada classe se distingue de outra por um set de inúmeras condutas cotidianas e principalmente por suas atitudes. Além disso, seus membros[19] podem compartilhar certas características econômicas, sociais e culturais. Mesmo em classes sociais separadas pela história ou por culturas diametralmente opostas, Max Weber (Apud, BORDIEU – 2002) argumenta que podemos observar as mesmas organizações estruturais. A elite, de uma forma geral, é donatária de bens simbólicos e os seus códigos de decifração; enquanto a classe proletária é despossuída desse tipo de capital. Não obstante, podemos observar, nessas análises estruturais, traços transitórios e transculturais, porém com poucas variações em todos os grupos e posições equivalentes. Destarte, nesse contexto, podemos admitir que a classe burguesa, em todas as observações, pode ser definida, nas palavras de Max Weber (Apud, BORDIEU – 2002), "não por aquilo que é, mas principalmente por tudo que não é". Suas atitudes são dúbias por flutuar no "limbo" entre a elite e o proletário.

A rigor a classe média e/ou a burguesia se manifestam por uma educação inicial muito rígida. Opõe-se, diametralmente, ao liberalismo permissivo das classes populares. Igualmente, também se opõe à ostentação e ao exibicionismo da elite. Dão forte valor ao trabalho árduo e são bastante rigorosos nas tradições religiosas.

Uma classe social não pode jamais ser definida por sua contextualização econômica ou então por sua estrutura social, isto é, as relações que mantém com outras classes sociais. Antes de qualquer coisa essa distinção se dará pela manutenção e apropriação de um bem simbólico, estocado como capital cultural. Max Weber (Apud, BORDIEU – 2012) constata que o poder econômico, puro e simples e, sobretudo a força do dinheiro, não constituem, necessariamente, o fundamento do prestígio social. Assim sendo, indivíduos, da mesma classe social, competem no mercado ortodoxo e de bens simbólicos, em grau de absoluta igualdade, possuem as mesmas chances, típicas de mercado de bens e trabalho, pois possuem as mesmas condições de existência e de experiências pessoais na hierarquia de honra prestígio. O contrário também é absolutamente verdadeiro. Indivíduos de classes sociais diferentes não possuem condições alguma de uma disputa equivalente. A acumulação de bens simbólicos, no seio da família, que acumulados se transformarão em capital social, garantem ao possuidor desses bens desproporcional vantagem, no mercado de trabalho, por exemplo.

Max Weber (Apud, BORDIEU – 2002) chama de ordem social a distribuição de prestígio ao elemento que está dentro da classe social. Este prestígio está vinculado ao acúmulo de capital cultural que, em suma, está acoplado ao capital econômico. Para a elite não é apenas importante ter o poder simbólico e/ou econômico nas mãos. Faz parte da perpetuação desse poder se mostrar como tal. Destarte, surge o que BORDIEU (2002) chama de "grupos de status". Estes grupos se definem não por ter, mas principalmente por ser. Ou seja, muito menos pela posse simples do bem, mas principalmente a maneira de como esses bens é utilizada. Essa certa maneira de usar esses bens configura à classe uma forma de não ser imitado, uma espécie de raridade. A raridade do bom gosto, de tornar raro o mais elementar de um determinado consumo. Destarte, as diferenças econômicas são aplicadas pela distinção simbólica de usufruir esses bens, ou seja, não do consumo comum, mas através do consumo simbólico, ou nas palavras de Bordieu (2002), ostentatório que, de uma forma não simples, transmuta os bens em signos. A impossibilidade de ser copiado não está centrada em possuir ou não possuir o objeto de ostentação, mas sim a maneira como esse objeto é consumido.

Os traços da distinção entre classes ficam então patentes e quase impossíveis de serem copiados. A posição diferencial dos atores sociais se configura na roupa, no modo de se comunicar, a cultura e sobre tudo o "bom gosto". Destarte, o que é realmente visto como cultura é transmutada como propriedade inerente a determinados indivíduos. Uma cultura transmutada em natureza, nas palavras de Bordieu (2002), "uma graça, um dom."

Torna-se evidente que a entrada para um "grupo de status" se trata muito menos de aceitação e muito mais pela sobrevivência da classe social. Destarte, são impostas barreiras severas aos entrantes. Aqueles que desejam participar desse seleto grupo são exigidos, além de modelos de comportamento, modelos da modalidade de comportamento, ou seja, "regras convencionais que definem a justa maneira de executar os modelos" (BORDIEU, 2002). Essa lógica de exclusão/inclusão não pode ser entendida por um simples ingresso de um clube fechado. Ela remonta a conquista de bens simbólicos e sua manutenção que, em última análise se configura em bens de mercado. A chave é transmutação dos bens econômicos em bens simbólicos.

Quando do surgimento da revolução industrial na 2ª metade do século XVIII, onde a burguesia ascendia meteoricamente, em seu valor econômico, a elite social europeia, no instinto de sobrevivência, criou a figura do "esnobe". Este ator social, dotado de grande poder econômico, era visto pela aristocracia europeia como um personagem social imitador. Mesmo com condições de manter procedimentos na matéria de vestuário, habitação e de estilo de vida, estes eram considerados como uma fraude.

Práticas de diferenciação entre classes sociais, como vimos até agora, é a base do sustentáculo das classes dominantes. Algumas práticas culturais apresentam um alto rendimento simbólico. Práticas essas que são necessárias para afirmação de poder. Por exemplo, a religião que é sagrada, principalmente para as classes populares, agora, por motivo de simples diferenciação, para a elite, dar a impressão de pessoas altamente esclarecidas, tornam-se agnósticos ou simplesmente ateus. Essa posição dogmática, independente de sua crença é um forte apelo de diferenciação. Destarte, a elite olha com desprezo para o povo que possui uma relação mais estreita com a crença e, com desdém para a burguesia que mantém sua postura moral ancorada ao dogma.

Percebemos que a diferenciação de movimentos expressivos torna-se um marco para diferenciação. São vários e longos movimentos sutis e embasados cientificamente ou não que, distancia a elite da peble. Além do toque de requinte e do "bom gosto", o argumento, o discurso intrinsecamente articulado vai naturalizando os processos culturais. Até mesmo a linguagem tende a se bifurcar, pois as classes cultivadas utilizam uma linguagem virtualmente diferente das classes populares. Mesmo quando falamos em poder as classes sociais também diferem o conceito. Enquanto as classes populares falam em dinheiro, a classe média e/ou a burguesia adicionam a esse dinheiro a moralidade. Já a elite privilegia o nascimento e o estilo de vida.

No violento jogo do poder que acontece nas fronteiras dos campos das diversas classes sociais, os menos favorecidos economicamente jamais interferem no processo. São coadjuvantes. Servem apenas como ponto de referência para diferenciação. Os jogos das distinções simbólicas ocorrem virtualmente no interior dos limites estreitos definidos pela violência, ou seja, pela coerção econômica e, por esse motivo, permanece em um círculo fechado de privilegiados que se podem dar ao luxo de dissimular as oposições, criar e recriar regras e defendê-las através de um discurso fortemente articulado.

2.2.4 O Capital Sagrado (O Sagrado e o Simbólico)

Wilhen Von Humbolt (Apud, BORDIEU – 2002) afirma que, quase exclusivamente, "os sentimentos e ações de uma determinada pessoa dependem de suas percepções." Como diria Vygotsky (2010) tudo o que vemos e pensamos que somos, essa construção, se dá simbolicamente. Assim o rito, o mito, quer dizer a religião, também concebida como uma forma de linguagem tem forte influência no processo de percepção humana e, principalmente nas concepções de se fazer ciência ou ver o mundo.

À primeira vista os cientistas tratam a religião como uma espécie de primeira língua, pois ao mesmo tempo em que é instrumento de comunicação pode ser também instrumento de conhecimento. Ou nas palavras de Max Weber (Apud, BORDIEU – 2002), "constitui um acordo aos sentidos dos signos e isso dá sentido ao mundo." Assim, a religiosidade por estar acoplada aos sistemas míticos, ritualísticos, também está vinculada às funções sociais e especificamente às econômicas. Destarte, a religião é uma forma tradicional com uma intenção objetiva de dar uma resposta científica a existência, condição básica para construir e reconstruir o mundo.

Agindo simbolicamente os sistemas religiosos funcionam como "grupos de status" mencionados por Max Weber (Apud, BORDIEU – 2002) no sentido de inclusão e exclusão de grupos. Nessa lógica são mantidos os privilégios obtidos por grupos minoritários que, ao mesmo tempo organizam a aquisição de bens simbólicos estruturando toda uma vida social. Essa estruturação das funções sociais, como argumenta Durkheim (Apud, BORDIEU – 2002), tendem sempre se transformar em funções políticas na medida em que, a religião preenche uma lógica de organização das coisas, retirando o caos e impondo, arbitrariamente, uma harmonia universal. Destarte, as funções sociais são subordinadas pelos dogmas que, por sua vez, consagram a legitimação das diferenças, ou seja, a ideologia religiosa sacramenta as divisões sociais em grupos concorrentes antagônicos. Destarte, a religião, a arte e a língua são veículos de poder e de política. Sua temática está associada à ordem.

As diferentes formas de religião constroem um sistema de crenças e práticas com uma expressão transfigurada, ou seja, complexamente codificada, por diferentes grupos de especialistas em competição pelo monopólio dos bens da salvação e de diferentes classes interessadas pelos seus serviços. Destarte, tanto Max Weber como Karl Marx (Apud, BORDIEU – 2002) concordam que a religião cumpre uma função de conservação da ordem social, legitimando o poder dos dominantes e subjugando os dominados.

A eficácia simbólica da religião se concretiza basicamente em todos os segmentos das sociedades, ela oferece produtos simbólicos específicos em função das classes sociais. O poder do capital sagrado é incontestável no cotidiano das pessoas assim como argumenta Durkheim (Apud, BORDIEU – 2002), "através da religião são construídos os esquemas de pensamentos", ou seja, a moldagem da matriz psicossocial de determinadas classes, na qual são produzidas as formas de percepção, de apreciação e ação intra e interclasses sociais. Somos levados a admitir a hipótese que existe uma correspondência entre estruturas sociais e mentais que, por sua vez são montadas, metodicamente nos vários sistemas simbólicos: língua, religião, arte... Em outras palavras, a religião nos impõe uma percepção do mundo estruturada, em particular, uma visão social em uma imposição de práticas e orientações fundamentadas na estrutura sobrenatural da existência.

A necessidade de um sistema de moralização da vida em sociedade se deu, acima de tudo, com a invenção de grandes cidades que, por onde aparece uma acentuada divisão do trabalho. Destarte, o campo religioso assume como entidade, a responsabilidade da construção sistemática da ordem, da ética e moralização da vida social. Nesse contexto se consagra o aparecimento das grandes religiões ditas universais.

Esse fenômeno, a compulsão humana para urbanização, marca uma profunda ruptura na história da religião. Essa mudança para a cidade fez surgir uma classe burguesa que repousa no trabalho contínuo em detrimento de pequenas sociedades camponesas, onde produção era sazonal e flutuante.

Max Weber (Apud, BORDIEU – 2002), salienta o fato de que com a urbanização e, todas as transformações implícitas no evento, contribuíram para uma extrema racionalização e para institucionalização da religião na medida em que, a religião desenvolve um corpo de especialistas na gestão dos bens da salvação.

A capitalização dos bens sagrados por instituições religiosas se dá por um processo de inculcação e racionalização criteriosa dos fenômenos religiosos, em particular, a aparição dos sistemas éticos e morais, seguidos paralelamente ao código de bonificação das condutas éticas que levariam ao bem, em detrimento da quebra desse código, no qual o indivíduo teria a punição com o mal. Destarte, para ganhar a salvação, que por sua vez é um passaporte para vida eterna, o indivíduo teria que galgar degraus de acesso vinculado aos valores éticos promovidos por determinada religião.

Disto, resulta a ideia de pecado, que é a quebra ou ruptura dos códigos morais e éticos impostos pelo corpo religioso O aparecimento das religiões monoteístas, segundo Max Weber (Apud, BORDIEU – 2002), em detrimento do politeísmo, se dá com a expansão da urbanização. A racionalização da religião se dá pelo mesmo motivo, ou seja, o aparecimento de um staff especializado. Essa dita racionalização se processa sob forte violência simbólica e/ou física. Um a um, concorrentes desse capital sacro vem sendo eliminado, de quando em vez gradativamente, mas de uma forma geral abrupta.

Destarte, os diversos e inúmeros sacerdotes de vastas e pequenas religiões, além do massacre simbólico e/ou físico agora, são colocados na clandestinidade. A denominação também muda. Antes encarados como religiões, agora derrotados, são chamados de seitas. Seus sacerdotes transformados em feiticeiros, seus ritos transmutados em rituais satânicos ou profanos, como mostra a figura abaixo composta por Max Weber (Apud, BORDIEU – 2002). Seus deuses são classificados como: primitivos, arbitrários e imprevisíveis.

Figura 4 - Relações Sacrais

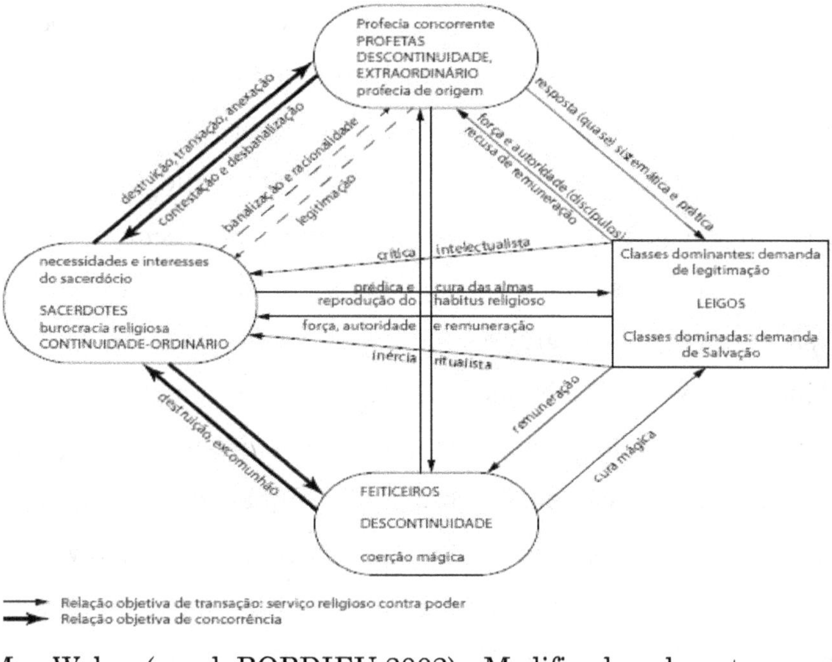

Fonte: Max Weber (apud, BORDIEU 2002) - Modificado pelo autor.

Enquanto os deuses monoteístas são: justos, bons, protetores e guardadores da ordem, da natureza e da sociedade. Destarte, o monoteísmo, que em outrora, era menosprezado por inúmeras civilizações, vinculado a uma agricultura rudimentar, agora se vê renascido e se expande para as sociedades divididas em classes.

Descapitalizadas, desapropriadas e excluídas de seu poder sacral, as religiões perdedoras no jogo do poder são ridicularizadas, encaradas como seitas profanas. Para os vencedores erguem-se os troféus da racionalização, da monopolização dos bens simbólicos sacros e o aparecimento de um corpo de especialistas reconhecidos como detentores exclusivos da competência necessária para a reprodução dos conhecimentos secretos sacerdotais.

Para essa elite religiosa vitoriosa, detentora de uma religião monoteísta e universal, sua perpetuação no poder não está apenas vinculada a descapitalização simbólica do sagrado por parte de todos os outros que não estejam no roll do grupo seleto sacerdotal. A pauperização, de toda sociedade, desse bem simbólico é um processo visando acumular e concentrar, entre as mãos, esse bem que outrora estaria a disposição de todos.

Max Weber (Apud, BORDIEU – 2002) salienta que a igreja não é simplesmente uma confraria sacerdotal. Ela é uma comunidade com fundamentos morais e éticos, composta de todos os crentes da mesma fé, tantos fiéis, como sacerdotes. Essas grandes religiões como vimos é produto de vencedores: judeus, levitas, budistas, brâmanes, sábios, puritanos, teólogos. Enquanto os profetas, a despeito de compartilharem o mesmo dogma, tornam-se pontos de inflexão no sistema sacerdotal. Eles questionam a autoridade vigente, falam por um grupo, fiéis ou não, insatisfeitos que, lhe revestem de poder. Logo, tornam-se fortes concorrentes que tem de ser neutralizados. A oposição pode também ser externa. Sacerdotes de outras religiões com poder latente em potencial são profanados.

É possível então compreendermos como a mídia, também imersa sob uma gama de capital sagrado, tende associar a magia e feitiçaria, a características específicas dos sistemas de práticas e representações de formações sociais menos desenvolvidas economicamente, de classes sociais mais desfavorecidas, como por exemplo, as religiões de afro descendentes no Brasil. Destarte, nesse contexto podemos traçar como regra geral, que toda prática de crença dominada está fadada a aparecer como profanadora, na medida em que sua própria existência, e sem qualquer intencionalidade de profanação, constitui uma contestação direta ao monopólio da gestão do capital sagrado, portanto da legitimidade dos detentores do monopólio.

A religião assume uma função puramente ideológica, também prática nas palavras de Bordieu (2002) "uma política de absolutização do relativo." E acima de tudo, legitimando o arbitrário social através de seus sacerdotes que, simbolicamente estão revestidos de capital sagrado. São legitimadas assim, as propriedades do estilo da vida singular, criadas arbitrariamente por um grupo e validada pelo sagrado.

Podemos dizer também que Estado e religião possuem uma correlação indissociável para assegurar condições mínimas de governabilidade. Em primeiro porque através de sanções significantes, convertem em limites legais os limites e barreiras econômicas em políticas efetivas. Assim contribui para o equilíbrio psicossocial das manifestações as aspirações sociais ou de qualquer cunho econômico. Em segundo por que inculca um sistema de práticas e representações, cuja estrutura reproduz sob uma rede transfigurada, e, portanto, não acessível à maioria das classes subalternas, os moldes das relações sociais e econômicas vigentes em uma determinada formação social. Isso só é possível introduzindo uma ideologia que molda de forma consciente ou subliminar, um desconhecimento dos limites impostas a suas condições de sobrevivência, sacralizando assim a pobreza.

O poder da coerção do sagrado e do acúmulo deste tipo de capital está nas funções sociais produzidas pela religião. Os leigos doutrinados e submissos a essa condição não esperam na religião apenas justificações de existir capazes de livrá-los da angústia existencial, da solidão, da pobreza e/ou miséria, das pestes, do sofrimento ou da morte. Contam com ela, acima de tudo, para uma significação de suas existências e uma explicação sacra do porquê de sua contingência econômico-social. Nesse contexto, com o desenvolvimento da burguesia urbana, o do proletariado sob a influência da religião é levado a interpretar a história das mazelas humanas, provocadas pela pobreza, não como sendo resultado do conflito inevitável de interesses de classes sociais, mas principalmente como mérito ou demérito pessoal provocado pela sua posição ética com o seu deus.

Assim o interesse religioso coaduna com o do Estado. Este último não tem a finalidade de governar ou promover o desenvolvimento em comum, mas sim de funcionar como mediador entre as diversas classes que, no final das contas são constituintes desse próprio Estado. Assim o sagrado é um braço ideológico do Estado, administrando os inerentes conflitos em sociedade, equalizando ideologicamente as condições sociais para que essa burocracia tenha condições de governança e a partir daí, de existência. Ambos, o sagrado e o Estado, têm o interesse de legitimação dessa burocracia sagrada, pois este funcionará como chancela da legitimação das condições materiais de existência e de posição de estrutura social. Dependendo dessa estrutura, da classe social em questão, a mensagem religiosa é dada especificamente para esse campo social, capaz de satisfazer um grupo específico de leigos e exercer sobre eles um domínio propriamente simbólico que, resulta o poder de absolutização do relativo e a legitimação do arbitrário, conformando assim o "status quo".

Não só a mensagem sacra varia por classe social destinada, como também pelo tempo e em função do objetivo do Estado acoplado a cúpula sacra. ERNEST TROESLTSCHE (apud, BORDIEU – 2002) argumenta que o dogma cristão vem flutuando ao longo do tempo. Ou seja, de acordo com as condições sociais e políticas a visão de mundo transforma-se radicalmente. Cada grande religião monoteísta carrega consigo portadores de interesses das classes econômicas vigentes na época, os profetas. Weber nos faz uma relação interessante destes:

> "...para o hinduísmo, o mágico ordenador do mundo; para o budismo e o confucionismo, o burocrata ordenador do mundo, o monge, mendigo errante pelo mundo; para o islamismo, o guerreiro conquistador do mundo; para o judaísmo, o comerciante que percorre o mundo; para o cristianismo, o homem cristão itinerante." (BORDIEU, 2002, p. 81)

Assim as religiões podem ser "eternas", os dogmas não. As crenças e práticas das grandes religiões sobrevivem ao longo dos milênios devido a sua adaptabilidade às condições políticas e sociais.

2.2.5 O Mercado de Bens Simbólicos

Bordieu (2002) define mercado de bens simbólicos como um sistema de produção desses bens, com relações objetivas entre as diferentes instâncias de execução, instâncias essas que são diferenciadas pela função que cumprem na divisão do trabalho: produção, reprodução e difusão destes bens.

Podemos argumentar que a história intelectual e artística das sociedades europeias se dá em função do sistema de reprodução dos bens simbólicos e da própria estrutura produzida por esses bens. O desenvolvimento da diferenciação desses bens simbólicos, Bordieu (2002) nos chama a atenção para a área do jornalismo. Esses profissionais, na gênese desse processo, eram considerados marginais, pois, não encontravam espaço profissional entre os profissionais liberais. Essa conquista só se deu na própria variedade dos bens simbólicos consumidos.

A elitização de alguns bens simbólicos, por exemplo, na produção de livros, se deu pela dependência dos escritores em relação a uma aristocracia que, financiavam a produção de livros. Estes livros, por essa condição, tinham as características de "requinte e refino" de quem financiava as obras, ou seja, desde o início eram direcionadas especificamente para um tipo de consumidor.

A constituição de uma obra de arte no mercado seguia o mesmo padrão descrito acima, porém, devido aos progressos nas cidades que levou a uma maior complexidade da divisão do trabalho, uma categoria especial de produtores de bens simbólicos, especificamente destinada ao mercado, propiciaram assim, o que Bordieu (2002) chama de "teoria pura da arte". Este grupo de pessoas, revestidos de um imenso capital cultural, conseguiu fazer uma cisão da arte como mera categoria, transformando-a em um signo puramente simbólico, simulando uma fruição desinteressada de sua posse material.

O valor mercadológico de um bem simbólico é configurado por um grupo muito restrito de pessoas a quem Bordieu (2002) os chamou de "banqueiro dos bens simbólicos." São pessoas abastadas que, são untadas de capital simbólicas, quase sacras e que representam grupo fechados que sobrevivem destes bens. Seu staff é grande, compostos por editores, diretores de teatros, marchands de quadros... O ritual do processo mercadológico apresenta certas semelhanças aos bens comuns: oferta e procura. De forma proposital, estes profissionais, subestimam a sua procura, isto quer dizer que o produto chega muito atrasado em relação a sua demanda. A lógica é manter uma produção muito baixa o que torna o seu valor simbólico sempre alto.

O staff na produção do bem simbólico, além de coordenar o mercado, controlando a sua produção, evita a entrada de novos concorrentes. Para isso existem pessoas que, a despeito de serem independentes, trabalham especificamente para esse mercado: os críticos. São profissionais dotados de elevada concentração de capital cultural; sua função é promover um elevado grau de inteligibilidade, dotados de códigos de decifrações únicos que, tem o propósito exclusivo de desacreditar a concorrência. Esta, sentindo-se desautorizada a formular veredictos em função de um código indiscutível, coloca-se a serviços destes vencedores e/ou de seus representantes.

Destarte, podemos argumentar que a autonomia de um determinado grupo em um campo específico, está com base no poder que dispõe esse mesmo grupo, de definir normas de sua produção e critérios avaliativos de seus produtos. Ou seja, capazes de absorver, rechaçar, ridicularizar qualquer forma de concorrência. Bordieu (2002) nos dá um exemplo de grupo altamente fechados são representados pela produção erudita. Devido à concentração de capital simbólico, as críticas feitas a essa produção são irremediavelmente irreversíveis. Mesmo em diferentes setores do campo não existe concorrência. Cada passo da produção é meticulosamente orquestrado com todas as áreas do campo.

A competição na esfera dos bens simbólicos pode ser rara, porém quando acontece, os diferentes produtores se defrontam com todo o seu staff: críticos, produtores, divulgadores de toda sorte. Desenvolve uma guerra em nome da pretensão da conquista da ortodoxia ao monopólio da manipulação legítima de uma classe determinada de bens simbólicos.

Bordieu (2002) salienta que as obras ditas eruditas são "puras", altamente abstratas e esotéricas. São puras por que existe um receptor que detém códigos específicos para sua apreciação. São abstratas porque existe um enfoque específico, isolada do senso cultural comum. É literalmente diferente das obras chamadas primitivas em que os seus códigos estão disponíveis a todos. Por sua derivação altamente simbólica a obra erudita tem a função de distinção social, da raridade dos instrumentos destinados ao seu deciframento. A distribuição desigual desses códigos de compreensão, de tais obras, é feita, sobretudo, no seio da família, onde o contato com esse tipo de bem se dá de forma contínua. Ou então por um sistema de educação específico que, consagra uma forma particular de ver este tipo de arte como verdade universal. Nesse sistema educacional é atribuído o que é legitimo e ilegítimo. O que deve e o que não deve ser apreciado. Como podemos observar os critérios de legitimação só se faz através de uma arbitrariedade e de uma reforçada violência simbólica.

Sem interpretar e entender as cadeias que envolvem o sistema de ensino, em uma determinada sociedade, torna-se impossível compreender as características próprias da cultura erudita. O sistema de ensino é um braço inseparável de sua reprodução e inculcação. Sua ampliação, como cultura universal, é feita pelos seus divulgadores através da mídia que, também se presta a esse serviço, ou seja, naturalização do arbitrário. Destarte, com um olhar mais reflexivo, com qualquer tipo de consumo cultural, descobrimos sua ilegitimidade. Seu poder de convencimento é de tal envergadura que, a exclusão sofrida pelas classes desprovidas desse tipo de cultura, é vista pelos excluídos, com a concepção de si mesmo, como heréticos, não como uma cisma entre classes. Um exemplo disso é que essa classe excluída mantém uma distância respeitosa do consumo legítimo de bens simbólicos.

Através de consumo dos bens simbólicos podemos observar as dissensões que separam as classes abastadas no que diz respeito à aquisição de capital cultural, fazendo uma espécie de hierarquia nos diferentes tipos de competência cultural. Banindo-se todas as funções externas e excluindo da obra de arte de toda sorte o conteúdo social do mercado, o que sobra, são relações de concorrência selvagens na dinâmica do campo da consagração que se instaura na produção destes bens. Os princípios da exclusividade têm como pilares o processo de ridicularizarão dos concorrentes e um esvaziamento cultural brutal das classes populares. Afinal de contas, a exclusão de muitos, torna-se acumulação de poucos.

2.2.6 Habitus de Classe e Perpetuação de Poder

Talvez o elemento mais forte delineador do campo de uma classe social seja o habitus de família. Este se configura como uma espécie de molde da matriz psicossocial de um determinado indivíduo. Essa matriz seria uma espécie de código que, selecionaria bens simbólicos, em um leque de códigos disponíveis em função de sua classe social que, determinaria uma predisposição para que o indivíduo ocupasse sua posição social na hierarquia do poder no jogo entre as classes.

Destarte, segundo Bordieu (2002) o habitus seria um sistema de disposições socialmente construído: modo de olhar, perceber, conceber o mundo. Seriam concepções estruturadas e ao mesmo tempo estruturantes. Constitui um conjunto de ações e percepções unificadoras de práticas e crenças correspondentes a um determinado grupo ou grupos. Tais práticas e concepções ideológicas, serão determinantes para a configuração de uma trajetória estritamente vinculada no interior de um campo intelectual predeterminado que, por sua vez ocupará uma específica posição, também predeterminada na estrutura das classes dominantes.

O habitus é construído sob uma matriz subliminar, destarte é uma configuração inconsciente na formação da representação social de sua posição (a do ator social) na hierarquia das consagrações. Deste modo, essa configuração subliminar ou semiconsciente é a matriz pela qual se elabora a representação social das tomadas de decisões que, não são amplas, mas possíveis ou prováveis. Essa matriz determina menos o que o ator social será e muito mais de decisões que a pessoas nunca tomaram. Essa impossibilidade se dá por uma questão de tolerância, preferência ou simplesmente proibitivas no que se refere ao limite do seu campo intelectual.

Essas disposições inconscientes ou semiconscientes, como aborda BORDIEU (2002), resulta de um longo processo de interiorização de um habitus primário de classe que, por sua vez, é um sistema que objetiva selecionar alguns tipos de signos em detrimento de outros. Nesse sistema são absorvidos também os valores éticos e morais e sanções adotadas pela quebra desses códigos societários. Disso tudo resulta ações práticas do cotidiano, palavras, condutas, enfim, um sistema particular de estruturas objetivas. As disposições que fazem com que indivíduos possam selecionar signos, não significam que estes devem permanecer para sempre nessa matriz. Ao contrário, em um set de signos dispostos no campo intelectual há possibilidades de constantes atualizações.

A configuração de um determinado indivíduo se dá de dentro para fora e não ao contrário. Ou seja, não é a condição de classe que determina o indivíduo, mas, o sujeito se autodetermina, se auto-reconhece a partir da tomada de consciência, parcial ou total, da realidade objetiva da condição de classe. Destarte, o que as classes abastadas chamam de vocação como sendo um dom espiritual, da estrutura do divino ou uma herança genética de classe, segundo Bordieu (2002), nada mais é que "uma mera transfiguração ideológica da relação que se estabelece objetivamente entre uma categoria de agentes e um estado de demanda objetiva." Em outras palavras, o set de configurações que, vai determinar na desembocadura do sujeito em um dado mercado de trabalho se concretiza através de um sem número de interiorização de bens culturais disponíveis no campo intelectual do ator social.

Destarte, quando fazemos uma reflexão o porquê das pessoas serem escritores, engenheiros, advogados, pedreiros, soldadores, professores, esteticistas, artistas... Reflete o habitus socialmente construído para que lhes pudessem ter sido possível e/ou impossível ocupar as posições que lhe fora oferecidas dentro de um determinado campo intelectual. Ou seja, para o ator social, o limite de sua ascendência na hierarquia da valorização social está no campo intelectual de suas classes. As suas manobras, os livres arbítrios da escolha de suas profissões são cada vez mais restritos quanto restritas for o acúmulo de capital simbólico engajado em sua classe.

A esta altura podemos determinar também que consumo de bens simbólicos, como salientamos anteriormente, estar estritamente vinculado ao campo intelectual da classe social. O consumo de tais bens encontra-se restrito aos detentores dos códigos necessários para decifrá-los, então consumi-los. Esses códigos que detém as categorias de percepção a esses bens são adquiridas com o longo convívio das obras produzidas segundo tais categorias.

Como argumenta Rousseau (Apud, VIERA & SOUZA - 2012), os homens livres possuem grilhões de todas as sortes. O indivíduo está deliberadamente algemado a sua classe social. Um estudo superficial sobre o assunto nos revelará que as práticas mais deliberadas interpeladas pelos atores sociais, ou aquelas que possuem uma inspiração, dita, divina, sempre levam em conta objetivamente o sistema de possibilidade/impossibilidade que define o futuro objetivo e coletivo de uma determinada classe. Logo o sucesso ou fracasso individual e seus desvios, estão acoplados a um feixe de trajetórias que impele inexoravelmente a um futuro previamente determinado.

2.2.7 Educação e Capital Simbólico

Durkheim (Apud, BORDIEU – 2002) possui uma definição tradicional de educação que, consiste na "preservação de uma cultura herdada do passado." Em outras palavras, é o processo de transmissão, para as gerações vindouras, de informação acumulada. Cabe a esse processo educacional dissociar, através de uma dissimulação bem engajada, a correlação entre a função cultural da reprodução social.

O sistema de ensino é um valioso instrumento que possui como objetivo principal, segundo Bordieu (2002), a reprodução das estruturas das relações de forças para aquisição de capital simbólico e seus códigos para consumo, configurando destarte, a distribuição de capital cultural entre as diversas classes. Entendendo esse processo, podemos postular uma teoria em que o "o êxito e/ou fracasso escolar" possui uma forte correlação com a posição social de suas famílias no conjunto da hierarquia social. Vale apenas reforçar, novamente, do sistema de disposições, que é o habitus, na mediação entre a estrutura e a prática, para reforçar nossa teoria.

Os privilégios, repassados de modo quase perpétuo, segundo Bordieu (2002), são consagrados via sistema educacional. Essa é a forma mais eficiente, pois se processa por mensagens dissimuladas, beirando uma condição subliminar, quando camufla uma suposta neutralidade no cumprimento de sua função. Esta função educacional só é considerada um bem quando o ator receptivo possui condições de assimilar o que lhe é dado. Em outras palavras, o consumo desse bem prevê instrumentos de sua apropriação. Destarte, independente se o sistema educacional for público ou privado, o pseudolivre jogo das leis do capital cultural, faz com que esse capital retorne para uma pequena elite que, além de possuírem os instrumentos de apropriação desses bens, ditam as regras de uma formação social em que selecionam os signos que devem ser excluídos, desejados e possuídos.

Existe uma relação demasiadamente forte e igualmente exclusiva entre o nível de instrução e a prática cultural. A eficácia no desenvolvimento da vida escolar está acoplada, acima de tudo, à educação familiar e esta em contato com o mundo da arte. Esta realidade está implícita no sistema educacional que, atingindo clientelas desiguais, com desiguais aproveitamentos, consagra as diferenças sociais, transformando-as em desempenho educacional.

Podemos falar que os códigos adotados pelo atual sistema de educação, quando comparados a realidade de classes sociais menos favorecidas, como eruditas. Segundo Bordieu (2002), a competência da transmissão desses códigos culturais, sempre dependeu do grau de proximação da família junto a essa cultura, dita erudita que, em nenhum momento a escola preocupou-se em lapidar, interiorizar esses códigos.

Com o advento da massificação no processo educacional que, iniciou-se em diferentes datas e em diferentes partes do mundo, tivemos como entrantes populações em que, outrora, eram excluídos no sistema educacional. Dessa forma temos um paradigma em nossas mãos. A escola, hoje, como nós a conhecemos, foi concebida para e pela elite intelectual de uma determinada comunidade. Em uma concepção filosófica: abrimos os portões físicos da escola e continuamos com os grilhões simbólicos a sua volta. Em sua grande maioria, alunos de escolas públicas ou de frações de classes mais desprivilegiadas, aonde quer que estudem, são as mais favorecidas a uma auto-eliminação. São depreciadoras de si mesmo. Estão resignadas ao fracasso escolar. Essas classes desprovidas de capital cultural possuem uma probabilidade, inconsciente, de sua possibilidade de êxito escolar muito baixa. Limitando ou fixando-os os seus extratos sociais.

Os sistemas de disposições impostos pelas instituições escolares, no que diz respeito a consentir investimentos, tempo, esforço e capital econômico necessário para conservar ou aumentar o capital cultural que, teria como objetivo a diminuição na discrepância social, tem efeito perverso. Segundo Bordieu (2002) o atual sistema tende a duplicar os efeitos simbólicos da distribuição do capital cultural, agravando ainda mais o processo de desigualdade. O sistema educacional ao mesmo tempo em que dissimula também legitima o poder.

Pierre Bordieu (2002) nos faz uma concepção hipotética. Para ele o cúmulo do arbitrário seria, em uma determinada sociedade, nos quais os critérios étnicos e sociais fossem aqueles escolhidos para excluir uma população do sistema educacional. Destarte, por exemplo, negros, pardos e minorias seriam excluídos das instituições oficiais de ensino. Pois bem, segundo esse sociólogo, o sistema atual, impondo e selecionam símbolos, interpelando de modo mais dissimulado, transformando as diferenças sociais em êxito/fracasso educacional, possui uma função arbitrária muito mais eficaz que o absurdo do primeiro caso.

Na realidade, a aquisição de capital cultural tende a ser substituída pelo capital econômico. Assim, os mais abastados que investem na carreira escolar dos filhos, fazem isso como uma nova estratégia, a de perpetuação do poder, pois substitui o capital hereditário, aquele que é transmitido por herança de capital econômico, pelo capital cultural.

O sistema de educação de uma determinada sociedade não tem função apenas socializadora. Na realidade compõe o traço intelectual de uma verdadeira nação. Ela nos revela, de maneira bastante sutil, a luta travada nos diversos campos de cada classe social. No molde e nas expectativas dos vencedores, o sistema é marcado por uma história singular, capaz de moldar os mais profundos pensamentos e reflexões. Estruturando tudo e moldando a todos, famílias, professores e alunos, tanto pelo conteúdo e espírito cultural, bem como no seu processo de transmissão. Ter acesso a cultura de uma nação, sob os óculos do sistema educacional, é o mesmo que acessar um conjunto de fatores históricos e sociais sob o ponto de vista dos vencedores, moldada em uma linha do tempo.

2.2.8 A Construção do Pensamento e da Aprendizagem (A Gênese do Processo Ensino-Aprendizagem)

Para Vygotsky (2010) o desenvolvimento e a aprendizagem humana baseavam-se no que ele considerava os planos genéticos. Segundo esse plano, o mundo psíquico não está pronto previamente no ser humano, nem tão pouco é absorvido pelo ambiente circundante. Esses mundos, externos e internos interagem para a formação do ser.

O plano genético humano, destarte, pode ser dividido em: filogênese, ontogênese, sociogênese e a microgênese. A filogênese refere-se a história de uma determinada espécie. Destarte, seria a própria história do homem como espécie. Esta história refere-se as suas potencialidades e limites: físicos e psicológicos. A principal característica filogênica do ser humano é de possuir um cérebro bastante plástico. Isso acontece por que esse órgão é o que este mais imaturo ao nascer, dessa forma, teria facilidade de adaptarem-se as exigências do meio, seja este cultural ou físico.

No plano genético da ontogênese seria a história do desenvolvimento do ser na espécie. Destarte, cada espécie possui um modelo de desenvolvimento que é único. A filogenia estaria profundamente arraigada a ontogenia. A sociogênese é a cultural onde o indivíduo está imerso. Esta explicaria, por exemplo, as formas de funcionamento culturais que interferem na psique do indivíduo. Para VYGOTSKY (2010), a cultura funcionaria como processo da explosão do desenvolvimento da aprendizagem humana. Destarte, cada cultura organiza o desenvolvimento de forma diferente, por exemplo, as passagens de fase do desenvolvimento humano, tais como: infância, adolescência, adulto e senilidade serão encaradas de forma bastante distintas dependendo da cultural na qual o sujeito está inserido.

A microgênese é o aspecto microscópio do desenvolvimento. Cada fenômeno histórico possui sua própria história. E esta concepção que difere Vygotsky dos demais pensadores, ou seja, ele abre a porta para o não determinismo. Ninguém possui uma história igual ao outro, o que resulta numa heterogeneidade, mesmo sob a égide de um ambiente externo homogeneizante.

O aprendizado e o desenvolvimento humano, não se dão de forma direta com o mundo. Está é feita por uma relação mediada com símbolos. Essa mediação pode ser feita através de instrumentos e signos. Essa relação com instrumentos é feita através de ferramentas, utensílios usados pelo homem para modificar o seu meio. Os signos são formas posteriores de mediação simbólica. Estes fazem uma interposição entre o sujeito e o objeto do conhecimento, a psique e o mundo, o eu e o objeto, que não se faz por meio de uma forma concreta, mas acima de tudo simbólica. Os símbolos são trazidos para a área da psique e funcionam como mediadores semióticos dentro de nosso sistema psicológico. A representação do mundo se torna integralmente simbólica. Assim o processo de aprendizagem é igualmente simbólico. Destarte, grande parte da experiência que temos e vivemos são experiências de outros. Isso é essencial para o desenvolvimento social, caso contrário, cada ser humano estaria fadada a começar tudo do zero.

Os signos são construídos culturalmente. O principal lugar onde isso acontece é na língua. Todo agrupamento humano possui uma língua e essa é a principal forma de representação simbólica que o ser humano dispõe. Estamos falando aqui não em qualquer linguagem, mas especificamente na fala, no discurso. Para Vygotsky (2010) a língua serve de base para o estudo sobre o aprendizado e o pensamento. Segundo ele, as duas funções básicas da linguagem são: a comunicação, propriamente dita e a língua generalizante, onde se encaixa como pensamento. É nessa segunda função que está a base do processo de aprendizagem. O uso da linguagem implica em uma visão generalizada do mundo. A unidade morfofisiológica da linguagem, a palavra, também é uma função generalizante. O seu significado não é relacionado a um único objeto, mas a um conjunto ou vários conjuntos de objetos. Ao pronunciá-la estamos fazendo um ato de classificação. Destarte, o significado de cada palavra está vinculado ao pensamento. Segundo Vygotsky, o pensamento não simplesmente verbalizado em palavras, é través destas que o pensamento passa a existir.

A teoria central do desenvolvimento da criança de Vygotsky tal como para Piaget é o domínio de signos, especialmente o da palavra. Enfim, o pensamento e a linguagem são fatores de destaque no processo de desenvolvimento tanto de forma quantitativa como qualitativa. Sobre a importância da palavra para o ser humano Vygotsky (2010) diz:

> "A consciência se reflete na palavra como o Sol em uma gota de água. A palavra está para consciência como o pequeno mundo está para o grande mundo, como a célula viva está para o organismo, como o átomo para o cosmo. Ela é o pequeno mundo da consciência. A palavra consciente é o microcosmo da consciência humana." (Pag. 485).

A despeito do pensamento e a linguagem terem um vínculo estreito entre si o desenvolvimento de ambos, segundo Vygotsky (2010), se processa de forma desigual. Para este autor a linguagem não seria apenas uma reação expressivo-emocional mas, acima de tudo uma forma de contato psicológico com semelhantes. Mesmo sabendo que esta forma de contato estar presente em alguns animais, o que difere o ser humano nesse reino é que, para este existe uma intencionalidade na comunicação.

O pensamento e a linguagem são responsáveis pelo desenvolvimento intelectual do ser humano, porém possuem raízes genéticas distintas, ou seja, o desenvolvimento do pensamento e da linguagem transcorre por linhas diferentes, independentemente uma das outras (VYGOTSKY, 2010). Porém, em um determinado momento estas linhas se entrecruzam. O resultado disso é que o pensamento se torna verbal e a fala intelectual. Não queremos dizer com isso que a relação entre essas duas grandezas (pensamento e linguagem) seja constante ao longo do desenvolvimento filogenético.

O conceito sobre a correlação entre pensamento e linguagem não é recente. Esta forma de pensar remonta desde a antiguidade. O diferencial colocado por Vygotsky é que a palavra é um conceito generalizante. Isto é, ela não representa especificamente algo, mas um conjunto ou conjuntos de objetos similares. E este conceito é importante para entendermos a relação efetiva entre o desenvolvimento social e o pensamento da criança.

O principal legado de Piaget (1959) foi o desmitificar a crença que uma criança é uma pequena forma de um adulto dotado de pouca inteligência. Uma criança pensa por meios completamente adversos aos dos adultos. São seres literalmente diferentes, pois enxergam realidades diferentes. Em suma, a luz que Vygotsky (2010) trouxe a teoria deste pesquisador suíço é que o contato social relativamente complexo e rico da criança leva ao seu desenvolvimento precoce as ferramentas de comunicação.

O centro da pesquisa de Piaget (1959) o leva ao egocentrismo infantil. Este pesquisador suíço o define como a forma transitória do pensamento autístico e o pensamento social. A brincadeira, o lúdico, seria a principal lei para o pensamento egocêntrico. Os estudos de Piaget (1959) comprovaram que o coeficiente da linguagem egocêntrica diminui inversamente proporcional ao aumento da idade da criança. Quando a criança está cruzando o limiar da idade escolar, entre sete e oito anos, esse coeficiente se aproxima de zero. A presença do lúdico nesse processo é desejável porque no primeiro estágio, que dura de dois a três anos, o real é simplesmente aquilo que é desejável que, segundo Piaget (Ibidem) é a lei do prazer. Assim o lúdico representa a realidade.

Existem pequenas nuanças diferenciais nos processos que levam ao desenvolvimento da fala nas crianças. Piaget (1959) argumenta que a criança, através de sua substância psicológica, assimila, deforma as influências sociais que a linguagem exerce sobre elas, ou seja, os pensamentos das pessoas adultas que vivem em seu ambiente. Destarte, o social situa-se no final do desenvolvimento, a linguagem social não precede, mas sucede a egocêntrica na história do desenvolvimento. Para Vygotsky (2010) o movimento real do processo não se dá do individual para o socializado, mas ao contrário, do social para o individual. Dessa forma, se processaria primeiro a linguagem social, com todas as formas de absorção dos símbolos grafados e falados. Após isso teria a linguagem egocêntrica que seria a indissociação entre pensamento e fala; é a fase em que a criança fala tudo o que pensa; depois teríamos a linguagem interior que é quando, o intelecto, o pensamento se apropria da palavra e, finalmente quando ela se exterioriza para se tornar social novamente, porém com intencionalidade.

Sobre a questão da diferenciação do intelecto sobre os indivíduos Vygotsky (2010) se aproxima muito à teoria de Bordieu (2002), ou seja, essa idiossincrasia não depende de processos fisiológicos, mas precisamente de um grande número de vínculos sociais. Ou seja, a disseminação, transmissão e variabilidade dos códigos e significados das palavras, são dadas pelas pessoas que as rodeiam. Essa assimilação nunca é feita de modo como os adultos as compreende, mas é um produto análogo fruto de mecanismos próprios de compreensão. Vygotsky chama esse produto de pseudoconceito.

A construção do verdadeiro conceito cabe a palavra. É com ela que a criança, de forma arbitrária, orienta sua atenção, concretiza conceitos antes abstratos. O pensamento por conceitos abstratos só chega à criança na adolescência, seu último estágio na formação do intelecto. A despeito de ser a última fase de aprendizagem da criança Vygotsky (2010) argumenta que esse período não é caracterizado pela conclusão, mas sim de uma crise na forma de pensar, um amadurecimento.

No processo de formação dos conceitos Vygotsky (2010) classifica-os em: espontâneos e científicos. Os espontâneos são aprendidos em casa, na comunidade, no seu meio social. Seu aprendizado se dá também de forma natural, ou seja, como a criança a classifica em sua mente. Já os conceitos científicos são aqueles que estão mais próximos a realidade. São arbitrários por que se aproximam muito de como os adultos os vêm. Seu aprendizado se dá por imposição, o que requer alguma técnica para sua absorção.

Como já elucidamos os conceitos científicos na criança, não se desenvolvem da mesma forma como ocorrem com os conceitos espontâneos. Porém a delimitação de ambos se dá de forma inconsciente. Os conceitos espontâneos mesmo que tenham a influência e a fonte seja os adultos, as peculiaridades do pensamento infantil e suas formas de assimilação não os nivela exatamente ao pensamento destes (adultos). Já os conceitos científicos, pelo seu alto grau de imposição e intencionalidade, abrem as janelas, gradativamente para a entrada do mundo adulto, do real.

Piaget (1959) argumenta que o desenvolvimento intelectual da criança avança em função da eliminação gradual dos conceitos espontâneos que são paulatinamente substituídos pelos conceitos científicos através da coerção e repressão. Piaget (ibidem) observa que esse desenvolvimento intelectual da criança está vinculado ao seu desenvolvimento físico, orgânico, ou seja, na maturação vinculada às leis naturais. Esta afirmação é completamente contestada por Vygotsky (2010). Para esse pesquisador bielorrusso aprendizagem e desenvolvimento são processos independentes entre si. Destarte, o desenvolvimento da criança não está vinculado a sua aprendizagem. Segundo ele a aprendizagem pode ir não só atrás do desenvolvimento, como também pode parelhar a este, e mais, projetando-o para frente, provocando novas transformações. Para Vygotsky (ibidem) o verdadeiro processo de aprendizagem se dá onde a criança ainda não está madura a aprender. Não é o desenvolvimento de cunho de maturação natural que leva ao processo de aprendizagem, pelo contrário, um passo na aprendizagem, segundo Vygotsky (ibidem) pode significar cem passos no desenvolvimento.

As experiências feitas pela equipe de Vygotsky mostraram claramente, por exemplo, em uma sala de aula, que o cociente na assimilação de conceitos científicos nas crianças são muito díspares. Poderíamos argumentar que cada criança possui o seu, bem diferente do outro. Existe então uma discrepância entre a idade mental real e o nível de desenvolvimento atual, que é definida por essa equipe, com auxílio de problemas resolvidos com autonomia e as mesmas ações sem autonomia, ou seja, ajudada por um adulto. Ao final desses procedimentos é revelada a Zona de Desenvolvimento Imediato da criança.

Observando o esquema acima nós verificamos que na outra extremidade da linha montada está a ZDP (Zona de Desenvolvimento Potencial). Essa região é um limite hipotético máximo do desenvolvimento intelectual de uma determinada criança (VYGOTSKY, 2010). Essa potencialidade final atingida por essa criança só poderá ser alcançada pela Zona de Desenvolvimento Proximal (ZDP). Segundo Amorim (2011) essa região é conhecida como "ambiente econômico" da criança. Nela está embutida a família, a escola, a comunidade, enfim o meio social. Essa Zona de Desenvolvimento Proximal é composta de todas as pessoas que estão na proximidade desta criança, podendo funcionar como potencializador bem como um inibidor severo de sua intelectualidade.

A despeito do imaginário popular, a aprendizagem se torna possível onde também é possível a imitação. A imitação de um adulto. A imitação só ocorre dentro da zona de Desenvolvimento Imediato da criança. Segundo Vygotsky (2010) a assimilação dos conceitos científicos na criança começa justamente pelos conceitos não desenvolvidos no conceito irmão, ou seja, nos conceitos espontâneos. Destarte, podemos concluir que os conceitos científicos só começam a serem formados onde os conceitos espontâneos não atingiram o seu pleno desenvolvimento, como pode ser observado no gráfico abaixo.

Como podemos observar no gráfico, aquilo que está cimentado no conceito espontâneo, acaba sendo o ponto fraco no conceito científico e vice e versa. Para efeito de clareza e compreensão do gráfico, os conceitos científicos e espontâneos da criança estão sob duas linhas que se desenvolvem em sentidos opostos. Se concebermos convencionalmente de inferiores as propriedades dos conceitos mais simples (espontâneos), mais elementares, que amadurecem mais cedo. Podemos chamar de superiores aquelas propriedades mais complexas (científicos), vinculados a tomadas de consciência sob arbitrariedade que se desenvolvem mais tarde. Assim sendo, podemos dizer que os conceitos espontâneos da criança se desenvolvem de baixo para cima. Ao passo que os conceitos científicos de desenvolvem de cima para baixo. O ponto "B2" (médio) de encontro entre as duas linhas são de fato o encontro entre os conceitos espontâneos e científicos na mesma criança, onde não se pode mais separar um conceito do outro.

Analisar os processos que dificultam ou promovem o desenvolvimento intelectual do ser humano é deveras complexo. Podemos comparar o estudo a um homem que tenta desvendar a complexidade da formação do universo com uma única teoria. São muitas as respostas para tal problema.

Gráfico 8 - Conhecimento Científico versus Conhecimento Espontâneo.

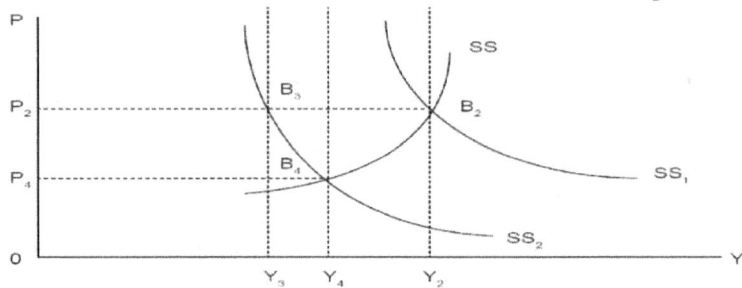

Fonte: Tabulações Próprias

Eles (os gargalos da aprendizagem) flutuam por limitações orgânicas simples ou muito complexas; podem ser de cunho social ou simbólico; ter motivações por razões econômicas ou traumas que podem variar de arranhões no self ou a uma complexa ferida no id. Também pode ser composto por uma cesta diversificada de muitas ações que argumentamos até agora. Seja qual for o problema diagnosticado as respostas são sempre individuais, pois temos que levar em consideração o ambiente no qual o ator social esteja imerso e no processo de desenvolvimento individual do self.

A vanguarda dos estudos de problemas ligados aos processos ensino-aprendizagem, tanto por parte de psicólogos, reconhecidos internacionalmente, bem como os cientistas vinculados a nova ciência: a psicopedagogia coaduna com ideias que levam a desembocadura de que o meio circundante do aprendente é muito mais revelador de suas potencialidades e seus fracassos do que os muros de sala de aula. Amorim (2011) e Veloso (2011) chamam esse meio circundante de "ambiente econômico." Segundo esses autores ambiente econômico empobrecido de capital econômico, ou seja, ausência de infraestrutura básica, transportes deficitários, um sistema de ensino precário, ausência de perspectiva de um bom emprego com salários dignos, moradia sadia, entre outros, é acompanhado quase sempre de pobreza de capital simbólico. Destarte, quanto maior as mazelas deixadas por um ambiente empobrecido, maior também será a lacuna de capital simbólico entre a família, no qual está inserido o ator social e a comunicação feita na escola, na qual se espera que esse ator tenha o mínimo de códigos possíveis para o consumo do bem que é transmitido na escola.

A unidade morfofisiológica da institucionalização do saber, a escola, tem por obrigação conhecer o porquê de algumas pessoas se comportarem dessa ou daquela forma. E isso só é possível quando conhecemos o meio ambiente do ator social. Skinner (1983) argumenta que o nosso ambiente nos molda, ou seja, nos transforma no que somos. Se quisermos montar uma sociedade produtiva é imprescindível que possamos construir um ambiente onde esses indivíduos possam ser moldados e influenciados positivamente. Segundo esse cientista, a percepção que temos do mundo molda também as nossas emoções e não ao contrário.

Não somos produtos inteiramente do meio, nem herdamos todo o nosso comportamento geneticamente, argumenta Piaget (1959). Mas somos a combinação entre essas duas afirmações. Porém, mesmo esse psicólogo suíço admite a importância do ambiente na construção do saber. Argumenta ele que, crianças progridem em estágios de desenvolvimento de acordo com sua idade e, desde que recebam estímulos adequados do meio ambiente.

Jung (2000) vai mais longe ao que se refere ao ambiente. Segundo ele, independente do self construído individualmente, existe um inconsciente coletivo. Esse inconsciente forma o processo cultural subterrâneo, ou seja, tudo aquilo que não vemos: os códigos de valores, ética, moral, honra. Quando conseguimos entender tudo aquilo que fica submerso existe maior probabilidade de acessarmos o inconsciente que, segundo Jung (2000), está o depósito, onde se encontram toda a inteligência e sabedoria do ser humano.

Existem pensadores que argumentam que os maiores problemas causados pelo travamento do processo de aprendizagem aconteça no interior do próprio homem. Horner (1982) e Freud (1982) acreditam que experiências na infância resultavam na criação de um self que, poderia aproximar ou afastar pessoas, criando um quadro clínico chamado de neurose. Algumas neuroses, segundo esses pensadores, podem bloquear parcialmente ou totalmente o processo de aprendizagem.

Seres humanos deveriam ser analisados tais como qualquer outro animal interagindo com o seu meio ambiente, argumenta Skinner (1983). Segundo o autor, isso não significa um determinismo. Por seu intelecto inigualável ao reino animal, o ser humano cria possibilidades de se adaptar a esse ambiente, modificando-o, destarte, criando outro ambiente. De uma forma geral, profissionais que estudam a psique humana, admitem que o comportamento emane das pessoas através da construção do self, quando na verdade, argumenta Skinner (1983), esse self é resultado da influência no mundo e suas reações. Dessa forma, nossos ambientes, no qual estamos imersos, não são apenas cenários onde se desenvolvem nossas vidas, mas moldam o que somos. Nós mudamos o modo de relacionarmos com o mundo de acordo com um set de possibilidades que possa colocar em xeque a nossa existência. Skinner (1983) não acredita que as pessoas ajam de forma autônoma. De qualquer forma, antes de fazermos qualquer nível de intervenção nesse ser humano, no ator social, é primordial entender o que os motiva a agir dessa ou daquela maneira.

Skinner (1983) acredita haver muitas formas de controle social baseadas no estímulo ou na aversão em vez de usar a força absoluta. De acordo com ele, quando se usa formas de controle mais sutis, as pessoas se dispõem a serem submetidas mais facilmente, pois pensam que possuem alguma liberdade de escolha e têm a falsa sensação que não estão sendo manipuladas.

Gastamos grande soma em dinheiro investindo em educação das pessoas, sob tudo aquelas desfavorecidas economicamente, sustentando a ética do individualismo, ou seja, um ser virtuoso, condicionado pela moral levaria a uma sociedade mais justa. Para Skinner (1983) esse resultado só poderia ser alcançado se focássemos em produzir ambientes realmente propensos a transformar essas pessoas. Segundo ele, nós não podemos mudar uma mente individualmente, mas podemos projetar ambientes melhores para que pessoas possam agir de forma diferente. O que consideramos traços de caráter em algumas sociedades, na verdade é o ápice de uma construção histórica de um ambiente saudável. Segundo Skinner (1983), a impossibilidade de mudarmos individualmente alguém é que o homem não é um animal moral, não possui traços especiais de uma virtude. A construção de um ambiente social o induz a se comportar de maneira ética.

Quando profissionais da educação querem desenvolver suas atividades com êxito, deveriam dar maior importância no processo de hierarquia dentro de família. Não no sentido como argumenta Pierre Bordieu (2002) no processo de hierarquia de classes sociais, mas sim no sentido de hierarquia que o indivíduo ocupa dentro da família. Adler (1940) sugere que "o que pensamos estar faltando em nós mesmos determina o que queremos ser na vida." Dessa forma, a ordem em que o indivíduo nasce na família, pode determinar o nosso lugar hierárquico nesse pequeno cosmo social. Adler (1940) nos dá um bom exemplo do que foi exposto aqui: caçulas, por serem os mais frágeis, em uma vida familiar, tentará sobrepujar cada elemento desta família para se tornar o membro mais poderoso.

O nosso self não é formado por fatores hereditários, acredita Adler (1940), mas sim sociais. A importância de determinarmos o nosso grau hierárquico dentro da nossa família é que esse processo de ação/reação moldará o que seremos no futuro. Essa disposição demonstra uma relação de força.

Caráter, segundo Adler (1940) é a interação singular ente forças diametralmente opostas: uma de sentimento de pertencimento, de interação social e, outra de poder, de valoração pessoal.

Outro pesquisador que nos remete ao seio da família para avaliarmos condições de desenvolvimento intelectual é Bernie (1974). Segundo ele crianças privadas de contato físico, em um processo prolongado, acabam sofrendo deterioração mental e física de forma irreversível. Segundo este autor, este tipo de estudo dirigido a adultos, levou a conclusão que pode levar a psicose temporária, quando submetidos às mesmas condições. Destarte, para o desenvolvimento intelectual tanto de crianças, como em adultos, é imprescindível carícias emocionais e simbólicas vinda de outros. Famílias que possuem relações de carícias restritas ou inexistentes podem representar filhos que tenham sérios problemas de internalização de conteúdos simbólicos, escolares ou não. Bernie (1974) atribui as carícias como pré-requisito para uma verdadeira interação social. Para essas crianças, com déficit de carinho familiar, é sugerida uma análise chamada de transacional, para que essas possam recuperar a alta estima e interagir socialmente.

A baixa criatividade de alunos da classe desfavorecida pode estar ligada a falta de contado e não reconhecimento do ambiente como se fosse seu. Csikszentmihaly (1996) argumenta que a criatividade só pode emergir se tivermos controle, domínio, onde estamos desenvolvendo alguma atividade. Em outras palavras, esse domínio refere-se na intimidade que você tem com o seu meio. A ideia de um ser humano brilhante, um cientista, um gênio da música, isolado, criando ou desenvolvendo grandes descobertas, segundo Csikszentmihaly (1996), não passam de falácias. Segundo ele, a criatividade resulta de um jogo complexo de interação de uma pessoa com seu ambiente, no qual esse território está desposado de uma cultura. Torna-se óbvio que pessoas criativas possam sê-los em qualquer lugar, mas de forma geral, isso só ocorre quando seus desejos e interesses possam ser atendidos facilmente, ou seja, existe um compartilhamento, uma conexão com pessoas com ideias semelhantes, quando existem carícias simbólicas, ou seja, onde seu trabalho possa ser apreciado.

Nessas condições mostradas por Csikszentmihaly (1996) a escola parece ter moldado um ambiente completamente ao reverso. O lugar não é familiar, a cultura parece tão distante. Imposições de pensamentos, práticas e ideologias. Seu universo é desprezado, quando não ridicularizado. Basta olharmos para as pessoas famosas, como Albert Einstein, Leonardo Da Vinci, Isaac Newton ou o senhor Darwin, não eram pessoas excepcionais na infância. O que eles tinham por de trás deles, que faziam a verdadeira diferença, eram as suas famílias, além de suas curiosidades.

Muito longe da perspectiva montada sobre os indivíduos com os relacionamentos com seus ambientes e, essas consequências para a intelectualização do ser humano, Anna Freud (1982) argumenta que nossas defesas psicológicas são os grandes vilões para psicopatias das pessoas. O argumento central de Freud (1982) é que os seres humanos fazem qualquer coisa para evitar a dor e salvaguardar o self.

Justamente a psicologia surgiu como ciência para descrever a infinda batalha produzida por três entes responsáveis pela nossa personalidade: o id, o self ou o ego e o superego. O id é nossa caixa de pandora. Nele estão registrados todos os nossos segredos mais bem enterrados e protegidos por várias camadas e complexos códigos. O id é o ser interior, profundo. Nele estão contidos os sentidos primitivos e, acima de tudo, os desejos. O self ou o ego representa a nossa personalidade. É o ser propriamente dito. É onde se concentra toda matriz psicossocial do indivíduo. O superego é a armadura. É uma espécie de relações públicas do self, mas não é ele. É uma representação social de nós mesmos. O superego, na realidade, é quem pensamos ser.

A guerra interior se processa, segundo Freud (1982), por que o ego para se proteger de si mesmo, ou seja, das demandas primitivas advindas do id tais como sexo e a agressão. Consciente ou inconscientemente o ego está sempre em alerta. Seu maior temor que ele seja subjugado pelo inconsciente, ou o id. Segundo Freud (1982) o ego pode, de maneira bem sucedida, montar mecanismos de defesa contra a ansiedade ou a dor. Quando o ego ganha a batalha ele sobrepujou o id e o superego. Quando esse controle é perdido, ou seja, as projeções primitivas do id vêm à tona, podemos dizer que o ego perdeu.

Não obstante o ego cria ou pelo menos se esforça para manter a harmonia entre si mesmo, com o inconsciente (id) e com o mundo exterior (o superego). Mas nesse processo, não significa que essa aparente harmonia, leva a um conjunto harmonioso das coisas, ou seja, a saúde mental. A vitória do ego pode ter envolvido uma série de mecanismos de defesa, a qualquer custo para que o self possa manter um sentido de integridade.

A psicopatia tem origem quando, por várias e muitas tentativas, o id consegue colocar à tona todos ou um instinto primitivo. O self se submete a liderança do mundo externo, o superego, que reprime de imediato o impulso. Essa negação não é tranquila, pois ela afeta a integridade do próprio self, destarte, o superego formula uma defesa que permite que ele mesmo possa reduzir a dor de não ter satisfeito o impulso, criando um sentido na sua decisão de não se submeter.

O superego que é regido pelas relações sociais, nas palavras de Freud (1982) "é um criador de confusões" que impede um entendimento amigável entre ele e o id. Ele cria parâmetros sociais de alto nível onde as demandas primitivas instintivas são vistas e lidas como códigos antissociais. Porém, como o self é uno, indivisível reprimir os instintos significa que ele tem que ser empurrado para fora do ego, e aquilo não absorvido pelo ego, no sentido de self, é jogado para outro lugar. Nesse contexto formam-se traços de personalidade com neuroses. Essas neuroses podem ser superficiais ou arranhar profundamente o id, com consequências desastrosas.

Quando o ego é anulado, ou seja, se transforma em um simples instrumento de execução do social do superego, o self como um todo se anula, transformando-se em pessoas reclusas, com medos latentes, que vivem com receio de serem subjugadas pelos seus instintos.

Freud (1982) argumenta que o sistema de defesa mais perigoso é a repressão, por que ela retira uma área importante de nossas vidas: o instinto, deixando o self descaracterizado. A despeito de todos os argumentos relatados sobre os mecanismos de defesas, nem sempre eles são negativos. Segundo Freud (1982) eles são necessários para a confrontação de perigos reais e eminentes.

Em um olhar para as defesas de crianças, elas são vastas. Elas se vêm a si mesmos, quando comparada à vida dos adultos, como sendo muito frágeis. Respondem a esse medo fantasiando, desempenhando papéis ou simplesmente não cooperando. Essa não cooperação, na maioria das vezes é inconsciente. Crianças com arranhões nos seus inconscientes simplesmente não aprendem por que não cooperam. Essa fratura faz com que a cognição não esteja disponível.

Em relação ao conjunto de cientistas que mantém uma influência do ser com meio ambiente Jung (2000) vai além dessa proposta. Ele argumenta que as camadas mais profundas da consciência estão ligadas a uma espécie de consciente coletivo. Destarte, para entendermos a singularidade de cada pessoa, por mais paradoxo que possa ser, devemos entender primeiro como se processa as relações do coletivo, no qual o sujeito esteja imerso. Segundo Jung (2000), a psique individual está assentada na base do inconsciente coletivo. Esse inconsciente seria herdado geneticamente, destarte, não seria desenvolvido por experiências pessoais.

Outro aspecto importante que devemos levar em consideração no processo da formação do intelecto humano é o gênero. A despeito de ambos os sexos possuírem capacidades intelectuais idênticas, o seu processo de formação é diametralmente diferente, ou seja, a aprendizagem de meninos e meninas se dá por circunstâncias diferentes. "no momento em que saímos do útero materno a maioria das diferenças entre homens e mulheres já estão formadas", argumenta MOIR (1989).

O aprendizado entre os sexos se estabelece diferente por que seus cérebros funcionam de formas diferentes, sentencia Moir (1989). Os cérebros processam informações de forma diferente, resultando em uma percepção desigual de mundo. Dessa forma, prioridades e principalmente comportamentos também são opostos.

Moir (1989) nos chama a atenção que, por milhares de anos, desde os primórdios, mulheres e homens tiveram funções diferenciadas na sociedade. Supunham os antigos, que essas diferenças deveriam resultar em aptidões diferentes, com desempenhos igualmente diferentes. Com as revoluções feministas que, ocorreram em maior ou menor grau, nos diferentes cantos do mundo, aproximadamente na década de 1960, essas percepções de aptidões, vistas agora pelas mulheres, se converteram em uma forma de conspiração da ordem social machista para subjugá-las. Destarte, políticas educacionais foram modificadas. O país pioneiro desta bandeira foi Israel, onde as demarcações tradicionais de mercado de trabalho foram abolidas. Salvaguardando polêmica a parte, um sistema educacional sério tem que levar em consideração as percepções de gênero para maximizar seus resultados.

O processo de ensino-aprendizagem é o ápice na configuração do intelecto humano. Como argumenta Bolton (1974), "ser hábil com as pessoas, não só faz você conseguir o que quer, como também traz à tona o melhor dos seus relacionamentos." Grande parte dos problemas oriundos de aprendizagem se processa, simplesmente por desconhecimento da natureza do aprendente. Corroborando com esse diagnóstico e se projetando além, Myers (1977) argumenta que não temos nenhuma segurança como as mentes de outras pessoas funcionam. É um erro grosseiro admitir que crianças raciocinem da mesma forma com que os seus professores ou, atribuem a mesma carga de valor aos bens, conceitos e, principalmente, que convirjam para o mesmo feixe de interesses.

Existem outras percepções sutis que não podem escapar das mãos de quem gerencia o conhecimento. James (1950) argumenta que as pessoas se diferenciam uma das outras pela quantidade e qualidade de habitus que adquire. Não estamos falando aqui do habitus na qual se refere Pierre Bordieu (2002). James (1950) define esse habitus, organicamente, como um feixe de descargas elétricas dos centros nervosos, envolvendo certo padrão nas suas rotas. O organismo usa desse artifício, pois se torna mais fácil repetir o padrão. James (1950) adverte que existem estímulos externos que podem mudar esses padrões. Em outras palavras, nossas percepções se alteram se estamos cansados ou com fome, se estamos durante o dia e a noite, no inverno ou no verão, se somos infantis ou adolescentes. A atenção para esses detalhes pode fazer a diferença de um aprendizado radiante ou opaco. Um pequeno detalhe como a hora do dia onde se verifica a aprendizagem pode mudar todo o panorama.

Medir o desempenho de quem aprende pode se tornar uma grande armadilha. Dependendo da visão que a sociedade possui sobre o que é intelecto, podemos estar valorizando a cultura parcial de certo grupo de pessoas ou restringindo demais o nosso censo de conhecimento. Por exemplo, muitas formas de conhecimento, ainda hoje, são medidas através de testes QI (Coeficiente de Inteligência). Existem muitas outras formas de conhecimento desenvolvidas pelos seres humanos que não são captados por esses testes, como argumenta Gardner (1994). Esse autor desenvolveu a teoria das múltiplas inteligências, como por exemplo: inteligência linguística, lógico-matemática, musical, corporal, sinestésica, visual, interpessoal e intrapessoal. Torna-se lógico que um indivíduo terá maior tendência para algumas dessas habilidades em detrimento de outras. Assim sendo, o sistema educacional tem que estar meticulosamente ajustado para permitir que esses potenciais ocultos possam florescer.

Podemos aprender em qualquer idade, porém a forma como aprendemos na infância vai determinar que tipo de pessoas sejamos no futuro. O maior problema consiste em que, como argumenta Piaget (1959), "crianças não são pequenos adultos pensando de maneira menos eficiente, elas pensam diferentes." A lógica da criança não obedece a nenhum padrão. O esquema mais próximo que podemos ter é o caótico. Dessa forma, problemas de aprendizado podem ser de psicologia funcional ou mesmo estrutural, como também de epistemologia, ou seja, falta de compreensão do ensinante. Nem ainda podemos afirmar que todos os problemas são oriundos da psicologia ou como tentamos elucidar pelo ambiente.

Poderíamos abordar com quase exatidão que a maioria dos problemas de relacionamento entre crianças e adultos acontece por falhas ou lacunas na comunicação. Isso acontece segundo Piaget (1959), em função de percepções de realidades diferentes.

Piaget (1959) descobriu que quando um grupo de crianças está falando, que pode configurar em uma balbúrdia muito grande, elas estão apenas pensando em voz alta. Esse tipo de Discurso ele chamou de egocêntrico, ou uma linguagem para si. Em um grupo de crianças, como no jardim de infância, Piaget (ibidem) argumenta que não existe diferenciação, nessa sociedade, entre o individual e o social.

Elas, as crianças, acreditam ser o centro do universo, não existe nenhuma forma de privacidade para que possa ocultar dos demais. Assim sendo, crianças podem falar o tempo todo na presença dos amigos, mas são incapazes de ver o ponto de vista deles. Em função desse egocentrismo a linguagem envolve muitos gestos, movimentos e sons que são quase incompreensíveis para o mundo externo. Por isso as palavras não podem expressar tudo e o seu mundinho também fica preso em suas mentes.

Gradativamente esse quadro vai se modificando. Segundo Piaget (ibidem) dos 3 aos 7 anos elas são egocêntricas, a transição para a linguagem social chama-se autístico, é quando se abre caminho para a inteligência perceptiva. Esse caminho é lento. Segundo Vygotsky (2010) o pensamento parecido com a lógica adulta consegue se concretizar na adolescência.

Para um professor o desafio é rotineiro. Segundo Piaget (ibidem) crianças com menos de 7 anos não separa a realidade da fantasia. Não existe demarcação entre o real e o imaginário. Elas não trabalham em termos de causalidade e evidências. Para os adultos, a dificuldade de entendê-las é que, em seu mundo, tudo funciona tão bem que a lógica não é requisitada.

O saber na vida das pessoas se dá através do lúdico, seja adulto ou criança. Aprender se dá por desejo. A complexidade de caminhos criados pelo cérebro, para tomada do conhecimento, é vária e não possui via única. Ele é completamente plástico e permeia por vias que não se repetem. Envolve um sem número de possibilidade para que tudo de certo, mas o contrário também é realidade. Em função disso, não existe mais espaços para amadorismo na educação. Também chegamos à conclusão que essa tarefa não é, e não pode ser papel de um só profissional.

2.2.9 Símbolos Não Decodificados (Psicopatologias Inibidoras do Intelecto)

Com o avanço da ciência médica os diagnósticos de patologias associadas à inibição do intelecto humano, principalmente das crianças, parecem ter se multiplicado. Não é nossa atenção aqui esgotar todas essas possibilidades de patologias. Apenas separamos aquelas que aparecem mais frequentemente observadas em salas de aulas e estudadas mais comumente pela ciência.

Uma patologia muito comum conhecida genericamente como "disfunção cerebral" pode esconder um sem números de patologias não diagnosticadas por diversos fatores. Essa patologia é acometida por crianças que possuem comportamentos ditos "normais". São inteligentes, sócio-adaptáveis e possuem informações verbais adequadas. Suas dificuldades estão associadas em áreas bastante específicas do cérebro. Uma determinada área do cérebro não funciona e/ou funciona descoordenadamente. Neste caso, é aquela que é responsável pela percepção e análise visual, gerando assim disfunções que afetam áreas específicas relacionadas à atenção, memória, raciocínio, motricidade, cálculo, escrita, linguagem e leitura.

Uma dessas lesões pode caracterizar a disfasia. Domingos (2007) relata que na disfasia a criança possui dificuldade de expressão (disfasia expressiva) ou compreensão (disfasia compreensiva). Crianças que são acometidas por essa patologia são aquelas que não elaboram frases, expressam apenas etapas finais das frases. O auge da síndrome vai até quatro anos de idade. A intervenção de um profissional de fonoaudiologia deve ser rápida. Caso persista o problema, Domingos (ibidem) adverte que existe um grande risco da criança desenvolver dislexia ou disortografia.

Crianças acometidas de "disatria" são caracterizadas por "voz arrastada" e lenta. Essa característica, segundo Domingos (2007), está relacionada à lesão motora e não a leitura e linguagem. Já a dislexia, segundo esse mesmo autor, proporciona dificuldade na aquisição da leitura. Para chegar ao seu diagnóstico devem ser consideradas algumas situações: segundo Domingos (ibidem) deve-se excluir a imaturidade, ou seja, deve ter tido, pelo menos dois anos de escolaridade; deve estar livre de bloqueios emocionais.

O diagnóstico da dislexia encontra-se próxima dos oito ou nove anos de idade. Segundo Domingos (ibidem), o distúrbio se encontra no nível de funções de memória, análise visual e percepção. A criança apresenta-se com dificuldades de identificação dos símbolos gráficos. A despeito do ideário popular, a dislexia acontece independentemente da classe social. Essa distorção pode flutuar de pequenas variações no processo de leitura a uma total incapacidade de decodificação dos símbolos. Segundo Domingos (ibidem) cerca de 7 a 10% da população mundial é acometida desta síndrome.

A disgrafia é uma dificuldade parcial que a criança encontra no processo de construção da escrita. Existem dois tipos de disgrafia, segundo Domingo (2007): a motora e a específica. A motora é quando a motricidade está atrapada, mas o sistema simbólico não. Domingos (ibidem) chama esse processo de descaligrafia. Na específica, a criança não consegue estabelecer a relação entre o sistema simbólico e a grafia que representam os sons, as palavras e as frases. Crianças acometidas pela disortografia podem vir acompanhadas de dislexia. É a impossibilidade de visualizar a forma correta da grafia. Segundo Domingos (ibidem), a criança escreve seguindo o som da fala, sua escrita pode se tornar simplesmente incompreensível.

A discalculia é a incapacidade de compreender o mecanismo do cálculo e solução do problema. Domingos (ibidem) argumenta que é um quadro raro, comumente acompanhado de outras síndromes. De uma forma genérica sua ocorrência está correlacionada a: excesso de conteúdos, estruturação inadequada da disciplina matemática e/ou deficiência na promoção adequada nas etapas escolares.

A hiperatividade que até bem recentemente parecia estar vinculado a distúrbios neurológicos, hoje começa a ser repensado pela ciência. Segundo a ABDA (Associação Brasileira do Déficit de Atenção), este é um transtorno neurobiológico, ou seja, possuem origem genética, surge na infância, porém acompanha o indivíduo por toda a sua vida. Segundo a ABDA (2008) a síndrome se caracteriza por sintomas de desatenção, inquietude e impulsividade sendo denominado por DDA (Distúrbio do Déficit de Atenção), causando prejuízos acadêmicos por toda a vida do indivíduo. Se a síndrome for acompanhada por hiperatividade a sigla muda pata TDAH (Transtorno do Déficit de Atenção e Hiperatividade).

Crianças portadoras de TDAH apresentam um padrão persistente de desatenção e/ou hiperatividade-impulsividade, esse, mais frequente grave do que aqueles que se apresentam somente com DDA. No déficit de atenção as atividades, os impulsos cerebrais ocorrem numa velocidade muito acima do esperado. As consequências, segundo (HENRIQUES, 2008), podem ser diversas: impulsividade, falta de atenção, não concentração seguida de agressividade. A criança a tende ser desorganizada, desleixada. Parolin (2008) argumenta que crianças com essa síndrome possuem memória de curto prazo, não se fixam em tarefas. Zaguri (2001) acrescentam que essas crianças não suportam frustrações e por isso mesmo tornam-se violentas. Henriques (ibidem) ressalva que quando a criança apresenta problemas de convívio social, rendimento escolar ou ambos, fica fácil seu diagnóstico. Porém nem sempre é assim, crianças hiperativas possuem elevada capacidade de adaptação, o que pode camuflar estes sintomas.

2.3 Ambiente Econômico Corrompido (O Estado e a Corrupção no Setor Público)

Nesta seção abordaremos a questão da corrupção como anomalia social que restringe o acesso à educação, à saúde e a outros serviços de infraestrutura social e aos altos custos sociais oriundos desse tipo de privação. Buscaremos buscar evidências, como a baixa concretização desse tipo de políticas públicas que estão não só vinculadas aos estados ditatoriais, bem como às democracias liberais, assim como esse conjunto de fatores são altamente limitantes ao processo conhecido como ensino-aprendizagem.

O principal distúrbio ético da humanidade, não só do Mundo Ocidental, mas, sobretudo da espécie humana organizada em sociedade, parece ser a corrupção. O que poucas pessoas se dão conta é que um processo corrompido traz custo muito alto para toda a sociedade. Fundamentos garantidos constitucionalmente, em quase toda parte do mundo, tais como: educação, saúde, saneamento, por exemplo, pressupostos capazes de garantir o desenvolvimento econômico e social de cada ator social, são colocados em risco devido a essa imperfeição no comportamento coletivo ou mesmo no mercado.

De uma forma geral, preocupamo-nos com as implicações morais e/ou éticas dos desvios feitos pela corrupção. A sociedade como todo se volta ao combate e à prevenção contra a corrupção, mas os verdadeiros pontos a serem enfocados são quais os custos suportados por essa sociedade em decorrência da corrupção política. No atual estados da situação, para ambos os países é que os Estados tendem em entrar pelo processo de falência e/ou diminuir drasticamente seus investimentos efetivos em ações sociais (tais como: educação, saúde, saneamento básico, entre outros), agravando ainda mais as discrepâncias sociais.

2.3.1 Definindo Corrupção

Uma das grandes dificuldades de estudar sistematicamente a corrupção diz respeito à própria definição, como argumenta Miranda (2012). Essa não é apenas uma preocupação retórica ou estética, mas dependendo como a definimos, escolhemos, também, o modelo no qual estruturaremos a nossa pesquisa. A dificuldade dessa definição, segundo Miranda (2012), se refere ao grande grupo de atuações desses procedimentos presente nas sociedades de cunho privado, bem como público. O que os especialistas na área coadunam é sobre corrupção política, que seria segundo MIRANDA (2012), "atos nos quais o poder de um funcionário público é usado para obter benefício a si próprio e/ou ao seu partido.

Outra definição importante nos é dada por Hallak (2007), no qual argumenta que "corrupção é o uso sistemático de serviços públicos em benefício próprio, cujo impacto significativo na oferta e qualidade de bens e serviços em educação e, consequentemente, no acesso, qualidade e equidade em educação."

Esses autores nos fazem, também, a distinção entre três tipos de corrupção: a corrupção legislativa, a administrativa e a burocrática. A primeira, a legislativa, se dá quando a obtenção de um cargo público qualquer se processa mediante a filiação a um determinado partido político; a corrupção legislativa é onde funcionários públicos aceitam subornos para fraudar o Estado em um contrato, configurando a evasão fiscal; a burocrática é quando um burocrata é pago para acelerar ou desviar procedimentos "de vias normais." Dentre essas mencionadas, a corrupção pode assumir um sem fim de possibilidades, tais como: nepotismo, favoritismo, clientelismo, extorsão, desvio de bens públicos, entre outros.

Existe certa angústia, por parte de pesquisadores, por uma definição definitiva e mais abrangente do que seria corrupção. A dificuldade dessa missão se coloca pelo fato que essa prática aborda um número muito grande de práticas, pois envolve fatores políticos, sociais, econômicos e até mesmo sociológicos. Klitard (Apud MIRANDA, 2011) apresenta corrupção como:

> "la corrupción es el uso indebido de los ámbitos oficiales para la obtención de resultados no-oficiales, por lo general ventajas personales, aunque frecuentemente sólo para el beneficio de la propia empresa o partido político. Puede ocurrir dentro de organizaciones públicas o privadas, puede abarcar tanto actos de omisión como de comisión, puede ser interna a una organización o involucrar clientes de la organización". (Klitgaad, 1997, p.252, Apud, Miranda – 2011).

Guedes e Netto (Apud, MIRANDA – 2011), ao contrário de Klitaard que, foca o problema da corrupção por vantagens pessoais, desloca o problema para o corpo estatal personalizado, definindo a corrupção dessa forma:

> "[A corrupção é o] controle abusivo do poder e dos recursos do governo visando a tirar proveito pessoal ou partidário. Tal proveito (...) pode ser na forma de poder ou controle dentro da organização política ou na forma de apoio político por parte de vários indivíduos (...)". (GUEDES & NETO, p. 50, Apud, MIRANDA – 2011).

Vemos, nessa definição, a não contemplação da corrupção no setor privado que é relativamente comum. Destarte, a corrupção pode ser tanto de bens públicos, bem como privados. Já Schilling (Apud, MIRANDA - 2011) coloca o peso especificamente para as manobras econômicas, isso porque, nesse setor, é o que possui o monopólio, segundo ele, do poder decisório:

> "... corrupção é um conjunto variável de práticas que implica em trocas entre quem detém poder decisório e quem detém poder econômico, visando à obtenção de vantagens – ilícitas, ilegais ou ilegítimas – para os indivíduos ou grupos envolvidos." (SCHILLING, p. 2, Apud, MIRANDA – 2011).

Miranda (2011) cita o dicionário Bobbio/Mateuci/Pasquino que faz uma definição açambarcando a questão da influência que pessoas ou instituições possuem sobre o indivíduo ou grupo de pessoas. Esse tipo de corrupção seria na concepção desse autor, a forma mais eficaz de desvio da conduta pública, pois se dá sob processos subliminares que envolvem a mudança da matriz psicossocial do ator social. Assim, temos:

> "A corrupção é uma forma particular de exercer influência: influência ilícita, ilegal e ilegítima (...). É uma alternativa da coerção, posta em prática quando as duas partes são bastante poderosas para tornar a coerção muito custosa, ou são incapazes de usá-la." (Bobbio, Mateucci e Pasquino, 1991, p.292.

Heidenhemer (Apud, MIRANDA – 2011) nos introduz três tipos de definição diferentes em relação à corrupção. A primeira é centrada no ofício público, quando o funcionário faz um desvio de conduta dos seus deveres vinculados aos seus cargos; Outra é centrada no mercado, segundo o qual o funcionário público utiliza-se de sua função para maximizar o seu salário e o terceiro, finalmente, é orientado em função do bem público; quando o interesse (do bem público) é violado em função dos ganhos particulares. Uma quarta seria uma variação das três anteriores e baseia-se na concepção e na percepção que o público tem em relação à corrupção.

Um tipo de definição interessante nos é dada por NYE (Apud, MIRANDA – 2011), em que são abordadas noções de "public office", no qual a função de público fica balizada por estratégias de funcionários públicos trabalhando para o bem público. Nessa concepção, toda função pública que desvie fundos para as organizações privadas pode ser considerada como corrupção:

> "Corrupção é o comportamento que se desvia das obrigações formais de um cargo público em benefício de interesses pecuniários ou de status que diz respeito ao mundo privado (sejam um interesse pessoal, de um núcleo familiar e/ou parentes próximos, ou de um pequeno grupo de interesse); ou que viole regras contra o exercício de certos tipos de influência que o mundo privado possa exercer". (NYE, 1967, p. 479, Apud, MIRANDA – 2011).

Podemos observar que a condensação de uma definição única de corrupção não é suficientemente abrangente para cobrir todos os aspectos aqui mencionados e que não mencionamos também. Com esse tipo de intenção, GINGERICH (Apud, MIRANDA, 2011) nos dá a seguinte definição:

> "um comportamento desviante de parte dos servidores públicos, eleitos ou não, que vise à obtenção de recursos para a promoção do bem-estar de um determinado indivíduo ou grupo ou que vise atingir um objetivo político através do mau uso da autoridade ou dos recursos provenientes de tal posição" (GINGERICH, 2006, p.263, Apud, MIRANDA – 2011).

Até agora, nenhum dos autores verificados até aqui, em nenhum momento, definiu a corrupção como uma função privada burlando o serviço público. Essa é exatamente a ótica da ONG especializada nesse tipo de questão que é a Anistia Internacional. Segundo essa entidade, a definição de corrupção seria:

> "[Corrupção é] o abuso de um poder incumbido a líderes políticos para ganhos privados, com o objetivo de se aumentar o poder ou a riqueza" (Hodess, 2004, p.11, Apud, MIRANDA - 2011).

Kiligaard (Apud, MIRANDA 2009) faz uma tentativa que tangencia o holístico, quando se trata em definir corrupção. Além de todas as dimensões colocadas por atores sociais acima, esse escritor aborda como consequência de tais atos, epidemias ou até mesmo crises ambientais. Em suma, os malefícios que hoje sofre toda a humanidade poderiam ser contidos se as manifestações corruptivas fossem contidas, assim temos:

> "la corrupción es el uso indebido de los ámbitos oficiales para la obtención de resultados no-oficiales, por lo general ventajas personales, aunque frecuentemente sólo para el beneficio de la propia empresa o partido político. Puede ocurrir dentro de organizaciones públicas o privadas, puede abarcar tanto actos de omisión como de comisión, puede ser interna a una organización o involucrar clientes de la organización. De manera análoga a otros problemas sociales tales como la poluición o una epidemia, la corrupción admite grados. Existe casi en todas partes y su profundidad difiere, como difiere el daño social que provoca en cada caso. La corrupción es un delito calculado, no es el producto de un momento de pasión [...] Corrupción = monopolio + discrecionalidad – obligación de rendir cuentas" (KLITGAARD, 1997, p. 252. Apud, MIRANDA – 2009).

No tocante ao âmbito jurídico, segundo Silva (2012), o código penal estabelece que a corrupção possa ocorrer sob duas formas: ativa e passiva. A primeira, a corrupção ativa, é caracterizada pela forma de oferecer ou prometer vantagem indevida ao funcionário público. Quem pratica o ato de corrupção é o corruptor. Mesmo que o funcionário público não aceite o suborno, o crime já foi executado. A corrupção passiva ocorre quando o funcionário público solicita ou recebe para si, direta ou indiretamente, a vantagem indevida.

Na Convenção das Nações Unidas Contra a Corrupção e da Convenção Interamericana Contra a Corrupção, segundo Silva (2012), foram definidos três tipos de corrupção: pequena, grande e sistêmica. A pequena corrupção é aquela que ocorre em execuções cotidianas dos funcionários públicos. A grande corrupção é vinculada mais ao nível em que a mesma se dá do que a quantidade de dinheiro desviado. Porém, dependendo do nível onde se dá o focus da contravenção, é onde pode se estabelecer maior prejuízo para a administração pública. Este tipo de corrupção é mais comumente conhecido como corrupção política. Já a corrupção sistêmica são aquelas entidades, públicas ou privadas, que já internalizaram a corrupção como prática para a maximização de seus lucros.

2.3.2 Corrupção e Percepção de Corrupção

Corrupção não é a mesma coisa que percepção de corrupção. Esta última nada mais é do que uma opinião de algo que não foi testado cientificamente. Essa percepção, segundo Miranda (2010), é transformada em índice de percepção que também pode ser chamado de Índice Agregado de Percepção. Sua construção, primeiramente, é obtida pedindo a opinião de pessoas ligadas a negócios internacionais em uma dada localidade que atribuem de 0 a 10 para o nível de corrupção encontrado em seu país. Depois disso, faz-se uma média (no caso de um "survey"). Daí chega-se ao índice de percepção de corrupção de um país.

A maior parte desses índices de percepção, segundo Patrício e Miranda (2010), podem ser enquadrados em seis categorias: a primeira e mais comuns são os indicadores de percepção baseados em "surveys" (pesquisas) de homens de negócios ou estudiosos de um mesmo país; o segundo são índices de agregação baseados em uma comunicação de indicadores do tipo anterior; o terceiro é mais complexo e muito mais completo, são "surveys" de caráter nacional ou regional que captam as experiências de cidadãos e/ou funcionários públicos; o quarto é construído pela pesquisa de variação de preços de itens pagos nos serviços do setor públicos e a velocidade para adquirir esses itens; o quinto é mais raro de se conseguir, são baseados em registros e gravações legais e judiciais de corruptos e corruptores; finalmente, o sexto são medidas de corrupção geradas em experimento em campo.

A adequação das pesquisas referendadas acima depende dos objetivos do cliente da pesquisa. Patrício e Miranda (2010) citam esses objetivos da seguinte maneira: nível de agregação; alcance; precisão conceitual; potencial para distorção, ou seja, para viés e potencial para causar danos à pesquisa. A seleção de uma dessas estratégias de mensuração envolve implicitamente um "trade-off" entre esses cinco critérios.

Como observamos até aqui, os índices de corrupção são baseados em percepções de um dado segmento da sociedade e são construídas, acima de tudo, em opiniões. Destarte, poderíamos nos indagar de qual a serventia de índices de percepção, tais como: "Governance Matters Indices" (do Instituto do Banco Mundial), o Survey de Competitividade Global do Fórum Econômico Mundial e o Índice de Percepção da Corrupção (da Transparência Internacional)." A resposta para essa indagação é que podemos desmitificar verdades ditas pela mídia como absolutas, tais como: o aumento do processo de corrupção em um determinado país ou em comparação com a nação mais ou menos corrupta. Quando observamos esses índices devemos nos perguntar para quem foi encomendado e para qual finalidade. O que observamos, por essas pesquisas, é apenas o que foi investigado e com um viés significativo da metodologia que foi utilizada. A verdadeira face da corrupção fica obscura e temos somente parte da realidade.

Mesmo que confiemos nos institutos de pesquisas e que levemos em consideração seus limites metodológicos, esquecemo-nos no jogo entre políticos, sindicalistas, empresas, lobistas, entre outros em ocultar um cenário real do estado de coisas. Dessa forma, a percepção da corrupção é um modelo muito complexo. Destarte, esse fenômeno ao qual tentamos dar uma dimensão, torna-se adimensional. Destarte, segundo o Índice de Percepção produzido pela Anistia Internacional, que é uma organização não governamental, o Brasil é visto como um país infectado em todas as esferas da sociedade pela corrupção.

Esse tipo de conclusão parece tentador para uma nação emergente do Terceiro Mundo, mas tem que ser analisado com muito cuidado, pois eles não quantificam a corrupção, apenas nos dão uma percepção de empresários e analistas internacionais que não possuem impessoalidade quando fazem seus julgamentos, pois estão em jogo bilhões de dólares que estão manipulando. É uma visão muito subjetiva de cada país. Silva (2009) argumenta que não existem garantias que as opiniões colhidas, para produzirem tal índice, sejam independentes entre si. Além do mais, são opiniões de terceiros, grupo de pessoas que não estão no convívio cotidiano de uma determinada sociedade. Existe uma forte tendência que manifestações ideológicas e até mesmo políticas tenham implicações formando vieses. Silva (2009) cita, por exemplo, a situação do Chile que é citado, na América Latina, como um exemplo de conduta social anticorrupção. Porém, isso só aconteceu a partir de seu alinhamento à política comercial com os USA Podemos verificar o uso político do Índice de percepção de Corrupção atrelado à política internacional dos Estados Unidos. Segundo Silva (2009), a ajuda prestada pela USAID para outros países, sobretudo para as nações do Terceiro Mundo, é levada em consideração a esse índice, o IPC. Em todos os países comparados, segundo Silva (ibidem), existe uma correlação quase de 100% entre o baixo PIB e a nota dada pelo IPC. Dessa forma, é fácil constatar que os países pobres são mais atingidos pelo índice.

No final de todos os argumentos prestados até agora, pode-se inferir que existe uma diminuição ou um aumento da corrupção a nível mundial? Se a população se pautar pela mídia, em que vemos um crescente anúncio de notícias sobre a corrupção, não teríamos dúvidas em dizer que sim, pois as pessoas são influenciadas por esse instrumento e podem emitir opiniões que não encontram respaldo em sua própria realidade cotidiana. Podemos pensar como infere Silva (2009), que existe uma manipulação internacional para uma difusão desses tipos de mensagens, subliminar ou não, que estimulam um sentimento, no seio da população, de auto depreciação, para desacreditar o país interna e exteriormente, favorecendo competidores em potencial.

Segundo pesquisa recente encomendada pelo Centro de Referência do Interessa Público (CRIP), da Universidade Federal de Minas Gerais, ao instituto de Opinião Pública Vox Populi (in SILVA – 2009), para 75% dos entrevistados não aumentou a corrupção, mas sim o número de casos apurados com a ajuda da imprensa ou uma melhor qualificação da máquina gestora.

2.3.3 Medindo Corrupção

Na seção anterior, verificamos que existem praticamente seis formas de percepção de corrupção. Destarte, analisaremos o poder de eficiência ou eficácia da adequação de uma dada abordagem, avaliada segundo cinco critérios relevantes (MIRANDA, 2012).: alcance, precisão conceitual, nível de agregação, potencial para viés e potencial para causar danos à pesquisa. Não existe uma metodologia ideal, destarte, dependendo do objetivo do pesquisador, este terá que optar por um "trade-off" entre esses cinco critérios.

Quadro 11 - Indicadores por Corrupção por Tipo

Indicadores de Percepção	Indicadores Agregados de Percepção	Surveys de Diagnóstico	Mensurações 'Objetivas'	Registros e Gravações Legais / Judiciais	Experimentos de Campo
Fórum Econômico Mundial (Survey de Competitividade Global)	Transparência Internacional (Índice de Percepção da Corrupção)	Banco Mundial (Diagnósticos do Setor Público)1	Di Tella e Savedoff (2002)	Chang (2005)	De Soto (1989)
Institute for Management Development (Livro Anual da Competitividade Mundial)	Banco Mundial (Governance Matters Indices – Instituto do Banco Mundial)	Universidade de Pittsburg – (Projeto de Vitimização da Corrupção) [ver Seligson (2002)]	Di Tella e Schargrodsky (2003)	Goel e Nelson (1998)	Bertrand et al. (2006)
Serviços de Risco Político			Golden e Picci (2005)	Golden e Chang (2001)	
				Méier e Holbrook (1992)	
				Nice (1983)	

Fonte: Miranda (2012) - Modificado pelo autor.

Pesquisadores que investigam aspectos de performance internacional, tais como: crescimento econômico, investimento estrangeiro direto, entre outros, preferem indicadores de agregação produzidos pela compactação de informações de diferentes pesquisas. Segundo Miranda (2012), esse tipo de procedimento enfrenta um "trade off". Se por um lado essa síntese facilita a visão de um investidor internacional que necessita de informações compactas para tomadas de decisão, por outro lado, esse tipo de agregação paradoxalmente, não possui abrangência internacional.

Tanto os indicadores agregados bem como os desagregados contêm outro critério qualitativo dos tipos de mensuração. Esses indicadores medem a corrupção a nível de Estado-Nação, porém é marcado por profundos vieses. Tais indicadores podem, politicamente, esconder o real estado de coisas, podendo, nas palavras de Miranda (2012), "mascarar muito mais do que revela a realidade." Destarte, um único índice se torna insuficiente para captar investimento em infraestrutura, educação, saúde, crescimento econômico e/ou bem-estar social.

Se por um lado os indicadores agregados de corrupção mascaram várias formas de realidade em um único índice, por outro, medidas desagregadas, como os "surveys" têm uma vantagem objetiva de uma região específica da vida humana. Destarte, os diagnósticos elaborados podem ser mais detalhados sobre lugares e formas específicas de corrupção e por setores. Podendo, assim, estimar seus custos sociais. A tabela abaixo nos mostra o grau de potencialidades e limitações de índices agregados e não agregados sob o ponto e vista do: alcance, precisão conceitual, nível de agregação, potencial de viés e potencial para causar danos ao sujeito da pesquisa.

Quadro 12 - Avaliação dos Indicadores de Pesquisa

Critério	Indicadores de Percepção	Indicadores Agregados de Percepção	Surveys de Diagnóstico	Mensurações 'Objetivas'	Registros e Gravações Legais/ Judiciais	Experimentos de Campo
Alcance	médio/alto	alto	Baixo	baixo	baixo	baixo
Precisão Conceitual	médio	baixo	Alto	baixo	baixo	alto
Nível de Agregação	alto (país)	alto (país)	baixo (país)	baixo (instituição/ região)	baixo (indivíduo)	baixo (indivíduo)
Potencial para Viés	médio/alto	médio	médio (dependendo do desenho do survey)	médio	alto	médio
Potencial p/ causar dano aos sujeitos	nenhum	nenhum	baixo/médio	nenhum	baixo	médio/alto

Fonte: Miranda (2012) - Modificado pelo autor.

Outra forma de uma análise eficiente usando dados desagregados são registros e gravações legais e judiciais. Essa prática, segundo Miranda (2012), é baseada em "convictions rates de corrupção governamental", ou seja, o Estado, através do legislativo, tem que acreditar em atos corruptos em relação a políticos de uma forma geral. Porém, como também acontecem com os "surveys", esses indicadores podem ter fortes traços de viés. Os próprios gabinetes, onde são dadas as ordens para esses tipos de gravações, podem estar altamente politizados, tornando-se impossível se separar o que é legal do que não é. Temos ainda que esses tipos de índices tornam-se impraticáveis para comparações internacionais, pois as aplicabilidades das leis, em cada Estado, dependem da cultura na qual os sujeitos sociais estejam inseridos.

2.3.4 Gênese do Estado Prenhe da Corrupção

O Estado Neoliberal nasce com a bandeira do constitucionalismo, no século XVII oriundo da Revolução Gloriosa, da Revolução Francesa e da Independência dos Estados Unidos em 1777. A ascensão da burguesia mercantil conduzida pela Revolução Francesa trouxe consigo o século das luzes, em que se imprimia uma revolução filosófica, política, social e econômica no processo administrativo do Estado. As bases do Estado Liberal eram: a liberdade; a separação dos poderes, em detrimento do absolutismo monárquico e proclamavam-se os direitos fundamentais do homem. Declaração essa, baseada exclusivamente no uso da racionalidade.

As concepções filosóficas carreadas pela Revolução Francesa, tais como: liberdade, igualdade e fraternidade que não estavam engajadas em uma república, ou seja, em uma vida societária, mas, ao contrário, pressupunham uma autonomia privada absoluta e, paradoxalmente, contrariava por completo a concepção de um Estado Moderno.

Segundo Pontes (2008), atribui-se a Lock e a Russeau a ideia de uma "Rés-Pública," no qual os indivíduos, de forma voluntária, pactuam livremente para formar o seu governo. Montesquieu fundamentava a divisão dos poderes dentro do Estado, repugnando a visão do absolutismo monárquico. Destarte, idealizavam um Estado com o mínimo de intervenção nas leis do mercado, proporcionando a livre iniciativa e, acima de tudo, o bem estar comum. Não obstante, esse Estado nascia sob a égide de uma única classe social, excluindo-se assim a grande massa de trabalhadores, nas palavras de Pontes (2008), "protagonistas do modelo econômico capitalista", base então de toda economia. Assim a sustentabilidade do Estado Liberal era frágil e logo entraria em crise sistêmica.

O Estado Liberal nascia incapaz de fazer intervenções capazes de garantir a liberdade de uma maioria que era oprimida e assegurar as condições jurídicas, políticas, sociais e econômicas da população. Destarte, o Estado Liberal foi transformado e Estado Social, sem que esses direitos comunitários, carreados pela Revolução Francesa e pela declaração dos Direitos Humanos, fossem colocados em prática.

Como uma forma compensatória de suprir as mazelas deixadas pelo Estado Liberal, surgiu o Estado Social. Este Estado que se baseia no princípio da individualidade e da sociedade privada, agora cunha sua originalidade em uma estrutura social, ou seja, na garantia de implementação dos direitos sociais. Mas para que isso possa existir como argumenta Pontes (2008), também deve existir, por parte deste Estado, o direito de intervenção na economia. Quebrando assim, um dos pilares do Estado Neoliberal: o de não intervenção.

Pontes (2008) argumenta que para que o Estado Social desempenhe suas tarefas adequadamente devem ser verificadas quatro condições básicas: provisões financeiras suficientes capazes de suportar os encargos sociais que neles estão implícitos, isso requer, acima de tudo, sistema fiscal eficiente; investimento em produção; orçamento público equilibrado, para que se evite o processo inflacionário, para que se proteja a governabilidade e o poder de compra dos cidadãos e finalmente manter a taxa de crescimento médio elevado e um combate eficiente a corrupção.

Levando-se em conta o gigantismo do Estado Social e de suas inerentes responsabilidades e, mais ainda, a escassez dos recursos públicos, é fundamental para sobrevivência desse Estado que se criem mecanismos eficientes de combate à corrupção. Nisso também estão incluídas as diversas formas de se prover um ambiente ético e/ou social salutar onde se possa dar início a uma mudança na matriz psicossocial da população. Pontes (2008) argumenta que não existe Estado do Bem Estar Social que conviva com índices elevados de corrupção, como foi visto, a manutenção de uma ampla rede de educação e saúde, além de outros, é muito custosa e sua ausência gera um mal estar social significativo.

Buscar a inclusão social não é tarefa fácil em nenhum lugar do planeta. Esse problema está na dificuldade de localização precisa das classes que necessitam realmente de alguma ajuda e principalmente pela escassez de recursos. Porém, no nosso país esse problema ganha um ar mais dramático, isto por quer devido a grande discrepância social os serviços básicos dados a algumas populações faz a diferença entre existir ou não.

Destarte, a formação dos Estados Sociais, em regimes ditos democráticos ou não, se dá sob a égide de um processo intrínseco de corrupção, nos quais coaduna a miséria, a ignorância, a fome, enfim, a exclusão social. A sobrevivência, por grande parte da população, nesses Estados ditos de Bem Estar Social, transforma-se em uma odisseia. Populações inteiras vêm os seus diretos à saúde e sua promoção à cidadania como mero verbete escrito em um documento distante.

Outro direto fundamental à ascensão social, garantido por lei em nosso país é a educação. Segundo Mendes (Apud, PONTES – 2008), a educação, em um Estado Social, deve garantir: "universalidade, igualdade, pluralismo, gratuidade ao ensino público, valorização dos profissionais, gestão democrática das escolas e padrão de qualidade."

James Wolfensohn (Apud, PONTES 2008), que em 1999 era presidente do Banco Mundial, afirmou que, no que se refere às democracias ocidentais, não existe mais nada preocupante que a corrupção. Argumentava ele: "no centro do assunto da pobreza está a questão da igualdade, no centro do assunto da igualdade está à questão da corrupção." O Banco Mundial, ao Contrário do FMI (Fundo Monetário Internacional) os quais ajudam países a liquidarem suas dívidas internacionais através de novos empréstimos, possui por definição, políticas que viabilizam financiamento de obras públicas com a única finalidade de dignificar o ser humano. Sua política de financiamento aos países do 3º Mundo está vinculada ao apoio aos países interessados em controlar a corrupção.

Antes discutidos apenas nos meios acadêmicos e de vez em quando no mitiê policial, com a entrada no circuito do Banco Mundial, o tema vem ganhando mais importância no seio da sociedade. Não podemos dizer que houve uma diminuição do processo corruptivo no mundo, porém a escassez de informações sobre o assunto parece estar sendo, gradativamente, sanada.

Destarte, a sociedade como um todo começa a ter consciência do custo da corrupção para o Estado e, em última instância, para a própria sociedade.

Com o intuito informativo que tem por finalidade o combate à corrupção, a ONG Transparência Internacional, sediada em Berlin, faz medições periódicas mundo a fora, criando um índice que vai de zero (absolutamente corrupto) até 10 (absolutamente íntegro). Mesmo por ter muitas limitações por usar índices agregados e com metodologias diferentes, o Índice é um marco mundial quando se faz uma varredura do perfil político de corrupção em um dado país. Comprovações empíricas da Anistia Internacional chegaram à conclusão que a corrupção aumenta as discrepâncias vividas pelas classes sociais. Essas discrepâncias são dimensionadas devido à deficiência nos investimentos em educação e saúde.

Nesse momento de argumentação poderíamos indagar se a corrupção seria mais propensa aos regimes totalitários. Segundo Boaventura de Souza Santos (Apud, MIRANDA - 2012), a resposta é não. Pelo contrário, segundo esse pesquisador, nas democracias liberais, pelo fato de os agentes políticos serem mais numerosos, aumenta também às interfaces entre estes e a economia. Em contraposição, nos regimes ditatórios, pela diminuição dos atores políticos e maior rigidez do sistema, essa interface seria menor.

Abaixo Miranda (2012) estabelece um gráfico em três eixos, segundo o qual, independente do regime adotado, a melhor possibilidade da não existência de um modelo corrupto seria dessa forma:

Podemos perceber pelo gráfico abaixo que a liberalização é o mesmo que o direito da população em contestar a ordem vigente, ou seja, é a capacidade de a população fazer oposição ao regime. A inclusão tem a ver com a educação, se processa pela quantidade de pessoas habilitadas a participar do jogo político. Finalmente, o controle também tem a ver com a inclusão que siginica o direito que as pessoas possuem de votar. Destarte, quanto maior for à liberalização, a liberdade e o controle, menor seria a corrupção.

Temos muitas dificuldades de estabelecer quais os regimes são mais propensos á corrupção. Essa é a conclusão de Miranda (2012). Ficaríamos tentados afirmar que nos regimes democráticos, onde se pratica o sufrágio universal, seriam os menos propensos à corrupção.

Gráfico 9 - Os Três Eixos da Democracia e a Direção e a Quantidade de Corrupção Dedutivamente Esperada

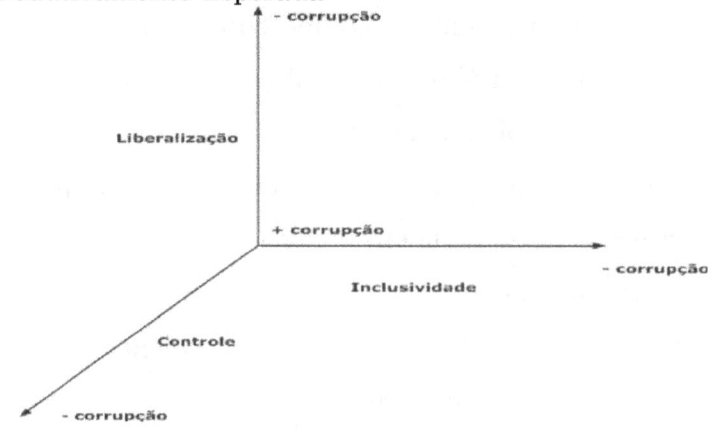

Fonte: Santos, apud Miranda - adaptado pelo autor

Miranda (ibidem) afirma que não. Segundo ele, as eleições têm se mostrado ineficientes a essa prática. A corrupção acaba fortalecendo o poder político para a conquista de votos. Destarte, não existe um único tipo de governo autoritário, nem tão pouco democrático. A questão central é quais dos subtipos autoritários e democráticos fazem um desenho mais próximo de uma sociedade menos corrupta.

2.3.5 Corrupção e Desenvolvimento Econômico

Patrício (2010) argumenta que um dos pioneiros do estudo correlacionando corrupção e desenvolvimento econômico foi Samuel P. Hantington. Além disso, esse autor verificou uma profunda correlação entre a violência e a corrupção. A violência ocorre pela falta de oportunidades e se coaduna com frágeis instituições estatais. Hantington (Apud PATRÍCIO, 2010) considera violência e corrupção como se fossem sinônimos. Sendo que a violência propriamente dita seria demandada pelas classes econômicas inferiores e a corrupção, por suscitar poder, seria praticado pelos abastados.

A dimensão ou o impacto econômico que a corrupção faz no Estado, segundo Patrício (2010), é uma relação entre o tamanho do aparato estatal, ou seja, o tamanho que o Estado assume no setor econômico em relação ao setor privado. Destarte, segundo esse modelo, quanto maior a intervenção que o Estado faz na economia, maior serão as oportunidades para os funcionários públicos se apropriarem da máquina administrativa.

Paradoxalmente, argumenta Patrício (2010), quanto maior for o poder do Estado de controle sobre os bens produzidos por uma determinada sociedade, maiores também será o poder de barganha dos funcionários públicos que se prestam a tal papel. A intervenção ou o severo controle estatal, sob forma de regulamentações na economia, deixa os empresários muito mais dependentes das suas decisões, aumentando, assim, a possibilidade desses empresários investirem capital no processo corruptivo.

Nesse sentido medir, a corrupção por essa perspectiva torna-se muito difícil. As pessoas que nelas se envolvem são detentoras de poder, com alto fator de capital cultural, o que torna mais fácil seu ocultamento. Quando se vê algo parecido com a corrupção é apenas a ponta do "iceberg." Os casos que vem à tona são em função de denúncia de políticos adversários ou a imprensa que sobrevive desse tipo de negócios. Dificilmente os órgãos oficiais, que teriam a responsabilidade e o poder para investigar tais situações, envolvem-se no processo.

Gingerrich (Apud, PATRÍCIO, 2010) investigou a burocracia de alguns países da América Latina, dentre eles: Chile, Brasil e Bolívia. A conclusão tirada por ele nos questionários aplicados é que quanto maior a severidade usada pelo governo para combater a sonegação, maiores foram as oportunidades verificadas pelos líderes burocráticos. Já nos países de menor severidade do governo, onde a participação do Estado não é tão grande na economia, mesmo sob um quadro de menor transparência pelo corpo estatal, foi verificado um índice menor de corrupção. Miranda (2009) mostra como a corrupção pode trazer danos irreparáveis ao Estado e como essa mesma corrupção é usada pelos políticos para aumentar a eficiência na máquina eleitoral.

A corrupção é um sério inibidor da performance econômica, argumenta Miranda (2009), como também restringe o crescimento econômico e os investimentos internacionais em cada setor da economia. A corrupção também altera o projeto econômico do partido, influenciando na escolha do que é gasto e principalmente do que se deve ser cortado. Paradoxalmente Miranda (2009) nos mostra que a corrupção pode ser muito eficiente no meio político. Os recursos gastos em campanhas eleitorais, por terem efeitos reais em suas eleições, são propícios a usar os seus ganhos ilícitos para perpetuação no poder. Mesmo que a mídia possa ser um inimigo implacável e a descredibilidade pública for uma situação concreta, nesse tipo de episódio, a permanência no poder compensa o risco.

A análise sobre o processo de corrupção e os tipos de economias existentes não é conclusivo, visto o que argumentamos acima, não existe correlação estatística entre formas de governo e corrupção. Destarte, não podemos concluir que os países mais ricos são aqueles em que se verifica o menor índice de corrupção. O contrário também é muito verdadeiro. A dificuldade dessa análise está no termo utilizado vulgarmente como democracia que pode arrastar um sem número de tons de cinza na administração sob o mesmo emblema.

Não existem estudos comprobatórios que possam demonstrar a relação entre os diversos subgrupos de regimes democráticos e a corrupção. No entanto Miranda (2009) acha fundamental em qualquer tipo de regime, democrático ou não, a presença da "accountability," ou seja, quanto mais transparente e consistente for a prestação de contas de um dado governo, mais difícil serão para os "stakehollders" envolvidos no jogo democrático praticarem atos que levem à corrupção.

Destarte, "Miranda (2009) argumenta que a presença de uma "accountability" pública se faz necessária para controlar a corrupção. Tanto as democracias quanto sistemas autoritários podem ser corruptos. Eleições podem ser um símbolo da perfeita harmonia de uma vida pública correta, mas ainda é uma ferramenta imperfeita.

Expor as contas em público pode funcionar como propulsor para carrear a corrupção, como também exibi-la em público. Esse processo funciona como constrangimento o que gera desgaste de políticos que, dependem de sua imagem para poderem se eleger. Todos esses processos de transparência combinados a um sistema legal que possam monitorar, limitar e aplicar sanções aos agentes públicos podem ser potentes estratégias contra a corrupção.

Não só o Estado, através do Ministério Público tem a incumbência ao combate à corrupção. Aliás, o M.P é apenas uma ferramenta e só funciona quando acionado por denúncias de cidadãos ou mesmo da imprensa. Destarte, os cidadãos têm papel relevante na vigilância e no combate ao exercício arbitrário de alguns funcionários públicos e do próprio Estado como um todo.
Um processo de formação técnica e ética do funcionário público também é muito bem vindo. Miranda (2009) argumenta que a presença de simples planfetos, vídeos dispostos em repartições públicas que possam informar aos cidadãos o que eles podem esperar de um funcionário honesto, quais as funções desses funcionários e onde eles podem reclamar, podem ter uma eficácia muito elevada do serviço público.

Segundo Miranda (2009), existem experiências de iniciativas governamentais de combate à corrupção muito bem sucedidas. É o caso dos "hotlines" criado pelo governo da Inglaterra, que são linhas diretas entre a população e um comitê permanente responsável pela corrupção (Audit

Commission). O governo mexicano criou um sistema similar ao britânico, com as denúncias, em ambos os países, mantendo o anonimato dos informantes. Essa Comissão Permanente de Inquérito formado possui independência investigativa e acompanha de forma transparente as denúncias que chegam até eles.

Enfim, a conclusão relatada por Miranda (2009) é que mesmo que no ideário popular, em regimes ditos democráticos, onde em função da transparência e dos políticos eleitos pelo sufrágio universal, a corrupção seria menor do que em regimes autoritários, justamente falha desta transparência. A despeito de todas as nossas crenças, isso não configura a realidade. A certeza empírica que temos é que a corrupção danifica seriamente os investimentos públicos, tanto a nível de infraestrutura produtiva como também em capital social. Miranda (2009) argumenta que o que ocorre de errado com o nosso julgamento é a chamada dispersão de subgrupos, tanto democráticos, quanto ditatoriais, os quais representam uma vasta gama de subtipos institucionais que, segundo esse autor, devem ser investigados a partir de casos concretos e de suas idiossincrasias.

2.3.6 Impactos da Corrupção no Brasil e no Paraguai

A corrupção no Estado brasileiro antecede a sua gênese. Segundo Biason (2012), os primeiros registros de práticas ilegais no Brasil datam de 500 anos atrás, quando o país, ainda colônia portuguesa, funcionários da coroa encarregados de fiscalizar os contrabandos e outras contravenções ao Estado Português, acabavam por facilitar o escoamento de especiarias. Não existia por parte da Coroa Portuguesa a intenção de coibir tais práticas. Sua finalidade era de ser uma entidade mantenedora de privilégios da aristocracia em detrimento da robustez do Estado.

O Brasil foi um dos últimos bastiões do mundo a manter o trabalho escravo. Isso revela a continuidade da prática corruptiva no país. Por imposição do Império inglês, o tráfico internacional de escravos fora banido e o Brasil, por imposição ou não, foi signatário. Acontece que com o aquecimento da economia açucareira entre os anos de 1580 até 1850, esses escravos ainda eram necessários. Destarte o Estado Brasileiro mantinha-se tolerante e conivente com os traficantes internacionais.

Em 1822, com o país então já independente, surgiram outras formas de corrupção, tais como a eleitoral e o superfaturamento de obras públicas (BIASON, 2012). Biason (ibidem) cita ilustríssimo Barão de Mauá, grande empresário e patriota outorgado pela história, que recebeu licença para exploração de cabo submarino e transferiu o presente para uma companhia inglesa, na qual se tornou diretor.

No Brasil Império, de 1822-1889, o alistamento de eleitores ficava a cargo de uma comissão imposta pelo imperador. Existia uma lista de votantes que estavam vinculados a sua renda, e mesmo assim com o aval do imperador, ou seja, só votava quem era de interesse para a própria comissão (BIASON, 2012). Com o advento da República, em 1889, Biason (ibidem) relata o voto de cabresto, ou seja, o latifundiário, apelidado de "coronel", impunha, de forma violenta, o voto desejado de seus empregados, parentes e população local. De uma forma geral, lembra BIASON (ibidem), esse voto era comprado com um par de botas. Mais adiante, entre os anos de 1898 a 1902, segundo Biason (ibidem), o Estado Brasileiro praticava o sistema de degola. Ou seja, os deputados eleitos, mesmo por sufrágio universal, que fossem contra o governo, que eram excluídos das listas de reconhecimento das atas de apuração eleitoral, eram degolados. Até a revolução de 1930, todos os governos tinham essa prática. Não havia oposição.

Não havia degola declarada no governo instalado nos "anos de chumbo" do governo brasileiro, na década de 1970, porém havia um elevado comprometimento entre os altos escalões do governo e os setores privados da economia, principalmente das empresas internacionais, que teriam capitais suficientes para fazer vultuosos investimentos na economia nacional. Fato esse que resultou em uma elevadíssima concentração de renda no país.

O processo de redemocratização do Brasil foi marcado por intensos escândalos de corrupção que culminou com o "impeachment" do então presidente Fernando Collor de Melo e de toda a horda que usurpava o país. Com todos esses processos de corrupção que citamos e, principalmente, os não citados, nos levam a crer que se trata de um problema cultural, porque na realidade, o Estado Nacional se mostra inoperante para a resolução de um problema que parecer ser mundial. Torna-se óbvio que um movimento cultural educativo, explicativo sobre as mazelas deixadas por um processo corruptivo seja bem-vindo. Porém, torna-se necessário para um desenvolvimento de um Estado para todos é que a sociedade tem de viabilizar mecanismos que possam minimizar esses impactos.

León (2008) argumenta que existe uma profunda correlação entre a corrupção no Paraguai e os sistemáticos regimes ditatoriais que se estabeleceram no país desde o processo de independência. Um dos ditadores responsáveis por essa herança corruptiva, segundo León (ibidem), foi o Doutor José Gaspar Rodríguez de Francia.

Francia se locupletava da ignorância do povo e, associado a questões internacionais imponentes, tais como a iminente invasão da Tríplice Aliança ou a política expansionista dos Estados Unidos, pregava um nacionalismo ufanista com a finalidade de encobrir processos de extorsões que praticava o Estado Paraguaio.

A derrota contra a Tríplice Aliança foi um episódio catastrófico. Além da pilhagem internacional e irreparáveis perdas de vidas, mais de 2/3 da população, os sucessivos governos, de uma forma geral militares, seguidos de prolongados golpes de Estado, foram seguidos de hordas de políticos que teriam como única função dilapidar e degenerar o Estado Paraguaio. Opinião esta compartilhada por León (2008).

A ditadura militar no Paraguai foi longa: de 1954 até 1989. Em todo esse período, o país parece ser untado pela corrupção. Uma enorme mancha negra no passado do Paraguai foi provocada pelo ditador Alfredo Stroessner Matiuda. León (2008) argumenta que o ditador fazia questão de aparentar legalidade do seu governo para a comunidade internacional.

Ele, Stroessner, controlava todo o processo eleitoral, desde a emissão de títulos eleitorais até a contagem final dos votos. Destarte, o país vivia uma ilusória democracia onde um pequeno grupo da burguesia nacional e empresas internacionais usurpavam os parcos recursos de um país praticamente falido.

Em anos recentes, o presidente Raul Cubas no ano de 1999 sofreu processo de "impeachment", seu nome foi associado a um desvio de U$ 16 milhões. Em 2003, Nicanor Duarte Frutos envolveu-se em um escândalo sobre a construção de Itaipu, em um desvio de mais de U$ 15 bilhões (LEÓN 2008). Em 2008, Fernando Lugo envolveu seu nome em um escândalo de compras ilícitas de terras no valor de U$ 31 milhões. Além disso, o ex-presidente é acusado de manter vínculo com grupos armados do Exército do povo Paraguaio (EPP). Por esse último motivo, sofreu processo de "impeachment", em 2012.

O Paraguai é o ponto fraco das receitas estatais no MERCOSUL. Suas fronteiras, de mais de 1300 km, são usadas para escoamento de produtos contrabandeados, automóveis (principalmente provenientes do Brasil), armas e todos os tipos de drogas.

Essa elasticidade das fronteiras paraguaias, segundo León (2008), nada tem a ver com a incompetência das autoridades, mas muito com o aparelho estatal tomado pela corrupção, que não só dilapida o Estado, mas causa um mal ainda maior: a descredibilidade internacional, opinião esta compartilhada por Ventre (2013).

2.3.7 O Custo da Corrupção no Setor Público

A severidade de um determinado tipo de corrupção é estimada nos olhos de quem a vê. Destarte, o Índice de Percepção de Corrupção (CPI), publicado anualmente, desde 1995, pela Transparência Internacional, reflete apenas a percepção nos meios de negócios acadêmicos e analistas de riscos nacionais e internacionais. Esse índice é baseado em "surveys" de opinião de dez instituições independentes. A gradiente varia de zero a dez. Nações que atingem ou se aproximam de dez são consideradas altamente limpas e, próximas a zero, altamente corruptas. Segundo Hallak (2007) dos 159 países analisados em 2005 pela CPI, mais de 60% não atingiram 5 pontos, a metade menos de três, indicando elevado problema de corrupção.

Mesmo que pesquisas sobre corrupção possam apenas arranhar a superfície do problema, o Banco Mundial faz conjecturas dos custos econômicos do fenômeno. Segundo a instituição, reportado por Hallak (2007), a corrupção mundial custa mais de U$ 3 trilhões em uma economia de U$ 30 trilhões. Segundo o mesmo autor, a União Africana estima que 25% do orçamento do continente é absorvido pela corrupção. No mesmo continente, Hallak (2007) argumenta que, em alguns países, a corrupção promove verdadeira letargia em quase toda sociedade, afetando polícia, justiça, alfândegas, impostos, licenças de construção, serviços públicos, saúde e especialmente a educação.

Hallak (2007) mostra magistralmente como as conexões entre a corrupção e a sociedade impacta diretamente sobre o desenvolvimento econômico dos países. Mesmo em países ricos, argumenta ele, o impacto sobre a corrupção é muito grande. Porém, como era de se esperar, as pessoas menos favorecidas economicamente absorvem a maior parte da carga. Isso acontece porque a população de baixa renda tende a ser mais dependente de funcionários corruptos por dependerem mais de seus serviços e por serem menos capazes de pagar custos associados aos subornos, tornando-os facilmente manipuláveis.

Práticas de corrupção como esta se torna empecilho à erradicação da pobreza ou miséria.

Não apenas o Banco Mundial faz previsões sobre os impactos econômicos provocado pela corrupção, o Escritório das Nações Unidas Contra Drogas e Crimes (UNODC), segundo Pontes (2008), realizou pesquisas que indicam que mais de U$ 1 trilhão são gastos em suborno em todo o mundo. Como consequência disso, temos o estabelecimento da pobreza em elevados patamares; empaca o desenvolvimento econômico e afugenta investimentos internacionais. Um estudo muito interessante a respeito do tema foi desenvolvido pelo professor Fernandes (apud,PONTES - 2008), Coordenador de Economia da Fundação Getúlio Vargas (FGV). Segundo ele, no Brasil, no ano de 2005, foram usurpados dos cofres públicos aproximadamente 10 bilhões de reais. Esse estudo mostra que, com essa quantia, daria para suprir parte considerável do déficit habitacional no país, podendo serem construída aproximadamente 538 mil moradias.

Quando pensamos em corrupção, automaticamente fazemos uma associação com classes sociais mais privilegiadas economicamente. O IBOPE (apud, PONTES -2008) desmitificou o processo fazendo um tipo de pesquisa muito interessante. As principais conclusões desta é que 69% dos eleitores brasileiros já transgrediram alguma lei. Se tivessem oportunidade de fazer atos ilícitos, 75% dos entrevistados responderam que fariam. Também nessa pesquisa o nepotismo e outros pequenos delitos dos governantes são considerados fatos normais.

A visão que Damé (2007) possui sobre corrupção é fascinante e ao mesmo tempo assustadora, pois segundo ele, a corrupção estrutura os bens de mercado público, ou seja, burocratas e empresários respondem aos mesmos incentivos de produtores de quaisquer outros bens disponíveis no mercado. Quando servidores públicos mantêm o monopólio sobre um determinado bem, eles impõem barreiras a sua oferta, consequentemente aumentando o seu preço, funcionando assim como outra mercadoria qualquer. Na abordagem do autor, isso seria uma organização industrial em que o bônus é compartilhado entre empresários e burocratas e o ônus fica com a sociedade em geral. Essa conclusão pode ser observada pelo gráfico abaixo.

Podemos observar que o preço de um determinado produto contaminado pela corrupção (Pc) é bem mais alto sem ela (P). A quantidade ofertada do bem (Qc) é determinada pelas leis da microeconomia, ou seja, no encontro das curvas da receita marginal (RMg) e o custo marginal (CMg). A suposta mercadoria tem o seu valor elevado pelo pagamento da propina que retrai a oferta Q para Qc. A retração da oferta aumentaria o preço do produto. Além dos efeitos nefastos da corrupção no mercado, como demonstrou o gráfico, o governo pode ter seu foco, seu eixo deslocado devido ao mesmo problema.

Gráfico 10 - O Preço da Corrupção

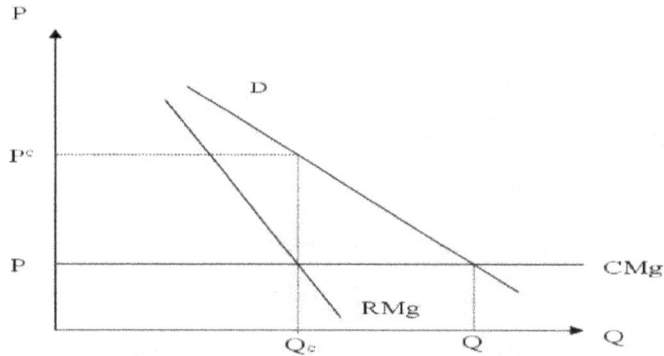

Fonte: Damé (2007) - Adaptado pelo autor

Os agentes corruptos e corruptores irão priorizar investimentos estatais em que controle governamental seja bem mais frágil. Destarte, para o investidor nacional ou estrangeiro, a presença da corrupção funciona apenas como um imposto a mais que onera a produção. Quanto mais corrupção existir, mais inibidos serão os investimentos nas áreas carentes que realmente necessitam de maior atenção e maiores serão os custos desses investimentos. O economista chinês Pak Hung Mo (apud DAMÉ - 2007), da Hong Kong Baptist University, através de estudos de regressão econométrica, concluiu que o aumento de 1%

na corrupção reduz a taxa de crescimento do PIB em 0,72%. Ainda segundo esse estudo, a corrupção, quando afeta a instabilidade política essa cifra pode comprometer um recuo de 53% do PIB.

De todas as áreas do setor público, a educação é o alvo principal dos agentes políticos e econômicos para a prática de corrupção. Isso porque é o que aloca maior volume de investimentos, segundo Hallak (2007), esse montante corresponde entre 20 a 30% de todo orçamento geral de um Estado, empregando a maior parte da mão de obra qualificada pública. A despeito de todo volume e aporte dado ao setor, em toda parte de mundo, desde países com tecnologia muito avançada até mesmo os mais atrasados, verificam-se sérias restrições orçamentárias gestão enfraquecida, baixa eficiência e eficácia, desperdício, baixa qualidade de prestação do serviço e pouca relevância social ao staff do setor. O Comitê de Redação do Fórum Mundial de Educação, em Dacar (apud, HALLAK - 2007), chegou a um curto e conclusivo desfecho em seu encontro no ano de 1990: "A corrupção é o fator que pesa mais negativamente no uso dos recursos para educação e deve ser drasticamente reduzida."

Já elucidamos o fato que a detecção de corrupção no meio econômico e político é tarefa árdua, porém podemos fazer trabalhos de prevenção contra o problema. Destarte, a educação é o único segmento do setor público capaz de fazer tal tipo de conscientização. Leis coercitivas e punições rigorosas não alteram muito o quadro corruptivo nas nações, a não ser que sejam parte de um pacote maior, como programas de conscientização e ética e suas consequências para toda a sociedade, inseridas na educação de jovens e adultos, como parte permanente nos currículos escolares. Essa estratégia pode quebrar um ciclo corruptivo arraigado à cultura.

Hallak (2007) argumenta que a corrupção no setor educacional não é coisa recente, no mundo inteiro já foi observada uma série de problemas: no Brasil foram observadas irregularidades, mais comum, o recrutamento do staff sem a devida transparência; já na Indonésia, o problema mais encontrado são professores "fantasmas"; nas Filipinas houve superfaturamento nos livros didáticos; nas Ilhas Maurício, professores da rede oficial manipulam e forçam aulas particulares dadas por eles mesmos e no Haiti foi evidenciado o uso de carros oficiais para outros fins. Além de outros fenômenos de corrupção pelo mundo citados por Hallak (2007), ele também argumento que no Brasil, o Programa Educação para Todos (EPT) do governo federal pode estar ameaçado por, gradativamente diminuir os seus recursos em função da corrupção. Como consequência disso, pode-se diminuir o acesso de grupos mais carentes à educação, deteriorando a qualidade de vida, aumentando assim, as desigualdades sociais.

Hallak (2007) não acredita propriamente em uma cultura de corrupção. Para este autor, a corrupção poderia funcionar na forma de "accountability", ou seja, no mercado, um comportamento corruptivo é simplesmente uma moeda da troca. Destarte, poderíamos criar ambientes específicos que impediriam tal prática. Para isso, precisamos identificar as verdadeiras oportunidades de corrupção no setor público e, especificamente, na educação.

Amundsen (apud,Hallak - 2007) identifica cinco formas de oportunidades ou de corrupção: desvio de fundos, suborno, fraude, extorsão e favoritismo. O desvio de fundos se caracteriza por roubos de recursos públicos por funcionários. O mais comum nesses casos, segundo Hallak (2007), é a apropriação de fundos públicos para o patrocínio de campanhas eleitorais. O suborno é o pagamento oferecido e/ou aceito dentro de uma relação corrupta. A fraude pode ocorrer sob diversas formas. Na educação, por exemplo, podemos citar a venda de diplomas, falsos ou não, ou simplesmente a existência de uma folha fictícia de pagamentos. A extorsão é uma forma de dinheiro obtido com o uso da coerção. Na educação isso se manifesta quando professores exercem assédio sexual sobre seus alunos ou exigem dos pais, no caso das escolas públicas, o pagamento de taxas ilegais para que a matrículas de seus filhos sejam efetivadas. O favoritismo se configura no abuso de poder do agente público, implicando assim, uma distribuição injusta e tendenciosa dos recursos públicos. Na educação, vemos isso comumente, como agentes públicos conseguem vagas em escolas específicas, alocando seus parentes.

Segundo Hallak (2007), estudos internacionais mostram que existem fatores internos e externos que podem facilitar práticas corruptivas no setor da educação. Os fatores internos estão ligados ao processo de decisão e alocação de fundos públicos educacionais; autoridades educacionais também estão envolvidas nesse processo, bem como a ação de administradores. Os fatores externos estão ligados ao ambiente no qual a educação opera, sem que os gestores tenham alguma forma de gerência em um feixe de acontecimentos.

Dentro de fatores internos, a ausência de normas e regulamentos claros por parte do órgão gestor, particularmente no tocante em relação às finanças, gerenciamento de recursos humanos e acreditação na área de compras, pode funcionar como uma boa oportunidade de desvio de fundos. Não basta apenas ter procedimentos, mas a clareza como funciona, de outra forma podemos falar que a opacidade nos procedimentos pode trazer consequências danosas. No setor educacional permite a expansão de fenômenos como funcionários "fantasmas" ou simplesmente ausentes. O monopólio que algumas empresas privadas têm sobre algumas funções públicas, normalmente se configura em corrupção. Pela falta de competição, no setor educacional, por exemplo, o fornecimento de merenda escolar pode se tornar um grande filão. Hallak (2007) argumenta que a ausência de normas profissionais no setor educacional pode gerar ineficiência pela grande confusão que causa. De uma forma geral, essas normas ficam a cargo da ética, sem que o poder público as oficialize. Em situação concreta, o "staff" educacional não sabe o que deve esperar delas.

Baixos salários e incentivos fracos, na área educacional, podem estimular comportamentos inadequados. Profissionais desmotivados pela falta de perspectivas no seu desenvolvimento profissional e baixa expectativas em relação a sua aposentadoria é um forte indexador à baixa estima, abrindo portas para oportunidades ilícitas de enriquecimento e baixando a eficiência no setor. Gestores educacionais, com raríssimas exceções, são alocados no quadro de forma política, faltam-lhes capacidade de gestão. Gerência de recursos financeiros e humanos requer competência, ferramentas de contabilidades e principalmente auditorias.

Já os fatores externos, por mais técnico que seja um agente público, não há gerência sobre acontecimentos exógenos. Porém, um bom administrador pode antever situações macro ou microeconômicas, tendências e usar ferramentas adequadas para as adversidades. Nesses casos, é importante manter uma informação pública eficiente. Fortalecer a cultura da transparência nas contas públicas pode afastar possibilidades de corrupção. Em sua ausência, ou seja, na intransparência, prevalece o ocultismo dos atos públicos, gerando oportunidades ilícitas, bem distantes de qualquer controle social.

Hallak (2007), em sua pesquisa sobre a corrupção na educação, em nível mundial, listou uma série de práticas que podem facilitar ações corruptivas. Ele também divide essas práticas com fatores internos, nas quais os administradores possuem responsabilidade direta na gestão e, fatores externos, que por serem exógenos, escapam de seu poder de intervenção.

Nos fatores internos, segundo Hallak (2007), as práticas administrativas que podem facilitar processos corruptivos são: descentralização de recursos para educação; promoção da gestão ao nível da escola; desenvolvimento das tecnologias de comunicação e informática (TIC); privatização do ensino e globalização.

Por mais paradoxal que seja a descentralização de recursos para educação que pode significar aumento da democratização na gestão educacional, segundo Hallak (2007), é uma excelente oportunidade para práticas corruptivas. A disseminação e a descentralização de fundos à disposição das autoridades locais têm menos chances de chegar às escolas. Hallak (ibidem) argumenta que, apesar disso ser observado empiricamente, quanto maior o número de pessoas que se envolvem com questões financeiras, maiores serão as possibilidades de fraudes...

A tão almejada gestão educacional a nível escolar, como as modernas ondas de "accountability" que tomam a administração mundial, segundo Hallak (2007), também pode encontrar problemas de lisura. Projetos como "Programa de Bolsas e Subsídios (SGP), na Indonésia e o PDE (Programa de Dinheiro na Escola) patrocinado pelo governo federal brasileiro, tornam-se boas oportunidades para desvios de fundos". Hallak (ibidem) argumenta que o processo de descentralização, para dar certo, precisa de um gigantesco staff de corregedores.

O desenvolvimento das tecnologias de comunicação e informação (TIC), segundo Hallak (2007), tem se mostrado uma ponte para amplas formas de fraude acadêmicas. Vários sites, no mundo inteiro, oferecem diplomas ao mercado, para quem tem dinheiro comprá-los. Mesmo seguindo a onda pós-moderna da privatização do ensino, por exemplo, nos Estados Unidos, baseados nos sistemas de acreditação para investimentos públicos em estabelecimentos particulares, não são baseados em critérios transparentes, com as empresas privadas enviando contrainformação não fidedigna ao governo. Por último, a questão da globalização tem criado dificuldades para instituições nacionais controlar a autenticidade dos diplomas em função do grande fluxo de intercâmbios educacionais entre as nações. Isso em parte explicaria a resistência da "CAPES/CNPQ", órgãos de acreditação de diplomas em nível superior no Brasil, de cumprir com acordos internacionais assinados sob a tutela do MERCOSUL.

Fatores exógenos também são importantes na explicação do fenômeno da corrupção, em particular temos: vontade política; estruturas político/econômicas; padrões éticos, baixos salários ao staff educacional; grande competição no mercado de trabalho; permutabilidade dos fluxos financeiros;

opacidade nas informações administrativas; ausência de auditoria externa e poder judiciário comprometido.

Segundo Hallak (2007), alguns países subdesenvolvidos, africanos, latino-americanos, criaram comissões permanentes contra a corrupção, em que o comando da tarefa está sob a jurisdição do chefe de Estado, porém nada funciona se não tiver vontade política, ou seja, se as propinas oriundas da corrupção, não fizeram parte de um acordo maior para facilitar a vida de aliados políticos.

Como vimos anteriormente, em países democráticos ou não, a pobreza e as estruturas sociais não são determinantes, segundo Hallak (2007), para a perpetuação da corrupção, ou seja, nações consideradas ricas ou democráticas não estão isentas do processo corruptivo, porém salários muito baixos de funcionários públicos, de uma forma geral, pode ser um vetor facilitador de práticas ilícitas.

Declínio ou banalização de valores éticos, acompanhados de uma má formação, em relação a códigos de éticas, de funcionários públicos, pode criar um ambiente de uma cultura corruptiva. Esse quadro quando associado à permutabilidade dos fluxos financeiros, ou seja, desvio de verbas, por exemplo, do setor educacional, para ser alocados em outros setores, com finalidades eleitoreiras, pode agravar a crise em um setor marcado por restrições orçamentárias.

A ausência de auditorias externas, correlacionado com um judiciário comprometido e com a opacidade de informações, dificultando o controle de aplicações do poder público, pode destruir uma administração, por melhor que esteja bem intencionada. No caso especificamente do setor educacional, essa configuração é seguida das seguintes características: desconhecimento dos critérios de acesso as instituições; falta de publicação dos dados de matrícula; inexistência de uma lista do "staff" educacional, incluindo a ausência de folha de pagamentos.

A identificação de esquemas fraudulentos é árdua. Essas fraudes variam de país para país e, em algumas situações a fronteira entre o que é ilegal ou incompetente é de difícil definição e requer um doloroso estudo empírico das possibilidades. Porém, HALLAK (2007), em seus estudos, na érea de educação de alguns países, vislumbrou algumas ferramentas administrativas que, se não podem exterminar, ao menos abre alguma possibilidade de diminuir atos ilícitos na administração de recursos educacionais. São eles: auditoria social; diagnóstico participativo; sondagens de boletins de classificação; rastreamento de despesas públicas em educação; gestão de comportamento do "staff" educacional; monitoramento de despesas não salariais e exames de certificados de acreditação.

Hallak (2007) define auditoria social como uma atividade intencional, organizada com o propósito de identificar diferenças existentes entre o atual estado de coisas e o desejado. A ferramenta também avalia de que forma os recursos financeiros disponíveis estão sendo utilizados, ou seja, se estão respondendo plenamente às necessidades da pasta. Essa auditoria é feita com a participação da comunidade que pode aumentar a eficiência da ferramenta. Hallak (2007) argumenta que essas auditorias podem ser conduzidas para um sem fim de possibilidades. Por exemplo, na Nicarágua serviu para avaliar finanças, alfândegas e meio ambiental; na Costa Rica, a finalidade foi abuso de mulheres; já no Nepal, Nicarágua, Paquistão e Uganda, a finalidade foi levantar responsabilidades no fracasso da educação primária.

O diagnóstico participativo são "surveys" realizados diretamente na população usuária de um determinado serviço público. Hallak (2007) argumenta que essa ferramenta inclui três componentes importantes, desenvolvidos de maneira sequencial: sondagens primárias com a população local; disseminação pública dessas sondagens e construção conjunta, governo/comunidades, das intervenções.

A sondagem de boletim participativo é muito parecida com os boletins de classificação. Mais uma vez torna-se importante a comunicação entre população local e o Estado. As empresas públicas recebem uma classificação, que pode variar de 0 a 10 de acordo com o seu desempenho de satisfação popular. O resultado então é divulgado e novamente com a participação popular existe a tentativa de reconstruir o modelo das agências para que se adequem especificamente como a comunidade apontou.

Como se trata de um volume, geralmente muito alto de recursos públicos, o setor educacional requer um sofisticado rastreamento de despesas. Os principais insumos educacionais, segundo Hallak (2007) são os seguintes: edifícios, livros, água, eletricidade, professores e mais todo "staff" educacional. De uma forma geral, países com estrutura federativa, como o Brasil, em que os recursos passam por inúmeras estâncias estatais, têm grande probabilidade de que esses recursos não cheguem até o destino final. O objetivo aqui é estancar o sangramento de recursos identificando-os e criando mecanismos eficientes de controle. A centralização de envio de recursos pode ser uma excelente ferramenta de controle por diminuir o leque de responsabilidades. Outra forma de sangria apontada por Hallak (2007) é a privatização de fontes de financiamentos na educação. Ou seja, quando o dinheiro público é injetado em instituições particulares, geralmente o controle de fluxos torna-se muito baixo em função da assimetria de informações.

A gestão do "staff" educacional é imprescindível para a eficiência do setor educacional. Devem existir regras muito claras a respeito do recrutamento, pagamento de salários, promoção, alocação de pessoal, transparência e competência técnica do quadro. Deve-se ter um cuidado específico com o docente. Ao contrário dos outros quadros dentro do "staff" educacional, a proporção de professores é crucial para uma melhor qualidade dos serviços oferecidos. Especificamente este profissional, em quase todas as pesquisas acompanhadas por Hallak (2007) no mundo todo, é negligenciado pelo Estado.

Quando existe uma crise no setor, ao invés de se conter o número de professores contratados, a medida administrativa tomada é aumentar o número de crianças por turma e, gradativamente, diminuir o salário do profissional. Isso pode ser feito, pois, na maior parte dos países subdesenvolvidos existe uma inflação muito grande e não contempla um plano específico de cargos e salários que possam assegurar uma real melhora no quadro, ficando assim à mercê de políticos e politicagens esporádicas. Desse modo diminui a possibilidade de investimento pessoal na carreira diminuindo também a eficiência.

As contratações de despesas não salariais incluem despesas de operações correntes de manutenção do setor: aquisição de bens e serviços, por exemplo. Dificilmente, o Estado possui organização tal que permite o fornecimento integral por esses bens por empresas estatais. A relação é feita com empresas privadas, criando assim um leque de possibilidades fraudulentas via licitação. A contratação dessas despesas é um ponto nevrálgico para o aparecimento de fraudes e precisa ser acompanhada diretamente e com transparência pelo gestor.

Os exames e certificados de acreditação não se centram apenas na observação de autenticidade dos diplomas expedidos, ela se configura também na admissão da graduação, pós-graduação nas universidades, bem como a comercialização no ensino superior. Essa opacidade operacional pode resultar na ineficiência do setor educacional como promotor social.

Nesta subseção tomaremos emprestado do setor de investimentos de ações os "pontos críticos" ou "red flags", ferramenta do setor de economia que tem a função de fazer uma análise de riscos, em outras palavras, fazer uma identificação para o potencial de risco, para o setor público educacional, analisando todo processo de vulnerabilidade.

Destarte, uma análise de risco deve envolver cada estrtura frágil por onde acontecem as perdas ou desvios do objetivo principal dos recursos alocados. O objetivo final é criar uma lista organizada por prioridades de riscos e, consequentemente, o uso dentro dos limites custo-benefício, organizar contramedidas. Segundo Hallak (2007), um dos procedimentos básicos para o sucesso desta ferramenta é a detecção de fraude observando pontos críticos que, na realidade, são situações no cotidiano da vida do "staff" educacional, que indicam suscetibilidade para o ato corruptivo. Alguns exemplos importantes são citados por Hallak (ibidem): arquivos e documentação fracos; informações incorretas ou contrainformação; desconhecimento da legislação vigente; inadequado esclarecimento de funções específicas dos agentes públicos; alocação aleatória de expertises; estilo de vida não condizente com os salários dos agentes públicos; recuso insistente em não retirar-se para férias; transações volumosas e altamente complexas; queixas recorrentes de setores específicos ou de agentes específicos; processos criminais em curso e comprometimento das auditorias.

2.3.8 Ambiente Econômico Corrompido e Aprendizagem

Pereira e Costa (2009) provaram com suas pesquisas o que empiricamente tínhamos algum conhecimento sobre o assunto. Pela primeira vez no mundo contemporâneo, em algumas pesquisas, mediu-se o desempenho escolar em função do impacto com o meio-ambiente corrompido, em outras palavras, esses autores mediram o desempenho dos alunos em função da corrupção circundante. O resultado já esperado foi que: "quanto mais se rouba, mais as notas escolares caem."

Tanto no Brasil como no Paraguai muito se fala sobre a escassez de fundos para educação. Para ambos os países, o fracasso escolar é correlacionado com essa escassez de recursos, porém segundo Pereira e Costa (2009), esse é apenas um sintoma, pois se tratando de recursos, o verdadeiro problema é a maneira como os mesmos não chegam ao destino final, às escolas e como esses parcos recursos estão sendo administrados.

A PUC (Pontifícia Universidade Católica) do Rio de Janeiro, em conjunto com a Universidade da Califórnia, fez um estudo sobre o impacto da corrupção na produção de conhecimento escolar. Sob a supervisão de Cláudio Ferraz (Apud, PEREIRA & COSTA - 2009), o estudo chegou à conclusão que: "a ocorrência de casos de corrupção reduz significativamente as notas das crianças." O estudo afirma que, dependendo do nível de corrupção municipal, revelado em provas oficiais, o atraso escolar equivale a meio ano de estudo. A base de dados foi fornecida pela CGU (Controladoria Geral da União) em 370 municípios inspecionados pela entidade. O objetivo do órgão é se certificar que os repasses federais às prefeituras estão sendo usados adequadamente como assim diz a lei. No caso da educação, seja em qualquer município, representa, quase sempre, 50% da conta. A CGU, segundo essa pesquisa, encontra irregularidades das mais diversas: merendas compradas e não servidas; licitações fraudulentas; aluguel de ônibus que jamais foram usados, entre outros (PEREIRA & COSTA- 2009).

A relação causa/efeito entre corrupção e rendimento escolar é algo muito previsível de se imaginar. Em primeiro lugar, onde os municípios possuem um agravamento sério em função da corrupção, segundo relatórios do CGU, falta o mínimo na infraestrutura educacional: refeições, bibliotecas, reciclagem para professores e todas as mazelas possível na infraestrutura predial. Em segundo lugar e mais grave é a cultura corruptiva no seio da população que contribui para a falta de comprometimento com a educação, servindo de mau exemplo para todo "staff" educacional e todos os "stake holders" envolvidos.

No Paraguai, por falta de transparências em contas públicas, sabe-se epistemologicamente que o país tem graves problemas de corrupção, porém não existem documentos ou estudos comprobatórios. No Brasil, casos de desvios de dinheiro na educação não só tornaram-se comuns bem como estão documentados e disponíveis na internet. Nessa presente pesquisa, analisamos as contas dos municípios fluminenses brasileiros e verificamos que a maior parte dos desfalques estão concentrados na educação e na saúde, respectivamente. Isso acontece por que esses dois setores públicos são os que recebem a maior parte dos repasses federais. Na saúde a falta de recursos se torna quase que de imediato evidente, porém na educação, o reflexo é o atraso escolar que na realidade são parâmetros difíceis de medir e expor ao público.

Ferraz, Finan e Moreira (2008) desenvolveram uma pesquisa, com base nos dados do CGU, que teve como finalidade medir o desempenho escolar correlacionando nível social agravado pela corrupção. Esses autores criaram índices de corrupção, com banco de dados fornecidos também pelo CGU, em que provaram a correlação entre pobreza, corrupção e desempenho escolar. Os resultados secundários dessa pesquisa é que os altos níveis de corrupção enfraquecem as instituições democráticas responsáveis pela promoção social; criam distorções macro e microeconômicas que diminuem a eficiência do setor privado e aumentam o gasto público; a diminuição de investimentos em educação e saúde reduz a acumulação de capital humano e social, agravando, assim as desigualdades, isso por que domicílios pobres dependem cada vez mais de serviços públicos que, com demanda crescente, diminui sua eficácia, gerando, assim, um ciclo vicioso e sem perspectivas.

O impacto sobre a corrupção no setor educacional no Paraguai, presume-se que seja algo grandioso, porém sem nenhuma comprovação epistemológica. No Brasil, segundo dados do CGU (Controladoria Geral da União) cerca de 50% dos recursos não chegam ao destino final. Já Kallak (2007) argumenta que essa cifra é da ordem de 80% em algumas situações específicas.

Criar um ambiente ético reforçando as necessidades de convívio dentro de uma sociedade não só é importante, mas também é muito bem vindo. Destarte não podemos supor que com apenas essas medidas poderemos solucionar de vez o problema. Existe uma convergência de autores que se debruçam sobre o problema da corrupção, achando que é necessário criar sistemas regulatórios transparentes, munindo o agente público de tecnologia de gestão, criando um círculo virtuoso para a administração pública.

O combate à corrupção no setor educacional deve possuir regras claras, procedimentos técnicos que possam demarcar responsabilidades específicas pelos agentes públicos. Para o agente público seria bem-vindo um plano claro de cargos e salários que esteja vinculado a melhorias de suas capacidades em gestão, contabilidade e aperfeiçoamento técnico contínuo. Nesse contexto, a auditoria é um pré-requisito básico no processo de redução da corrupção. Isso tudo será ainda muito vazio se não tiver a participação dos beneficiados pelos serviços ofertados. Destarte, pais, responsáveis, professores, sindicatos e muitas outras organizações de sociedade civil devem andar passo a passo para a recuperação qualitativa dos serviços ofertados pelo setor educacional.

Enfim, o acesso público em cada um dos processos educacionais deve acontecer de forma irrestrita. Gestores, professores, responsáveis e comunidade devem ficar sempre alerta para o processo de corrupção que, de uma maneira geral, nunca abandona o cotidiano do funcionalismo público. Quanto mais claras as informações e mais trocas de informação entre o "stakeholders", melhor será a possibilidade de se formar uma educação eficiente.

2.3.9 Capital Ético e Moral

Com as práticas de corrupção já sabidas ocorrentes tanto no Brasil e no Paraguai, poderíamos nos indagar de quais caminhos traçaremos para que possamos combater essa anomalia em ambos os países. Para essas nações, não é incomum encontrarmos relatos de especialistas no assunto, tanto nacionais como internacionais, que atribuem à corrupção uma forma sistêmica de anomalia. Destarte, a despeito de toda a enxurrada de tecnologia disponível no meio científico, torna-se interessante e, até mesmo imprescindível, identificarmos o problema por vias culturais, éticas ou mesmo institucionais.

Silva (2012) entende por cultura política as práticas oriundas das instituições políticas, bem como suas normas e tradições. Destarte, a cultura política pode ser diferenciada para cada unidade político-social (grupo social, bairro, município, Estado, Unidade de Federação, comunidades ou outras organizações que o valham). Isso pode ser evidenciado pelos costumes e hábitos entre os habitantes do país; o conhecimento dos cidadãos sobre as instituições políticas influencia exponencialmente esses hábitos. O estudo da cultura política de uma determinada região pode nos revelar as tendências do comportamento social de uma determinada população e de seus dirigentes. Para o desenvolvimento de um serviço público de qualidade, as normas públicas devem ser produzidas com a participação dos cidadãos locais juntos com os agentes públicos. Torna-se necessário o conhecimento para ambos os lados, das consequências da quebra de contrato desse pacto.

Para o cientista político Fernando Filgeuiras (apud, SILVA - 2012), a corrupção no sistema público de administração pode assumir quatro formas distintas: a primeira é a política, quando a administração pública governa sob o limbo entre o público e o privado, consequentemente transformando essa administração em decoro; a segunda é a cultural, quando colocamos em xeque a questão da honestidade; a terceira, a social, quando envolvem quais os tipos de ferramentas de coerção o Estado usa para controle de práticas ilícitas ou à margem da lei; finalmente a quarta e última é a econômica que estaria restrita à esfera privada, a qual se perpetuaria por disposições de informações assimétricas para o governo.

Para Silva (2012), embora o Estado como um todo tenha evoluído bastante no controle institucional em relação à corrupção, aprimorando o trabalho de investigações e até mesmo tribunais de contas, falta a essa instituição uma noção mais completa de valores públicos. O que esse autor quer dizer é que é válida a discussão sobre o controle da corrupção a nível institucional, mas, se o caminho só for este, ou seja, responsabilizar e penalizar o Estado para todo e qualquer tipo de corrupção, a tendência é que o processo seja um grande fracasso. A responsabilidade deve ser de todos.

De uma forma comum, podemos confundir a noção de valores éticos e valores morais, mas segundo Silva (2012) existe uma sutil diferença entre os dois. Os valores morais referem-se ao modo como uma sociedade ou determinado indivíduo coloca em prática o que ele ou o grupo ajuíza ser certo ou errado. Valores éticos concernem à pessoa humana considerada em sua dignidade, destarte, são de uma forma geral, universais. Essa pequena sutileza na diferenciação dos conceitos, na prática, pode ter uma ressignificação muito grande. Uma aprovação individual ou social que é reconhecido como moralmente bom pode ser eticamente condenável. Um empresário, por exemplo, que no seu meio econômico por sonegar impostos, pode ter a aprovação moral dos seus pares iguais e até ser encarado como um homem de negócio arrojado e agressivo. Porém, eticamente, ele está condenado por atentar contra um bem comum, ou seja, não realiza um bem comum para toda sociedade.

Figura 5 - Divórcio entre a Cultura, a Ética e a Gestão Pública

Fonte: Manual de Ética Pública MEC/USAID (2008) - Adaptado pelo autor.

Destarte, os valores éticos pairam livremente sobre os morais, pois são universais. Esses valores, segundo Silva (2012), "emergem dos diversos modos como um ser humano se posiciona no mundo, consigo mesmo e com os outros." O ser ético respeita os múltiplos modos de pensar de uma determinada pessoa. Ele é acultural e ao mesmo tempo coaduna todas as formas de pensar. Os principais valores da ética, segundo Silva (ibidem), são: justiça, honestidade, amor, prudência, liberdade, responsabilidade, sinceridade, respeito, entre outros.

Poderíamos dizer que moral é a pressão que a sociedade faz para que ajamos de uma determinada forma. Desde os primórdios, transitando entre regimes democráticos, totalitários ou monárquicos, o Estado emergiu, entre outros sentidos que podemos denotar a ele, como forma organizativa de toda coletividade, quando vários seguimentos dessa sociedade se digladiavam por seus direitos entre si. Formaram-se, primordialmente, conselhos de anciões, em que se acreditava que estava concentrado, nas mãos desses homens, o conhecimento necessário para deflagrar tais conflitos.

O objetivo era atender as necessidades comunitárias, onde eram contrabalanceadas as necessidades individuais em relação a um grupo maior e onde se traçavam estratégias para o enfrentamento de inimigos comuns, sejam eles naturais ou de forças antrópicas internas ou externas ao meio. Posteriormente, a função ingênua do Estado deflagrador de conflitos foi dando lugar a ações bélicas (Manual de ética Pública – 2008) de povos ou grupos conquistadores que reclamaram sua soberania sobre territórios. Essa soberania era baseada na religião. O soberano se investia de poderes sobrenaturais, a ele eram atribuídos adjetivos de bondade, divindade, a tal ponto que toda regra de convivência era em função dos interesses desse governante ou do grupo que gravitava ao redor deste.

Figura 6 - Congruência Entre Cultura, Ética e Gestão Pública

Fonte: Manual de Ética Pública MECPY/USAID (2008) - Adaptado pelo autor.

Segundo o Manual de Ética Pública (2008), com o crescimento e expansão do comércio na Alta Idade Média, uma camada da burguesia nascente começara a reclamar a parte que lhe cabia no poder, dividindo-o com o soberano. Essa ascensão dessa nova classe, gradativamente, dava lugar a outras forças políticas que também ajudavam na coordenação das relações sociais.

Em função da origem dessa nova força política é comum especularmos que o Estado não era comprometido imparcialmente com o bem comum, mas especificamente de grupos, que naquele momento, pairavam sobre os direitos de uma maioria. Desde cedo as elites se apoderaram do Estado e de suas funções públicas.

Em todo planeta essa gênese parece ter penetrado em fundas camadas da administração pública e se apresenta hoje como um grande desafio, em escala mundial, fazer com que este Estado possua uma posição política imparcial em relação às classes sociais que estão sob sua jurisdição.

Uma eficiente administração pública é marcada pela sua eficácia, transparência de suas ações e procedimentos. Esses processos, quando convergentes a ações dos agentes públicos e delimitados por marcos regulatórios, formais e informais, que se constituem em um entorno normativo, baseados na ética e expressos por interesses comuns, tendem a favorecer o desenvolvimento econômico social de todos.

A cultural local, regional ou de grupo de classe a quem pertence o agente público, na realidade, funciona como um espelho defletor da forma de sentir, pensar e de responder às necessidades dos outros. Destarte, essas ações não podem entrar em conflito com os princípios constitucionais, caso contrário, a administração resultará em procedimentos não idôneos. O esquema abaixo mostra o divórcio entre a cultura do grupo, a ética individual e a gestão pública situada entre essas ideologias conflitantes.

O Manual de Ética Pública (2008) desenvolvido pelo Governo da República do Paraguai em associação com os Estados Unidos (USAID) desenvolveu profundos estudos sobre a corrupção e a ética nesse país e chegou-se à conclusão que grande parte dos delitos frente à administração pública, ocorre porque existe uma alienação entre a ética e a cultura do "staff" público. Grande parte dos funcionários públicos desconhece o conceito de "homem público ou da própria rés-pública" e vêm como legítimo o uso do cargo público em benefício próprio.

O relatório conjunto USA/Paraguai revela que em nações, como as nórdicas europeias, são historicamente sociedades que tiveram êxito na harmonização e coerência entre as normas formais e informais, como demonstra o gráfico abaixo, o verdadeiro casamento entre gestão, cultura e ética.

Essas nações têm experimentado um notável desenvolvimento econômico e com uma invejável distribuição de renda, posicionando-se como sociedades de mais elevado IDH (Índice de Desenvolvimento Humano) no planeta. Isso é resultando da confiança que os agentes sociais geram para toda a sociedade.

O contrário também pode ser muito verdadeiro. Em sociedades em que a gestão pública, a ética e a cultura não coadunam na mesma linguagem, existe baixa confiança entre os "satake holders" envolvidos, que se transforma em obstáculos para os necessários pactos sociais.

O Estado torna-se completamente debilitado como defensor e promotor do interesse público. Destarte, a população sente-se desprotegida para os poderosos interesses do setor privado.

A atual gestão pública moderna implica em desviar o foco de antigas administrações que teriam como foco apenas os interesses de grupos privados ou individuais para mudança de eixo, em que se prioriza a determinação de uma administração verdadeiramente pública.

Nessa conjuntura, a sociedade tem emergência pela valorização dos direitos humanos, construindo um ambiente onde se propicie o mínimo de relação com o Estado e seus cidadãos.

A generalização de valores realmente democráticos, tais como; integridade, transparência, participação, pluralidade e respeito às minorias mostram acima de tudo, uma gestão includente e uma preocupação com a população mais vulnerável. A república deve ser preservada, ou seja, a preservação dos bens públicos tangíveis (infra e superestruturas) e intangíveis (cultura, ética) deve ser entendida, preservado e estimulado por funcionários públicos.

Enfim, o governante público deve ser entendido como fiel depositário de todos os bens públicos. Cabe a ele administrar em benefício de toda a coletividade, para a construção de uma sociedade autenticamente democrática.

Parece-nos trivial este subtítulo abordado acima, ou seja, a função pública e o interesse público parecem óbvios. Porém, a origem do Estado como um todo, não nos deixa dúvidas que, em sua construção, privilegiou-se os interesses privados em detrimento dos coletivos. Essa é uma função genética que se arrasta há muito. O grande desafio da administração pública atual é se livrar de velhos fantasmas, de velhas heranças. A função do homem público é zelar pelo interesse público, é ter consciência de que as pessoas a que ele serve é de onde emana o verdadeiro e único poder.

É dele, do homem público, que vem a manutenção da dignidade de todos; todos os bens necessários a uma vida digna: justiça, vigilância dos bairros e domicílios, a educação básica, a saúde preventiva, entre outros. Quando a disponibilidade de alguns bens ou serviços exclui uma parte da população ou possui qualidade diferenciada, é aí que se funda a iniquidade.

Esta, além de gerar conflitos e desconfiança, aprofunda ainda mais as desigualdades sociais. Destarte, a população sob risco social é a mais prejudicada. Suas crianças, então, são fixadas para sempre no estrato social em que nasceram.

Figura 7 - Conformação da Cultura Institucional com os Funcionários Públicos

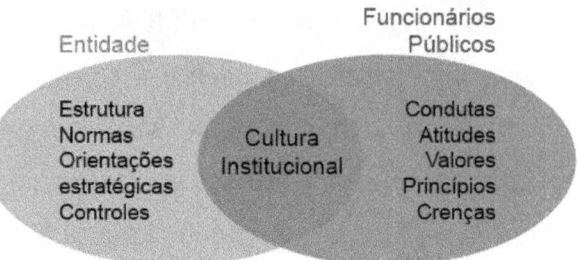

Fonte: Manual de Ética Pública MECPY/USAID (2008) - Adaptado pelo autor.

A legitimidade do homem público repousa da confiança pública nos seus atos. Essa confiança repousa sob a ética que garante autoridade para determinar diretrizes de ações que possam garantir a equidade social. O homem público, não por determinação legal, mas principalmente ética, deve obrigação de reportar seus atos a quem os representa, o povo. Devido a isso, torna-se tão importante a transparência de suas ações.

Figura 8 - Enfoque Integral Ético Entre a Entidade e os Funcionários Públicos

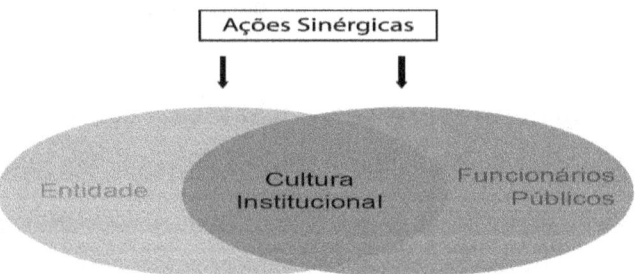

Fonte: Manual de Ética Pública MECPY/USAID (2008) - Adaptado pelo autor.

Segundo o Manual de Ética Pública (2009), o homem público por si só exerce liderança dentro de uma determinada comunidade. Este tem como finalidade exercer quatro papéis principais: o de gerente administrador de recursos públicos; o de empreendedor para fomentar recursos que propiciem melhor qualidade às necessidades básicas da população, garantindo a constitucionalidade do convívio comunitário.

Tanto no Paraguai quanto no Brasil, a legislação de ambos os países garante a equidade dos serviços públicos. Por mais boa vontade e severidade das leis, apenas as instituições públicas têm a capacidade de realizar tal proeza. Essas entidades possuem uma função de tenacidade no tecido social, unindo culturas, valores e mesmo classes sociais em prol de um desenvolvimento coletivo. Como já argumentamos, a confiança é adquirida pelas ações éticas e está, segundo o Manual de Ética (2009), baseada em quatro classes de juízos: veracidade, competência, confiança e inclusão.

Uma boa entidade pública é aquela que pratica uma gestão ética. Nessa gestão, os agentes públicos devem ser orientados a assumir suas responsabilidades, nas quais tenham como finalidade ajustar os planos estratégicos que garantam a aplicação dos direitos humanos de forma integral. Todo convívio humano, segundo o Manual de Ética (2009), se configura através de uma cultura. Esta estabelece um feixe de ações possíveis, de onde são construídas funções que tenham por base o respeito, o pluralismo, a equidade e a cooperação.

Figura 9 - Gestão Íntegra

Fonte: Manual de Ética Pública MECPY/USAID (2008) - Adaptado pelo autor.

A dimensão da cultura de qualquer sociedade vivente, segundo BORDIEU (2002), no planeta possui uma assinatura implícita e explicita. Os níveis explícitos são as manifestações visíveis e audíveis desta cultura e que correspondem aos atos conscientes dos indivíduos que a compõem. Dentre eles, podemos citar a tecnologia, a ciências, artes, as leis, as normas, os rituais sagrados, o sagrado e o próprio comportamento das pessoas, uma espécie de idiossincrasia coletiva. No nível implícito está a parte não consciente da cultura, que é o mais importante e o mais difícil de ser captado pelas instituições públicas; é o que Bordieu (2002) chama de comportamento de classe. Ela reflete a propensão a relacionar-se com o self, com o entorno natural e social. Em uma última análise, reflete o sentido da existência. Dependendo do grau de aproximação entre a entidade pública e seus funcionários públicos, teremos ações gratificantes ou mortificantes; atrativas ou aversivas, comunitárias ou individualistas. Como mostra o esquema abaixo, quanto menor a interseção entre entidade e funcionários, menores serão as probabilidades que a entidade cumpra o seu verdadeiro papel social. O ideal é que entidade e funcionário ocupassem o mesmo lugar no espaço e ao mesmo tempo.

Figura 10 - Tradições Éticas e Gestão Pública.

Fonte: Manual de Ética Pública MECPY/USAID (2008) - Adaptado pelo autor.

De uma forma geral, o comportamento institucional segue mais o padrão, como mostra o gráfico acima, do que aquele como se comporta o gráfico seguinte, mais abaixo. A modificação de um padrão cultural enraizado no seio da população, perpetuada por complexas interações sociais e suas crenças, é tarefa muito complexa de se conseguir.

As crenças coletivas, ao longo do tempo, tornam-se crenças individuais que são fixadas nos padrões de procedimentos ao longo da infância e da adolescência e seguem perpetuando-se através dos modelos sociais vividos pelos pais, professores e amigos. Só através de uma reeducação dos funcionários públicos, pode-se remodelar a matriz psicossocial destes, resultando em ações sinérgicas, capazes de transformar entidade e funcionários em apenas um modelo ideológico que resulte em uma administração para todos: o modelo ético.

Figura 11 - O Bom Estado

Fonte: Manual de Ética Pública MECPY/USAID (2008) - Adaptado pelo autor.

Modificar a matriz psicossocial envolve também a modificação de crenças, modelos mentais, paradigmas, princípios, entre outros, que foram fortemente montados e afixados no inconsciente desse funcionário público que, na realidade, em outrora, pertenciam à mesma população a que servem atualmente. Essa modificação consiste em um processo árduo que exige um conjunto de estratégias e ações coordenadas. Um bom ou mau funcionário público se esconde por várias camadas de inculcação cultural. A maior parte de suas ações são inconscientes. Seus sentidos de avaliação estão comprometidos por um único reconhecimento de padrão de comportamento, o da comunidade onde foi criado. O esquema abaixo mostra como deveria acontecer uma gestão que esperamos de uma entidade pública verdadeiramente íntegra.

Para chegarmos ao modelo postulado acima, ou seja, de uma administração íntegra, devemos, acima de tudo, questionar as crenças e valores que predominam, na atualidade, dentro da entidade pública. Em outras palavras, compararmos a moral local com valores realmente éticos. Depois disso é importante que se trace uma visualização coletiva, em modos éticos, de que tipo de entidade se espera para um futuro próximo. O passo seguinte, através de um movimento participativo com a comunidade ambiente, é criar estratégias para a implantação de uma gestão ética. Para que não fique apenas em teorias, torna-se imperativo traçar etapas de ajuste para estabilização de procedimentos para chegarmos a tal objetivo.

Como mostra o esquema acima, na configuração básica de uma entidade pública, segundo o Manual de ética Pública (2009), existem quatro fundamentos indispensáveis: a ética dos deveres, dos cuidados com os outros, a ética dos direitos e a ética da responsabilidade. Essas éticas se preocupam com incentivos governamentais e ações e reações das pessoas a esses incentivos. São elas que promovem uma relação de cultivo à vida. Os ocupantes dos cargos públicos devem tomar decisões apenas sobre o que concerne ao interesse público, ou seja, no interesse da população. A integridade do servidor público faz toda diferença. Este não tem que se submeter a nenhuma obrigação financeira ou a quaisquer outras organizações que possam inferir no desempenho de suas ações. O agente público e, consequentemente, as entidades, têm que ser objetivos. Isso quer dizer que suas decisões devem ser pautadas em feitos e argumentos verificáveis e confiáveis. A responsabilidade também é um quesito básico para o servidor público, ele deve submeter-se ao seu campo profissional, ou seja, fazer o que a população espera que ela e faça do seu cargo.

A transparência nas ações do homem público é a principal arma contra a corrupção. Suas ações devem ser as mais abertas possíveis, ou seja, acessíveis a todos. Suas decisões devem ser justificadas e adequadas para proteger o interesse público. Todo funcionário público deve ser honesto, declarar publicamente todos os interesses privados que possam estar atrelados ao seu campo de responsabilidade. Esse processo, além de aumentar a confiabilidade das entidades públicas, demonstra liderança do agente, execra qualquer tipo de possibilidade de conflitos e incompatibilidades com suas ações.

De acordo com o esquema mostrado abaixo, o "bom Estado" deve ser multifacetado. Seu principal objetivo é o bem estar e o desenvolvimento de toda a população, principalmente aqueles considerados risco social, porém, não é o único objetivo. Para garantir o bem estar dessas populações carentes, este Estado tem que se fundamentar em estado social do direito que, em última instância, é aquele que garante o desenvolvimento econômico social de todos os níveis socioeconômicos.

Destarte, o Estado tem que atender aos interesses das empresas privadas que, através dos tributos, são transformados em uma espécie de sócio deste Estado. Esses sócios necessitam de incrementos de negócios através de alocação de infraestruturas produtivas. Ao mesmo tempo em que possui responsabilidade social, à medida que haja construção de uma sociedade desejada por todos, passa pela proteção de toda a sociedade civil.

Figura 12 - Eficiência do Estado

Fonte: Manual de Ética Pública MECPY/USAID (2008) - Adaptado pelo autor.

Segundo o Manual de Ética Pública (2008) se entende, na atualidade, por governo corporativo aquele que gere o setor privado, sintonizado com o fenômeno da globalização econômica como pré-requisito para a confiabilidade no mundo dos negócios, atraindo assim investidores nacionais e internacionais. O nascimento do governo corporativo tem sua gênese na década de 1970, nos Estados Unidos, sua função era dar uma resposta mais adequada às grandes corporações que, mais tarde, seriam chamadas de transnacionais (Manual de Ética Pública – ibidem). Essas poderosas entidades, na década de 1990, parecem ter fugido ao controle do Estado americano, provocando muitas interferências em países do Terceiro Mundo.

O segundo objetivo do governo corporativo era recuperar a confiança do Estado abalado por uma série de escândalos corporativos na América do Norte e na Europa Ocidental. O objetivo era tornar as entidades públicas capacitadas para acompanhar as manobras financeiras desses gigantes e permitir que outras empresas menores não fossem engolidas pelos "poderosos tubarões do negócio."

Destarte, segundo o Manual de ética Pública (2009) o governo corporativo pode ser entendido como uma entidade que tem como objetivo principal traçar regras claras para o manejo de empresas, promovê-las através de ações de infraestrutura, mitigar um constante processo avaliativo que a torna competitiva no mercado nacional e internacional e, principalmente, criar um ambiente confiável pelo qual os investidores se tornem atraídos.

Mesmo sabendo-se de todas as qualidades mencionadas acima sobre um governo corporativo, não podemos perder o foco que o objetivo do Estado é um estabelecimento de um governo público. Entendemos com isso que as entidades públicas, desse governo, têm compromisso com as comunidades de seu raio de influência. Deve ser colocado em prática o conceito de responsabilidade social, ou seja, existe um compromisso patente entre governantes e governados, em que os primeiros têm a função de realizar atividades, as quais os indivíduos não seriam capazes de executar.

Como argumenta o Manual de Ética Pública (2009), o governo é fiel depositário dos bens públicos e mantenedor do bem-estar dos contribuintes para que a sociedade possa avançar no processo de desenvolvimento econômico social. Como mostra a figura abaixo, o governo social tem como prioridade mitigar a confiança entre os cidadãos e o Estado. Só a partir desse grau de confiabilidade o governo poderá incrementar seus processos administrativos. Existe um tripé básico para a governabilidade social: transparência através de uma vasta rede de comunicação com os cidadãos; eficiência e eficácia com os resultados de sua gestão e integridade ética.

O Manual de Ética Pública entende como "sociedade" um sistema formado de microssistemas, cuja dinâmica está estreitamente relacionada com as interações que se estabelecem na democracia, na confiança e os demais valores sociais e políticos. Sem o objetivo social, a gestão pública perde o sentido de sua existência. Destarte, o sentido de público é o primordial na administração, ou seja, parâmetros mínimos que garantam a eficiência, integridade, transparência e a orientação para "A corrupção é um desperdício de dinheiro e arruína os direitos humanos"; diz assim Barack Obama, Presidente dos Estados Unidos (Apud, Silva – 2010). Não existe desenvolvimento econômico-social em um ambiente corrompido. Não podemos dizer que a corrupção é uma novidade do mundo ocidental. Ao contrário, ela pode explicar como grandes impérios, ao longo da linha do tempo, encontraram sua decadência.

Os índices de corrupção são apenas ferramentas. Podem promover acertos de contas entre administradores e administrados, como também jogar holofotes em uma dada administração, fazendo com que a desconfiança do público torne-a simplesmente inexequível, enquanto adversários se fortalecem. Esses efeitos nocivos no Brasil não ocorrem, porém, no Paraguai, a divulgação de tais índices tem efeito devastador para a imagem do país. Não se consegue identificar nessa nação processo de corrupção mais agudo do aquele ocorrido no Brasil. Porém, quando falamos em confiabilidade do Estado, correlacionamos a investidores internacionais ou para a própria população, a imagem do Estado Paraguaio aparece bem deformada gerando expectativas desleais para a sociedade e para o novo Estado que emerge. Em ambos os países, os agentes públicos não são preparados para servir a sociedade. São pessoas enfincadas ainda em seus valores morais endêmicos. Esses indivíduos ingressam no trabalho sem qualquer valor ético, sendo assim facilmente atraídos para o mundo da corrupção. Não são alertados para as consequências dos seus atos as quais podem ser irreversíveis para toda uma sociedade.

Em qualquer governo, passando pelos mais truculentos regimes ditatoriais, até os mais belos exemplos de democracia do mundo ocidental, sem ética, o Estado se transforma em uma entidade estrangeira explorando cidadãos sem pátria. Destarte, a liberdade de certos regimes democráticos se transforma em uma licença oficial de tolerância para a indiferença ao massacre que ocorre com as populações em risco social ao redor, tornando assim, a nação um campo minado de desconfiança. Nenhuma nação na face do planeta pode ser bem-sucedida em um ambiente de desconfiança, tanto por parte de instituições como de seus cidadãos. A atual crise, que desmanchou impérios financeiros, veio ensinar-nos isso.

Não é possível ver claridade, luz, desenvolvimento, em uma sociedade que não consegue prover de ferramentas sociais as suas crianças para que se despluguem de seu estrato social. Não é possível ver bem social mais valioso que a educação. É possível ver esforços governamentais para isso, tanto no Brasil, como no Paraguai, porém observa-se, em ambos os países, a elite abocanhar grandes nacos de investimentos no setor. Apagando esperanças e vidas.

CAPÍTULO III – METODOLOGIA

3.1 Tipo de Pesquisa

Segundo Bastos, Paixão, Fernades e Deluiz Bastos et tal(2006), a pesquisa é Pós Facto, ou seja, tipo de investigação empírica na qual o investigador não tem controle direto sobre as variáveis independentes. Destarte, observamos as variações decorrentes da manipulação e controle sobre uma ou mais variáveis dependentes.

Ainda segundo os autores supracitados, podemos considerar a pesquisa como metodológica e participante. Metodológica, porque a investigação é feita de forma controlada fundamentada em sólido embasamento teórico e aplicados sistemas matemáticos e estatísticos, de forma a comprovar esse embasamento teórico. Torna-se participante porque beneficia as comunidades as quais são citadas e estudadas, com vistas em promover uma transformação social em benefício do participante. É, portanto, uma atividade de pesquisa educacional orientada para a ação.

Podemos considerá-la também com uma pesquisa "qualiquantitativa" em função dos dados estatísticos aqui pesquisados, como argumentamos, são baseados em forte argumentação epistemológica. A pesquisa é exploratória e correlacional, uma vez que tentamos encontrar indícios da afetação da pobreza na vida intelectual dos alunos. Podemos chamá-la de uma pesquisa transversal, pois coadunamos conceitos estatísticos e modelos matemáticos com referências sociológicas da teoria das representações Sociais.

3.2 População e Amostra

A população foi composta pelos alunos do ensino fundamental da República do Paraguai e do Brasil. A amostra foi composta pelos alunos das escolas oficiais municipais do ensino fundamental de ambos os países. No Paraguai essas escolas foram agrupadas por distritos o que corresponde ao universo total possível a ser estudado. O Universo Na República do Paraguai é de 314. 722 alunos em toda educação fundamental. Esse total foi observado integralmente através dos resultados da Prova Paraguai, distribuídos em 11.570 centros educativos. Isso representa 100% do universo de estudante do ensino fundamental, que se concretiza o tamanho da amostra para esse país. O Brasil tem 24.225.452 estudantes matriculados na educação fundamental, estadual e municipal, segundo o TCERJ (Tribunal de Contas do Estado do Rio de Janeiro). No Estado do Rio de Janeiro, ainda segundo o TCERJ, existem 5.793 unidades escolares, totalizando 1.314.099 alunos. Concluímos assim que a amostra de estudantes brasileiros no ensino público fundamental municipal representa 5,42% do total da população do ensino fundamental no Brasil.

3.3 Instrumentos de Medida

3.3.1 Tratamento Estatístico

A pesquisa se desenvolverá através de relações econométricas. Essas pesquisas serão subdivididas em três módulos: no módulo um (1) faremos uma regressão econométrica com as escolas municipais no Brasil; no módulo dois (2), analisaremos as escolas municipais no Paraguai; no módulo três (3), analisaremos a relação entre corrupção e desenvolvimento escolar na Região Metropolitana do Estado do Rio de Janeiro, Brasil.

3.3.2 A Regressão Econométrica

Servirá de base para todos os módulos supracitados acima, o modelo de regressão econométrica. Esse termo foi introduzido por Francis Galton (GUJARATI, 2006). Ele fez algumas observações familiares simples. Verificou Galton que mesmo que pais mais altos pudessem ter a tendência de ter filhos também altos, na realidade, sua observação empírica comprovou que a altura média dos filhos dos pais extraordinariamente altos ou baixos tenderia a regredir para a média. Hoje, o posicionamento da regressão linear é um pouco diferente daquela pensada originariamente por Galton.

Ela se ocupa da dependência de uma variável endógena, também chamada resposta ou dependente em relação a uma ou mais variáveis explicativas, também chamadas de exógenas, com o objetivo de estimar e/ou prever a média (da população) ou o valor médio de dependente em termos dos valores conhecidos ou fixos, em amostragens repetidas, das explicativas.

Torna-se importante ressaltar que mesmo se tratando da dependência de uma variável em relação a outra a correlação econométrica, não implica necessariamente uma relação causal. A ideia sobre causalidade vem de fora, ou seja, ela é embasada pela teoria sobre a qual estamos dissertando. O método é apenas uma ferramenta.

Conceitualmente, não podemos confundir essas duas definições: correlação e regressão. A primeira mede o grau de intensidade ou o grau de associação linear entre duas ou mais variáveis. Por exemplo, podemos estar interessados entre correlação entre linha de pobreza e aprendizagem escolar; porém na regressão não estamos interessados nesse resultado. Nessa análise, tentamos estimar ou prever o valor médio de uma variável com base nos valores fixados de outras variáveis. Por exemplo, podemos prever o desempenho médio na Prova Brasil, sabendo, por exemplo, sobre a situação de pobreza de determinados alunos. O coeficiente de correlação linear mede, por exemplo, a intensidade da associação. O sucesso dessa regressão dependerá, necessariamente, da disponibilidade de dados associados.

A média condicional é uma função de Xi, em que F(Xi) indica alguma função variável explicativa Xi. A equação E(Y/Xi) = f(Xi) é conhecida como Função de Regressão Populacional (FRP) ou Equação de Regressão Linear de duas variáveis. Como hipótese, podemos supor que a FRP seja E (Y/X) seja uma função linear de Xi do tipo:

E (Y/Xi) = ß1 + ß2Xi, onde:

ß1: intercepto

ß2: coeficiente de inclinação

Y = ß1 + ß2Xi + Ui, onde Ui é uma variável aleatória não observável que pode assumir tantos valores positivos ou não, também conhecido como perturbação estocástica ou erro estocástico. Na maioria das situações práticas, como a nossa pesquisa, usa-se somente uma amostra de valores de Y e alguns valores de Xs fixos. Nosso objetivo central é estimar FRP com base de informação da amostra. A FRP, que fundamenta a reta de regressão da população, a partir dela, podemos montar a Função de Regressão Amostral (FRA) e esboçar a Reta de Regressão Amostral que pode ser descrita como:

Y = ß1 + ß2Xi, onde:

γi = estimador de E(X/Y)

B2 = estimador de ß2

ß2 = estimador de ß2

O estimador é um dado estatístico baseado na amostra. Na realidade ele é uma espécie de fórmula ou método que nos diz como estimar o parâmetro de uma população a partir das informações dadas pela amostra. A partir desse ponto obtemos a estimativa, que, por sua vez é um valor numérico obtido pelo estimador. Podemos expressar a FRA pela sua fórmula estocástica:

$\gamma_i = \beta_1 = \beta X_i + \mu_i$.

Como argumentamos anteriormente nosso objetivo central é estimar a FRP: $Y = \beta_1 + \beta_2 X_i$ com base na FRA: $\gamma_i = \beta_1 + \beta_2 X_i$. No modelo de Regressão Linear Simples, também usaremos o método dos Mínimos Quadrados Ordinário (MQO). Por exemplo: na FRP de duas variáveis: $\gamma_i = \beta_1 = \beta X_i + \mu_i$. O problema nessa equação é que a FRP não é diretamente observável, nos a estimamos a partir da FRA: $\gamma_i = \beta_1 = \beta X_i + \mu_i$; $\gamma_i = \gamma_i + \mu_i$. Onde: γ_i é o valor da média condicional estimado de γ_i; $\mu_i = \gamma_i - \gamma_i$; $\mu_i = \gamma_i - \beta^1 - \beta_2 X_i + \mu_i$.

Os resíduos são simplesmente as diferenças entre os γs reais e estimados. Quando usamos o MQO (Mínimos Quadrados Ordinários), adotamos o seguinte critério: $\Sigma(\mu_i)2 \; \Sigma(\mu_i)2 = \Sigma(\gamma_i - \gamma_i)2 \; \Sigma(\gamma_i - \gamma_i)2$ tem que ser o menor possível. O critério é minimizarmos toda essa soma, assim todos os resíduos recebem o mesmo peso, embora alguns deles estejam muito mais próximos da FRA que outros.

Ou seja, os resíduos possuem a mesma importância, não importando se estejam muito próximos ou dispersos estejam em relação à FRA. O resultado torna-se fidedigno quando a soma desses resíduos for igual a zero. Assim temos: $\Sigma(\mu_i)^2 \; \Sigma(\mu_i)^2 = \Sigma(\gamma_i - \gamma_i)^2 . \; \Sigma(\gamma_i - \gamma_i)^2$; $\Sigma(\mu_i)^2 \; \Sigma(\mu_i)^2 = \Sigma(\gamma_i - \beta_1 - \beta_2 x_i)2 \; \Sigma(\gamma_i - \beta_1 - \beta_2 x_i)$.

Ao elevar μ_i^2 este método da maior importância, maior peso aos resíduos que estão próximos a RFA do que os distantes, diminuindo assim as possíveis distorções na amostra.

O método dos mínimos quadrados escolhe: β_1 e β_2 de tal maneira que para uma dada amostra ou um conjunto de dados, $\Sigma(\mu_i)^2 \; \Sigma(\mu_i)^2$ seja o menor possível, ou seja, para um "set" de amostra, o métodos dos Mínimos Quadrados fornecem estimativas únicas tanto para β^1 tanto para β^2 que dão menor valor possível ao resíduo."

O nosso objetivo não é tão somente estimar os betas aqui apresentados, contudo, cabe-nos fazer inferências sobre os verdadeiros betas. Dessa forma, poderemos gerar hipóteses com dados apresentados. As estimativas dos mínimos quadrados são especificamente, uma função dos dados de uma determinada amostra.

Essas estimativas irão variar em função do tipo de amostra coletada. Consequentemente necessitamos de uma medida de confiabilidade dos estimadores $β^1$ e $β^2$. Na estatística a precisão de uma estimativa é medida pelo seu erro padrão. Dadas as condições específicas, esse EP (Erro Padrão) pode ser obtido:

Figura 13 - Confiabilidade dos Estimadores

$$VAR(β2) = \frac{\sigma}{\Sigma xi^2}$$

$$ep(β^2) = \frac{\sigma}{\sqrt{\Sigma xi^2}}$$

$$VAR(β1) = \frac{\Sigma xi^2}{n\Sigma xi^2} \sigma^2$$

$$ep(β1) = \sqrt{\frac{\Sigma xi^2}{n\Sigma xi^2}} \sigma^2$$

$$\sigma^2 = \frac{\Sigma \mu i^2}{n-2}$$

Fonte: Tabulações próprias

Dadas as hipóteses do modelo de regressão linear simples, modelo que adotaremos nessa pesquisa possui algumas propriedades ou algumas premissas. Estas propriedades estão contidas no teorema de Gauss-Markov (GUJARATI, 2006). Este teorema considera a propriedade do melhor estimador linear não viesado para um dado estimador. O estimador MQO (Mínimo Quadrado Ordinário) $â^2$ é um melhor estimador linear não viesado (MELNV) de $â^2$ quando obedece as seguintes premissas: a) É linear, isto é, uma função linear de uma variável aleatória, tal como a variável dependente y no modelo de regressão; b) É não-viesado, isto é, seu valor médio ou esperado, E (ß2), é igual ao valor verdadeiro. Tem mínima variância na classe de todos esses estimadores lineares não-viesados; um estimador não-viesado com a menor variância é conhecido como um estimador eficiente.

Outro fator determinante neste modelo é o grau do ajuste. Esse ajuste é dado pelo Coeficiente de determinação r^2, no caso de duas variáveis, ou R^2 quando em variáveis múltiplas. Este é uma medida sintética que diz o quanto a reta de regressão está ajustada aos dados:

$$r^2 = \frac{\Sigma(Y - Y)^2}{\Sigma(Y - Y)^2} = \frac{SQE}{SQT}, \text{ seja:}$$

SQT = SQE + SQR

SQT = Soma dos Quadrados Totais (SQT)

SQE = Soma dos Quadrados Explicados (SQE)

SQR = Soma dos Quadrados dos Resíduos (SQR)

Em suma, podemos dizer que o r^2 mede a porcentagem da variação total verificada em y pelo modelo de regressão. A quantidade r2 assim definida é conhecida como coeficiente de determinação (da amostra) e é a medida utilizada do grau de ajuste de uma reta de regressão. Traduzindo, r2 mede a proporção ou a porcentagem da variação total em y explicada pelo modelo de regressão. O modelo adotado por nós, nesse contexto, é de regressão linear adotando os seguintes parâmetros:

Y = ß1 + ß2Xi + ß3Xi + ß4Xi + µi, onde, por exemplo no caso brasileiro:

Y = estimador de E (X/Y)

ß0 = intercepto (IDEB – Índice de Desenvolvimento da Educação Básica).

ß1 = coeficiente de inclinação (Índice de Gini).

ß2 = coeficiente de inclinação (Incidência de pobreza).

ß3 = coeficiente de inclinação (Custo Aluno)

ß4 = coeficiente de inclinação (IDHm: Índice de Desenvolvimento Humano Municipal).

3.3.3 Modelos de Regressão Econométrica

Em ambos os países (Brasil e Paraguai) adotaremos dois tipos de modelos econométricos para investigarmos a relação entre desempenho escolar e pobreza. Somente no Brasil utilizaremos o modelo econométrico que nos permitirá a comprovação entre corrupção e o desempenho acadêmico dos alunos. Destarte, adotaremos três tipos de modelos econométricos, a saber: o grupo 1 nos informará a relação entre pobreza e educação com dados sociais complexos oriundos de ambos os países; o grupo 2 também nos informará o grau de relação entre pobreza e educação, em ambos os países (Brasil e Paraguai), porém os dados são brutos, ou seja, não complexos, também chamados de NBIs (Necessidades Básicas Insatisfeitas) e o grupo 3 será composto de dados de corrupção a nível municipal, comparado com o rendimento escolar, para a região metropolitana do Estado do Rio de Janeiro. Cada grupo será composto de três modelos econométricos.

Modelos de Regressão Econométrica (Grupo 1): acreditamos na premissa da relação causal entre pobreza e aprendizagem. Então o nosso modelo original especificado seria este: Avaliação = f(pobreza), porém a pobreza é uma variável não dimensional. Desta forma analisaremos algumas formas de assunção da pobreza que possa influir no desempenho escolar. Podemos argumentar que a pobreza é em função da desigualdade social; de uma medida de bem estar social; na pobreza absoluta e em uma "Proxy" de investimento educacional. Dessa forma temos o seguinte modelo especificado: avaliação = f (Des.Social; Bem Estar Social; Pobreza Absoluta; Proxy de Invest Educ).

No Brasil, o modelo tem como variável dependente a avaliação e variáveis explicativas: a desigualdade social, o bem estar social, a pobreza absoluta e uma "Proxy" de investimento educacional. Uma das importâncias do processo de avaliação, segundo o INEP (2011), é de promover avanços no desenvolvimento dos estudantes e de qualificação da escola e de seus profissionais podendo apontar assim caminhos para correção de possíveis distorções no processo ensino/aprendizagem.

A variável dependente adotada no modelo para representar avaliação seria o IDEB (Índice de Desenvolvimento da Educação Básica). Para entendermos o IDEB, teremos, necessariamente, que fazermos algumas considerações sobre a Prova Brasil. Essa prova ampliou a avaliação externa feita pelo SAEB (Sistema de Avalia1 ção do Ensino Básico). Esse modelo de avaliação iniciou-se em 1990, em pequena escala e por amostragem. Ela aponta o resultado de desempenho escolar das escolas públicas da rede oficial do ensino fundamental das áreas urbanas e rurais. A sua total expansão deu-se a partir do ano de 1995 para todos os alunos da rede municipal e estadual de ensino. Essa avaliação é feita pelos alunos das últimas séries do primeiro segmento (4ª série ou quinto ano de escolaridade) e do segundo segmento (8ª séries ou 9º ano de escolaridade). As disciplinas contempladas foram Matemática e Língua Portuguesa. O objetivo principal do processo não é avaliar o aluno, mas a instituição de ensino. O INEP é o órgão responsável pela prova Brasil. Sua função é fazer um diagnóstico de cada instituição de ensino a nível nacional. Com isso, todas as instituições e, mesmo as particulares, através do INEP, tiveram acesso ao rendimento da escola tornando o processo um pouco mais transparente.

A construção do IDEB como índice não leva apenas em conta a nota da prova Brasil. Como já argumentamos, seu objetivo principal não é a avaliação do estudante, mas da instituição. Dessa forma também são levadas em consideração a reprovação escolar, a evasão, a distorção série/idade e as condições ambientais físicas proporcionadas pela instituição de ensino. Com esse arcabouço, o governo federal cria regras (nem sempre claras) para determinação de repasses diferenciados que serão dadas a cada município em função das informações repassadas pelo governo através do IDEB. Esse índice é representado por notas que variam de 0 a 10. No momento atual a média brasileira, segundo o índice, é de 3,8 no ensino fundamental. A meta do governo federal é atingir a nota 6,054 até o ano de 2022. Assim o modelo do IDEB seria:

$$IDEB = f\{(PB+CA) - (DSI + E + REP)$$

PB = Prova Brasil;

CA = Condições Ambientais da Escola;

DSI = Distorção Série/Idade;

E = Evasão Escolar e

REP = Índice de Reprovação Escolar.

Existem fortes limitações ao contexto do IDEB

Existem fortes limitações ao contexto do IDEB. A ideia da criação de tal parâmetro é de exercer algum controle, por parte do governo federal a fim de implementar políticas públicas que possam contribuir para a melhoria da qualidade do ensino. Intenção essa perseguida desde os primeiros anos do governo Vargas (SAVIANI, 2008). A finalidade do governo é ranquear as escolas, não os alunos, para que haja transparências para gestores e usuários. Essa necessidade do governo federal leva em consideração fatores de ordem econômico-social, político-administrativo, científico até de natureza legal, em uma tentativa de aperfeiçoar políticas públicas que venham beneficiar os estudantes.

A avaliação institucional externa é analisada por agentes, pessoas exteriores à escola e ponderadas por agências públicas ou privadas. Esse processo nem sempre é eficaz. Por vezes essa ineficácia passa por desconhecimento dos problemas da comunidade. Esse julgamento externo entra em choque com o da autoavaliação. Esse olhar externo é o da visão da instituição mantenedora que prioriza uma otimização empresarial do processo e, na maioria das vezes, não leva em consideração as condições socioeconômicas de alunos e seus familiares e mesmo as condições circundantes da própria escola. Essas avaliações são de caráter complexo, como vimos anteriormente, porém se torna necessário conhecermos o ambiente econômico no qual o aluno, população direta da escola, está inserido. Esse processo de avaliação externa tem que resultar em planos de ação educativos que possibilitem corrigir anomalias de aprendizagem causadas pela pobreza e miséria.

A escolha do IDEB como parâmetro de avaliação nacional é porque ela é única a nível nacional. Fora este, o mais próximo que temos de uma avaliação de aprendizagem do ensino fundamental é a Provinha Brasil, uma avaliação não obrigatória e apenas diagnóstica não executada por todos os municípios brasileiros. Ela também só é aplicada à 2ª série do Ensino Fundamental, para efeitos de estudos de rendimento no ensino. Mesmo apontando todos os problemas carreados pelo IDEB entendemos também a necessidade do governo federal, principalmente a partir da década de 1990 de formalizar uma tendência centralizadora do Ensino Fundamental no Brasil. Tal centralização, regulamentação, possui o intuito de formar um sistema de informação que possibilite o governo dar aporte e suporte à educação fundamental, de forma diferenciada a cada unidade da federação e, dentro destes, seus municípios e sub-regiões. A regulação dessas escolas pelo governo federal, se bem adequada, pode possibilitar uma rede de informação que quantifica e qualifica o poder público a fazer intervenções que possam minimizar os entraves no processo de aprendizagem, focando no entorno desse aluno, buscando mudanças na prática da comunidade escolar. Para desigualdade, social escolhemos o Índice de Gini Municipal. O Índice de Gini Municipal é construído em parceria entre os municípios e o IBGE. O intervalo de construção é de 10 anos. Os dados disponíveis mais recentes referem-se ao ano de 2000. O Coeficiente de Gini é uma média de desigualdade desenvolvida pelo estatístico Corrado Gini. De uma forma geral, é utilizado para medir desigualdade de renda. Seus resultados podem variar de zero (total igualdade de renda) e 1 (total desigualdade de renda). O índice de Gini é o coeficiente disposto em percentuais.

$$G = 1 - = \Sigma\ k=0(Xk+1 - X)\ (Y\ k+Yw)$$

G = Coeficiente de Gini.

X = Proporção da variável população.

Y = Proporção acumulada variável de renda.

K = Número de Classes sociais.

Segundo Barros (2006), o coeficiente de Gini é um dos mais consagrados índices quando queremos entender sobre o grau de desigualdade dentro de uma realidade específica, como por exemplo, um município. São razões extremas da distribuição de renda traduzindo em termos econômicos alguma noção de justiça social. A tradução é simples: quanto maior a renda média dos mais ricos, em relação aos mais pobres, mais injusta será uma região.

Gráfico 11 - Coeficiente de Gini

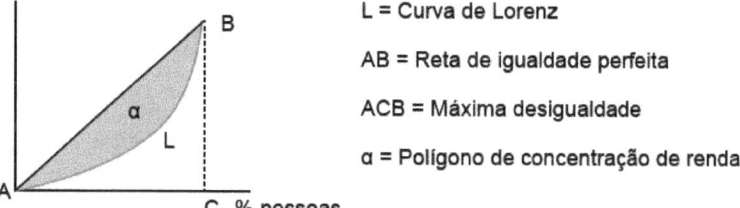

Fonte: Tabulações Próprias

O coeficiente de Gini é uma medida usada para indicar o grau de desigualdade na distribuição de renda de um território. Esse coeficiente é calculado a partir da curva de Lorenz. Esta por sua vez é uma representação gráfica construída no sentido da ordenação da população pela renda. No eixo horizontal, estabelece-se a porcentagem da população e na vertical a porcentagem de pessoas. Essa disposição nos permite identificar as diversas camadas populacionais e suas respectivas taxas de acumulação. Quando todos os indivíduos ganham a mesma renda, ou seja, perfeita igualdade, a população então se concentra na reta A/B. O diagrama de Lorenz define um polígono de concentração que se dá na área "α". Quanto maior a concentração de pessoas distante da reta, maior será a concentração. O triângulo formado pelos pontos **ACB** possui total desigualdade. No gráfico abaixo estão representadas duas linhas, além da preta considerada padrão ou total igualdade social. A curva vermelha concentra-se mais próximo à reta de igualdade perfeita (preto), já a curva azul apresenta-se mais distante. Dessa forma, podemos concluir que a economia apresentada pela reta vermelha é mais justa, socialmente, do que a azul. O coeficiente de Gini é calculado a partir da área formada pela curva e pela linha de igualdade perfeita.

A curva de Lorenz é baseada no Índice de "Robin Hood". Esse índice é uma das mais simples medidas de desigualdade utilizada em econometria. É igual à parcela total de renda de toda comunidade que teria de ser redistribuída, ou seja, retirada a metade mais rica da população e dada à metade mais pobre, para a sociedade viver em perfeita harmonia (igualdade). O Índice de Gini é uma excelente ferramenta para avaliar alteração das discrepâncias sociais ao longo do tempo.

Gráfico 12 – Curva de Lorenz

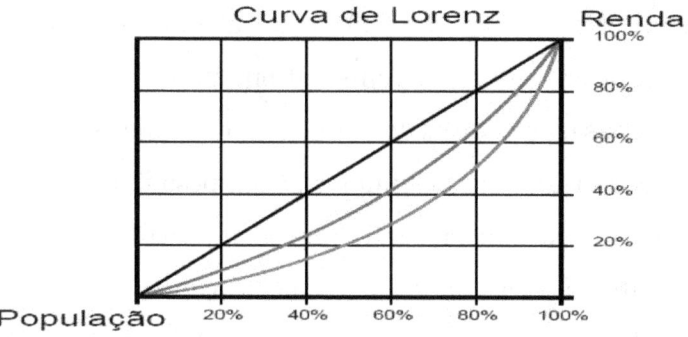

Fonte: Wikipédia (2011) - Modificado pelo autor

Esse índice não é afetado pelo formato da curva de Lorenz, pois somente as áreas em jogo que são levadas em consideração. Porém, esse índice apresenta sérias restrições, que são as seguintes: ele não indica como a desigualdade é distribuída, mostra apenas o total da desigualdade; o Coeficiente de Gini não pode ser usado quando os valores da variável distribuída entre a população possam assumir valores negativos. Ninguém pode ter riqueza negativa, a medida dará resultados diferentes se ao invés de aplicados nas famílias forem usados nos indivíduos. Para efeito de pesquisa e comparação, as famílias devem ser observadas com definição fundamentada; o montante da desigualdade pode ser enganoso. Se as famílias mais ricas podem usar seus rendimentos de forma mais eficaz, quando comparada à população de baixa renda, a desigualdade pode ser subestimada; ao comparar duas curvas de Lorenz, quando elas se cruzam, não somos capazes de determinar o grau de desigualdade entre elas e, por fim, a Curva de Lorenz não consegue captar a evolução da renda do indivíduo ao longo do tempo. Como os dados aqui selecionados por nós refere-se ao Índice de Gini Municipal, que só é processado a cada 10 anos, as estimativas podem ser bastante defasadas.

Para a medida de bem estar social adotamos o Índice de Desenvolvimento Humano Municipal. Este é construído em parceria entre o IBGE, as prefeituras municipais e o PNUD (Plano para as Nações Unidas para o Desenvolvimento). O PNUD leva em consideração três critérios: educação, longevidade e renda. No quesito educação, esse cálculo leva em consideração dois fatores básicos com pesos diferentes. Com peso=1, temos a taxa de alfabetização de pessoas (são pessoas do município com mais de 15 anos de idade capazes de ler e escrever um bilhete simples). Com peso=2 temos a taxa bruta de frequência escolar. No último IDH mundial (2010), o PNUD (2011) introduziu o novo fator "a expectativa de escolarização do indivíduo" que leva em conta a probabilidade do indivíduo cursar a escola. A esperança de vida é um cálculo bem mais complexo.

Figura 13 - Fórmula de Gini

$$\text{Índice de Gini} = f\left(\frac{\text{Área de desigualdade}}{\text{Área de igualdade plena}}\right)$$

Fonte: Tabulações próprias.

No caso municipal, o PNUD não acha adequados os dados de registro civil. Dessa forma, são coletados dados diretos no momento da entrevista domiciliar feita pelo IBGE. As perguntas são feitas em relação ao número de filhos nascidos vivos e os que ainda estão vivos. A partir desses dados, são calculados o número de óbitos. Desse ponto aplica-se uma equação que transforma esses números em probabilidade de mortes. O próximo passo é transformar esses dados em "tábuas de vida" e depois em esperança de vida média ao nascer. A mais simples é a renda per capita, que é calculada a partir do orçamento bruto anual do município dividido pelo número total de habitantes, inclusive de recém-nascidos. De uma forma geral, especialistas consideram o IDHM melhor, isso ocorre pelo seu nível de detalhamento. Como em outras partes do mundo, também no município essa contabilidade é transformada em um índice.

Se esse estiver até 0,499, dizemos que o nível de vida é baixo. Se estiver entre 0,500 até 0,799, dizemos que o nível de vida está médio e se estiver igual ou acima de 0,800, dizemos então, que existe um alto padrão de vida na população. Assim temos:

IDHM = f (EDU; LONG; Y), onde

EDU = educação;

LONG = longevidade;

Y = Renda per Capita, que por sua vez:

EDU = f{(1.tax alf) + (2.tax brut freq esc) }, onde :**tax alf** = taxa de alfabetização;**tax brut freq esc** = taxa bruta de frequência escolar.

$$Y = f(PIB), LONG - f\left(\begin{array}{c} n^\circ \text{ filhos vivos} \\ n^\circ \text{ filhos não vivos} \end{array}\right), \text{ onde:}$$

PIB = Produto Interno Bruto e

POP = população.

O IDH foi criado como contraponto para outro indicador muito utilizado, o PIB (Produto Interno Bruto), que considera apenas a dimensão econômica do desenvolvimento. A criação do IDH foi também atribuir à população as dimensões sociais específicas. A versão utilizada aqui, o IDHM, foi produzido pelas Nações Unidas em parceria com o IBGE, sua única versão disponível no momento é do censo de 2000. Ele é muito diferente daquele observado, por exemplo, do IDH dos países, ou seja, ela é muito mais detalhada, envolvendo assim questões específicas.

Existem problemas relacionados ao IDH. O primeiro deles é que os indicadores são medidas observáveis de um fenômeno social e que se estabelecem o valor a uma característica diferente. Dessa forma como o IDH é composto por dimensões sociais diferentes, o problema é definir qual o peso dar na significância dessas dimensões. O IDH é uma medida geral sintética, ela não abrange todos os processos de desenvolvimento social e tão pouco mede a felicidade das pessoas viverem em um determinado lugar. Outro problema é o próprio fundamento do IDH, pois por ser uma média, ela oculta, por exemplo, a incidência de pobreza e o grau de indigência de um determinado lugar. Outro problema relativo ao IDHM é que ele foi criado sob uma hipótese de uma sociedade fechada em sua dimensão econômica (os membros da sociedade são os proprietários, donos dos fatores de produção) e fechada em suas dimensões demográficas. Isso não acontece com os municípios que são amplamente dinâmicos. A questão da educação é outro problema, ela não nos dá a informação da defasagem série/aluno, tão importante à qualidade do ensino. Outro importante entrave no uso do IDHm é o seu período de publicação que ocorre a cada 10 anos, o último ocorreu no ano de 2000. Como o município é uma entidade geográfica com elevado teor de transformação os dados do IDHm podem estar comprometidos pelo lapso de tempo.

Para a "Proxy" de Investimento educacional adotamos o Custo Aluno. Esse parâmetro é calculado levando-se em conta todos os gastos de um determinado município em relação à educação no ensino fundamental (aqui também incluímos a pré-escola e creches, quando esses serviços estão inclusos pela administração municipal), divididos pelo número de matrículas vigentes no ano. Como resultado se obtém o custo do aluno ao longo do ano. Levamos em conta também nesses cálculos os repasses feitos pelo governo federal no nível de FUNDEB (Fundo Nacional da Educação Básica). O volume de recursos repassados pelo governo federal às prefeituras está vinculado ao número de matrículas. Achamos importante esse dado, pois mesmo com os repasses do governo federal, os municípios pobres têm problemas na manutenção do ensino básico, comprometendo assim sua qualidade. Assim, temos:

$$CA = f\left(\frac{IEM + RF}{N^o\ MAT}\right)$$, onde:

CA = Custo aluno;
IEM = Insumo Educacionais Municipais;
RF = Repasses Federais e N°
MAT = Número Total de Matrículas. Onde:

IEM = f (sal staf; man inf; bens e serv; aliment.), onde

sal staf = Salários do Estaf Educacional;

man inf = Manutenção e Infraestrutura;

bens e serv = Bens e Serviços Educacionais;

aliment = Merenda Escolar.

RP = f (fundeb; pde), onde

fundeb = Fundo de Manutenção da Educação Básica;

pde = Plano de Desenvolvimento da Escola.

Os riscos de análise desses dados são grandes. O governo federal possui um conceito epistemológico do que deveria ser o Custo Aluno Qualidade (CAQ). Entendemos que o conceito de qualidade em educação é deveras controvertido, e é acima de tudo um conceito histórico, socialmente construído. Vários estudos e debates foram feitos no país para se chegar a uma matriz do Custo Aluno Qualidade (CAQ). O consenso em fóruns de educação, a nível nacional, estabeleceu que um sistema de educação em massa, em que a qualidade do ensino está vinculada a uma melhora dos processos de ensino e aprendizagem, o que por sua vez está ligado à qualidade de insumos utilizados nesses processos. É lógico que a qualidade da educação não deva passar apenas por uma análise qualitativa e quantitativa dos insumos. Podemos inferir que a falta deles pode debilitar todo o processo.

No último debate, a nível nacional, foram tiradas considerações pertinentes à matriz CAQ em relação a esses insumos. Foram definidas quatro categorias de insumos educacionais: os relacionados à estrutura e funcionamento, às trabalhadoras e aos trabalhadores em educação, à gestão democrática e aqueles relacionados com o acesso e à permanência dos alunos em sala de aula. Na prática, o Custo Aluno para prestações de contas públicas simplesmente não existe.

A montagem desses custos foi feita pelo autor levando-se em consideração dados oferecidos pelo TCE (Tribunal de Contas do Estado). Sobre esses dados oferecidos pelo TCE (2005, 2007 e 2009), podemos inferir algumas observações: sua disponibilidade está vinculada à provação do TCE; em alguns municípios importantes da Região Metropolitana Fluminense, a ausência de dados consegue atingir até 4 anos consecutivos em um mesmo município; algumas prestações de contas estão aprovadas com ressalvas pelo TCE. Isso significa que os dados podem ainda mudar; não existe clareza na divulgação dos dados, o relatório não é unificado entre os municípios; os dados relatados pela prefeitura, muitas vezes, confundem a prestação de contas dos gastos com a educação municipal com os repasses feitos pelo governo federal. Os números de matrículas são extremamente divergentes. Principalmente levando-se em consideração a pré-escola que é feita em porcentagem.

Dessa forma a construção do Custo Aluno executada pelo autor foi elaborada da seguinte forma:

a) Os dados são coletados no relatório de prestações de conta do TCE;

b) São computados todos os gastos educacionais municipais;

c) Os dados fornecidos pelas prefeituras são adicionados aos repasses do governo federal.

Todos os dados são somados e divididos pelo número de matrículas vigente no ano. Para a pobreza absoluta, adotamos a incidência de pobreza que é calculada pelo IPEA, com dados fornecidos pelo IBGE. Estes, por sua vez, são originados pela pesquisa de orçamento familiar, também chamada de POF. A POF procura analisar o perfil socioeconômico da população. A coleta do POF é feita através de seis questionários distintos que cobrem informações sobre: condições de domicílios (abastecimento de água, infraestrutura sanitária, número de cômodos; bem como as características do indivíduo: sexo, nível de instrução, idade, frequência à escola, peso, altura...), dados referentes às despesas coletivas (serviços públicos, aluguéis, melhorias domésticas, bens de consumo duráveis...), caderneta de despesas coletivas (como higiene e limpeza), gastos individuais (saúde, educação, transporte, renda e uma avaliação subjetiva em relação às condições de vida da população). Depois dos dados mencionados, existe uma classificação preliminar da população. O próximo passo é isolar do total da população aquela que se encontra em extrema pobreza. Em seguida são selecionados dados que apresentam gastos alimentares que, no conteúdo calórico, atenda as recomendações básicas estipuladas pela FAO/ONU. A principal determinante composta pelo índice é baseada na acessibilidade de alimentos que possa suprir, através da seleção de uma cesta básica, o mínimo para sobrevivência de um ser humano (segundo a FAO). A lógica do procedimento é que as famílias que adquirem essa cesta pelo menor valor possível estão no extrato alvo da pesquisa. Assim temos:

IP = f (con dom; sexo; niv inst; idade; med antrop; g alim.), onde:

Con dom = Condições do Domicílio;

Sexo = Gênero do Chefe de Família;

niv inst = Nível de Instrução do Chefe de Família;

med antrop = Medidas Antropométricas;

g alim = Gastos Totais com Alimentação.

A principal limitação da pesquisa se coloca na universalização dessas calorias. Essas são consumidas de forma diferente de acordo com o sexo e principalmente em função da faixa etária e, esses cálculos não levam em consideração essas diferenças, uniformizando os procedimentos. A forma geral do nosso modelo, no Brasil seria:

IDEB = f (Gm; IDHM; CA; IPm) = A análise desse modelo, no Brasil, é desdobrada em três modelos variáveis, a saber:

$IDEB4^aS$ = f(G; IDHM; CA; IPm) = que corresponde ao rendimento de alunos da última série do 1º segmento do ensino fundamental ou o 9º ano de escolaridade.

$IDEB8^aS$ = f(Gm; IDHM; CA; IPm) = que corresponde ao rendimento de alunos do último ano do 2º segmento do ensino fundamental ou o 9º ano de escolaridade.

IDEBM = f(G; IDHM; CA; IP) = que corresponde ao valor médio obtido entre a 4ª série e a 8ª série do ensino fundamental.

Na República do Paraguai, pela natureza do Estado e pela acessibilidade dos dados, os modelos de regressão econométrica não se apresentam da mesma forma como no Brasil, necessitando de algumas adaptações. O índice Custo Aluno, criado e aplicado nos modelos no Brasil, não foi possível a sua aplicabilidade naquele país. Como no Brasil se constituí um Estado Federativo, as unidades escolares oficiais podem ser de diversas naturezas: federais, estaduais e municipais. Cada entidade governamental possui um orçamento. Mesmo que exista um padrão mínimo estabelecido por lei (25%) que cada município deva dispensar com o setor educacional, o montante gasto se torna diferenciado em função do poder econômico de cada município. Destarte, o Custo Aluno em cada município possui um valor também diferente. No caso da República do Paraguai isso não ocorre. Mesmo se tratando de escolas municipais, sua manutenção é feita pelo Distrito Capital, Assunção. Logo, teoricamente o valor gasto por cada aluno em território nacional deve ser o mesmo, não justificando tal índice.

As observações dos macros dados sociais na república do Paraguai também ocorreram de forma diferente no Brasil. Nesse país, as observações foram agrupadas distritalmente. Destarte, os índices sociais também o foram. O IDH utilizado na república do Paraguai diverge sutilmente do IDHM utilizado no Brasil. O primeiro tem uma função mais genérica, não possui especificidades e, por isso, é menos eficiente. Foi criado pelo DGPE (PY) – Departamento Geral de Pesquisas da República do Paraguai. Um similar do IBGE brasileiro. Tem como ponto forte ter uma versão mais recente que a do Brasil, foi elaborado em 2004.

O Índice de Gini usado nos modelos paraguaios foi montado com as mesmas designações que o brasileiro, porém ele não tem a configuração municipal tal qual o IDH. Destarte, ele se presta a dar informações distritais tal como se apresenta os dados da República do Paraguai. Em função disso, torna-se menos eficiente que o correlato brasileiro. Possui a vantagem de ser elaborado mais recente, 2004. Foi elaborado pelo DGPE (PY) – Departamento Geral de Pesquisas da república do Paraguai com apoio da PNUD-ONU. Da mesma forma que a Incidência de Pobreza no Paraguai foi construída com parâmetros similares ao brasileiro. Foi elaborado pelo DGPE (PY) no ano de 2004.

Finalmente, vale apenas ressaltar que a variável depende paraguaia é a Prova Paraguaia (PPY). Essa variável não se assemelha com o IDEB. Ela é simplesmente uma avaliação pura e simples. As disciplinas que são levadas em conta são: Língua Espanhola e Guarani, Matemática e Ciências. Sua vantagem em relação ao índice brasileiro é que possui uma disciplina a mais, aumenta o grau de confiabilidade. A desvantagem é que não possui mecanismos de compensação para alunos menos favorecidos, como ocorrem no IDEB. Destarte, os modelos do grupo (1) para a República do Paraguai são as seguintes: PPY = f 8ºS (G; IDH; IPm); onde PPY é a prova Paraguai. A grade escolar paraguaia é ligeiramente a brasileira. A avaliação feita pelo MECPY se concentra no final de cada período chamado de Grado. Destarte, as provas são para o 3º Grado, 6º Grado. Para 9º Grado, segundo informação direta do MECPY, estão sendo previstas avaliações para o ano de 2013 ou 2014. Destarte, podemos desmembrar esse modelo em três:

• PPY3ªG = f(G; IDH; IPm); terceiro grado.
• PPY6ºG = (G; IDH; IPm); sexto grado.
• PPYM = f(G; IDH; IPm); Média entre o 3º e o 6º grado.

Modelos de Regressão Econométrica (Grupo 2): nesses modelos, em ambos os países são alocados dados chamados de NBI (Necessidades Básicas insatisfeitas) ou índices primários, não elaborados. Os NBIs são métodos diretos para identificar carências em uma população e caracterizar a pobreza. De uma forma geral, utiliza-se de indicadores relacionados com quatro áreas de necessidades básicas das pessoas: habitação, serviços sanitários, educação básica e ingresso mínimo da população a serviços. No Paraguai, estão disponíveis no DGPE e, no Brasil, no IBGE.

No Paraguai são utilizados os seguintes índices: AC. EDUC (Acesso a Educação), Q. Casa (Qualidade da Casa), INF SAN (Infraestrutura Sanitária) e C. SUBS (Capacidade Adicional de População). A maioria desses dados é produzida pelo DGPE em associação com a CEPAL. O INF SAN (Infraestrutura Sanitária) considera o número em porcentagem, com domicílios ausentes de abastecimento de água, com esgotamento sanitário adequado e com coleta de lixo. Esses dados são produzidos pela CEPAL/DGPE (Comissão Econômica para América Latina). O índice Q. Casa (Qualidade da Casa) ou qualidade do domicílio que, em um primeiro momento, parece com o índice INF SAN (Infraestrutura Sanitária), com uma aproximação mais cautelosa, são muitos diferenciados. Enquanto o primeiro refere-se exclusivamente ao acesso à infraestrutura sanitária, o segundo trata especificamente da qualidade mínima do domicílio, segundo o Governo Paraguaio. Esse índice é levado em conta a presença de banheiro na residência, as condições de precariedade desta e a média de residentes por dormitório domiciliar. O índice AC. EDUC refere-se à porcentagem da população, em idade escolar que não possui acessibilidade à educação. Finalmente a C. SUBS (Capacidade Adicional da População) refere-se à capacidade do local em suportar população adicional. Esse dado também é produzido pela dupla DPGE/CEPAL. Nesse cálculo é levada em conta a razão entre a taxa média geométrica de crescimento anual da população residente pela (TMGPR/EST PIB) estimativa do PIB municipal.

Destarte, o modelo geral de regressão econométrica da República do Paraguai no grupo 2, é a seguinte: PPY = f (NBIs); onde: PPY é a Prova Paraguai e NBIs são as necessidades básicas insatisfeitas. Assim, temos: PPY = (AC. EDUC; INF SAN; Q. CASA; C. SUBS); em que: PPY é a Prova Paraguai, AC EDUC é Acesso a Educação, Q Casa é a qualidade das casas ou domicílios e C.

SUBS é a Capacidade Adicional de População ou a Capacidade de Subsistência da População e INF SAN é a infraestrutura sanitária. Dessa equação geral, então, podemos subdividi-la em três:

• PPY3ºG = f(AC. EDUC; INF SAN; Q. CASA; C. SUBS); onde 3°G é o 3° grado.
• PPY6ºG = f(AC. EDUC; INF SAN; Q. CASA; C. SUBS); onde 6° G é o 6° grado.
• PPYM = f(AC. EDUC; INF SAN; Q. CASA; C. SUBS); onde M é a média entre o 6° e o 3° grado.

No Brasil, as NBIs são produzidas pelo IBGE (Instituto Brasileiro de Geografia e Estatísticas), segundo pesquisas da POF (Pesquisa de Orientação Familiar). Os índices são parecidos, porém não são idênticos. A primeira diferença se revela nos resultados. Enquanto a república do Paraguai revela em seus índices a população que necessita dos serviços básicos, o IBGE trabalha com a população total em acesso. Para adaptar ao modelo paraguaio, convertemos o índice brasileiro em "100 − x", ou seja, subtraímos apenas a população ausente do serviço oferecido. No que se refere a qualidade e insalubridade das residências que, no governo paraguaio temos dois índices: Q. Casa (qualidade das Casa) e INF SAN (Infraestrutura Sanitária), o IBGE converte em um único índice: o DOM (Déficit do percentual médio de domicílios com abastecimento de água adequado, com esgotamento sanitário adequado e coleta de lixo). Além da infraestrutura sanitária o DOM também classifica as residências em salubre e insalubres. O índice ALF (Déficit da Taxa de Alfabetização da População de 15 anos ou mais) é completamente similar ao índice AC. EDUC paraguaio. Introduzimos, então, dois índices inexistentes na série paraguaia. O primeiro é o CUL (Infraestrutura Cultural), que é a soma dos números de estabelecimentos culturais: teatros, cinemas, bibliotecas, dividido pela raiz da população e multiplicado por 100. Como estamos comparando desempenho escolar com necessidades básicas, achamos interessante, nessa pesquisa, incluir cultura como necessidade básica. O outro índice inexistente na séria paraguaia é a LEI que são Leitos nas Especialidades

Básicas em Hospitais credenciados pelo SUS (Sistema Única de Saúde) para cada grupo de 1000 habitantes. Achamos fundamental incluirmos esse índice porque consideramos primordial, para o processo ensino-aprendizagem, uma saúde perfeita.

Destarte, o modelo geral para regressão econométrica no Brasil, no grupo 2, é a seguinte: IDEB = f (NBIs); onde se deduz IDEB = f (LEI; CUL; ALF; DOM), onde IDEB é o Índice de Desenvolvimento da Educação Básica, LEI são Leitos nas Especialidade Básicas, CUL é a Infraestrtura Cultural, ALF é o Déficit da Taxa de Alfabetização e DOM é o Déficit do Percentual de Domicílios). Destarte, podemos dividir essa equação geral em três outras:

• IDEB4^{a}S = f(G; IDHM; CA; IP), onde 4^{a}s é o quarta série ou o 5º ano de escolaridade.

• IDEB8^a = f(G; IDHM; CA; IP), onde 8^{a}s é a oitava série ou o 9º ano de escolaridade.

• IDEBM = f(G; IDHM; CA; IP) onde "m" é a média entre os valores da 4^a e 8ª séries.

Modelos de Regressão Econométrica (Grupo 3): Pela completa ausência de dados disponíveis sobre corrupção em ambos os países, resolvemos criar em laboratório e montar nossa própria avaliação de percepção de corrupção. O local escolhido por nós teve como peso da escolha o nosso tempo disponível para pesquisa e dados estatísticos disponíveis ao público. Destarte, a região de abrangência é a Região Metropolitana do Estado do Rio de Janeiro. Esse laboratório servirá como amostra populacional de ambos os países aqui pesquisados, visto que, no Paraguai, esses dados não estão disponíveis.

O Índice elaborado por nós foi a "TA" (Transparência Administrativa). Na realidade, não é algo novo, trata-se de uma adaptação de um estudo minucioso feito por DAMÉ (2008) que analisou os municípios auditorados pelos CGU (Controladoria Geral da União) o que resultou em um índice parecido. Os resultados encontrados por DAMÉ (ibidem) são consistentes até mesmo em função da metodologia adotada pelo CGU. Não podemos adotar essa metodologia ou mesmo compilar seus resultados, isso por que o único município sorteado para tal evento no Estado do Rio de Janeiro foi o de Cabo Frio, no período. Destarte, os dados disponíveis para a construção desse índice estão no TCE (Tribunal de Contas do Estado do Rio de Janeiro).

Existem diferenças empíricas profundas nos dois órgãos para a análise e controladoria. O CGU é um órgão federal. Não possui "staff" suficiente para fazer uma varredura de todos os quase 6.000 municípios brasileiros. O que se pode fazer são sorteios. Os municípios contemplados sofrem uma verdadeira devassa em suas contas públicas, com um exército de auditores. A fiscalização é "in loco". Não existe essa possibilidade no TCE-RJ. A fiscalização é feita em laboratório, via relatórios enviados pelos próprios municípios fluminenses. A eficiência auditoral é muita mais fraca do que aquela praticada no CGU.

O modelo TA (Transparência Administrativa) baseado na metodologia de DAMÉ (2008) pode assumir a configuração da seguinte forma: corrupção, má gestão e sem irregularidades. Podemos então dividir a nossa fórmula é uma média entre o IC (Índice de Corrupção) e a IMg (Incidência de Má Gestão):

$$Ta = \frac{IC + IMg}{2}$$

A Incidência de Corrupção (IC) são irregularidades que podem ser agrupadas em três grandes grupos: licitação com desvio, desvio de recursos e superfaturamento. A licitação com desvio ocorre quando existem evidências que os serviços licitados pagos, não foram prestados. Desvios de recursos são caracterizados quando existem despesas sem a comprovação devida. Por fim, superfaturamento ocorre quando os preços pagos estão acima daqueles do mercado, ou a quantidade comprada excede em muito as necessidades para as quais foram destinadas. Nossa fórmula para Incidência de Corrupção (IC) é a seguinte:

$$IC = \frac{\sum Kcor}{\sum Kmun + \sum RKfed}$$
, onde:

$\sum$**Kcor** é o somatório do capital corrompido;
$\sum$**Kmun** é o somatório da arrecadação municipal e
$\sum$**RKfed** é o somatório dos repasses federais.

A fórmula foi feita para que cada irregularidade tivesse seu peso maior em função da quantidade de verbas desviadas em função do comprometimento do todo. Destarte esse critério evita que os municípios de maior porte e população fossem injustiçados pelo número de irregularidades verificadas. O capital corrompido é o somatório dos anos de 2007 a 2010. O lapso temporal foi feito tanto para o orçamento municipal, bem como para os repasses federais, de modo que o IC (Índice de Corrupção), na realidade, é uma média do capital corrompido entre os anos de 2007 até 2010.

Na Incidência de Má Gestão (IMg) foi definida como qualquer irregularidade administrativa que não se configura como as três categorias supracitadas, ou seja, não envolve desvio de recursos públicos. Via de regra, configura-se mais comumente com desvio de função original da verba, ou seja, a verba inicial teria outra função que não aquela original. Podemos observar as seguintes irregularidades:

• intempestividade: não entrega de documentos na data prevista;
• Créditos Suplementares: irregularidades com arrecadação desse tipo de crédito;
• Créditos adicionais;
• Intransparência documental;
• Divergências entre saldo e balanço patrimonial;
• Divergências na dívida ativa;
• Não atendimento em relação às leis de diretrizes orçamentárias;
• Irregularidades com o FUNDEB;
• Irregularidades com os royalties do petróleo;

- Irregularidades com a saúde;
- Irregularidades com o Fundo Municipal dos Direitos da Criança e do adolescente;
- Irregularidades com o exercício anterior;
- Irregularidades no controle interno;
- Divergências com o orçamento anual;
- Divergências com despesas anuais;
- Irregularidades com a seguridade social;
- Divergências contábeis;
- Irregularidades com o setor educacional excetuando-se FUNDEB;
- Ausência documental;
- Metodologia aplicada inadequada;
- Desequilíbrios fiscais;
- Irregularidades com a assistência social.

A fórmula adotada por nós para a Incidência de Má Gestão é a seguinte:

$$IMg = \frac{IMP/RES}{N}$$ onde:

IMP é a impropriedade (no caso as irregularidades) e RES são as ressalvas, que são observações do TCE de correção de boa conduta administrativa. O N é o número de irregularidades observáveis. Destarte a fórmula geral da Transparência Administrativa é a seguinte:

$$IC = \left(\frac{\sum Kcor}{\sum Kmun + \sum RKfed}\right) + \left(\frac{IMP/RES}{N}\right).$$

Destarte, o índice varia de 0 (zero) até 1 (um), o município que atingir o índice zero é totalmente idôneo, e aquele que atingir um ou próximo a isso é totalmente intransparente ou corrupto.

3.4 Coleta de Dados

Todos os dados colhidos por nós são públicos. Estão disponíveis a qualquer cidadão no Mundo. São obtidos através de sites oficiais, no Brasil, tal quanto no Paraguai. Abaixo elucidamos cada um deles e principalmente os órgãos de origem:

• C.A. – Custo Aluno. Produção Independente (dados básicos fornecidos pelo TCERJ (Tribunal de Contas do Estado do Rio de Janeiro – Brasil). Anos de referência: 2003, 2005, 2007 e 2009.

• GINI – Índice de GINI. Entidade Produtora: DGPEPY (Departamento Geral de Pesquisas da República do Paraguai)/PNUD. Ano Referência: 2006.

• GINIm – Índice de Gini Municipal. Entidades Produtoras: IBGE (Instituto Brasileiro de Geografia e Estatística – Brasil) / Prefeituras Municipais. Ano de referência: 2000.

• IDH – Índice de Desenvolvimento Humano. Entidades Produtoras: DGPEPY (Departamento Geral de Pesquisas da república do Paraguai e PNUD (Plano das Nações unidas para o Desenvolvimento). Ano de referência: 2010.

• IDHm – Índice de Desenvolvimento humano Municipal. Entidades Produtoras: PNUD (Plano das Nações Unidas para o Desenvolvimento); IBGE e Prefeituras Municipais. Ano de Referência: 2000.

• IDEB – Índice de Desenvolvimento do Ensino Básico. Entidades Produtoras: INEP/MEC – Brasil (Instituto Nacional de Estudo e Pesquisas Educacionais – Ministério da Educação e Cultura). Anos de referência: 2003, 2005, 2007, 2009 e 2011.

• PPY – Prova Paraguai. Órgão Produtor: MECPY (Ministério da Educação da República do Paraguai). Anos de referência: 2010.

• IPm – Incidência de Pobreza Municipal. Índice utilizado por ambos os países: Brasil e Paraguai. No Brasil foi produzido pelo IBGE em conjunto com as prefeituras municipais. O ano de elaboração foi 2000. No Paraguai foi produzido pelo DGPE no ano de 2004, com o nome de IP (Incidência de Pobreza).

•T.A – Transparência Administrativa: produção independente com dados fornecidos pelo TCERJ (Tribunal de Contas do Estado do Rio de Janeiro). O índice corresponde aos anos de 2007 até o ano de 2010.

CAPÍTULO IV. ANÁLISE E DISCUSSÃO DOS RESULTADOS - DESEMPENHO ESCOLAR VERSUS POBREZA: ESTUDO COMPARATIVO BRASIL-PARAGUAI

Nessa seção abordaremos a análise de resultados estatísticos de desempenho escolar com o nível socioeconômico entre a República Federativa do Brasil e a República do Paraguai. Em várias análises de regressões econométricas, comparamos os rendimentos de alunos de escolas públicas do ensino fundamental de ambos os países. No Brasil, por tratar de um país continental e de regime federativo, adotamos como amostras as Escolas Públicas Municipais do Estado do Rio de Janeiro, açambarcando todos os municípios. Na situação do Paraguai, por não se tratar de um país federativo, e a administração do ensino fundamental ficar a cargo exclusivamente do Distrito Central, Assunção, compilamos os nossos dados não por municípios, porém por divulgação distrital. Por último, analisaremos a construção de um Índice de Corrupção, montado e executado pelo autor, na Região Metropolitana do Estado do Rio de Janeiro com o objetivo de tentar medir o impacto da corrupção no ambiente escolar como uma amostra desse impacto para ambos os países mesmo sabendo-se de realidades sociais e políticas diferentes.

Figura 14 - Políticas Comparativas

Fonte: BID (Banco Interamericano de Desenvolvimento - 2011) - Adaptado pelo autor

4.1 Findings

4.1.1 República Federativa do Brasil

Por ser tratar de uma República e de dimensões continentais, para a representação do Brasil no setor educacional de escolas públicas, adotamos o Estado do Rio de Janeiro como amostra para a representatividade do território brasileiro. A despeito de situar-se numa das áreas mais desenvolvidas do país, o Estado do Rio de Janeiro tem apresentado resultados pífios no que se refere ao seu padrão educacional (INEP, 2011). Seu ranking no ENEM2 só não ficou atrás do Estado do Piauí, um dos estados mais pobres do Nordeste. Existem evidências empíricas de que o Estado do Rio de Janeiro tem se esvaziado no decorrer dos anos (Saviani, 2008; Veloso, 2011; TRTRJ, 2004). Sua decadência acentuada se deu, em um primeiro momento, com o declínio da cultura de café, outrora vigorosa no Norte Fluminense e, posteriormente, no Vale do Rio Paraíba do Sul.

O Golpe de misericórdia veio com a transferência da capital federal para o Centro-oeste do país. Mesmo figurando como o segundo maior PIB per capita nacional (R$ 14.639,00 – TRTRJ, 2011), perdendo apenas para o Distrito Federal, o estado vem paulatinamente perdendo espaço para os emergentes do Centro-oeste. Juntando-se a isso, a concentração de renda aumentou. Os municípios da região metropolitana do estado possuem elevada incidência de pobreza na população. Inferimos que os péssimos resultados educacionais conseguidos pelo estado seriam fruto da disseminação dessa pobreza.

O Estado do Rio de Janeiro é uma das 27 unidades da federação do Brasil, situado na porção lesse da Região Sudeste. Limita-se com o estado de Minas Gerais a norte e noroeste; com o Espírito Santo, a noroeste; com São Paulo a sudoeste; tendo o Oceano Atlântico a lesse e sul. Ocupa uma área territorial de 43.696,054 km2. Como em outras regiões brasileiras, a maior concentração populacional está na área metropolitana. O estado é formado por duas regiões morfologicamente distintas: a baixada e o planalto, que se estendem paralelamente ao longo do oceano. TRTRJ (2004).

A despeito de outras fontes econômicas, o petróleo tem sido o carro-chefe da economia fluminense nos últimos 20 anos. Outra fonte de renda do estado é o turismo, sendo que a cidade do Rio de Janeiro é o principal destino dos turistas nacionais e internacionais. Também de grande valor histórico-arquitetônico temos as cidades de Parati e Vassouras, que conservam ainda a paisagem do Brasil no século XVIII. Além de outros atributos, a capital fluminense sedia gigantescas empresas brasileiras: a Petrobrás, o BNDES, a Vale, a Rede Globo, entre outras.

Figura 15 - Divisão Regional do Estado do Rio de Janeiro

Fonte: SEPE (Sindicato Estadual dos Profissionais da Educação). Disponível em:http://mapasblog.blogspot.com.br/2011/11/mapas-do-essado-do-rio-de-janeiro.html. Acesso em: 10/08/2013

O Estado também possui a terceira maior indústria pesqueira do país, beneficiado pelo seu extenso litoral, porém a infraestrutura produtiva ainda é muito precária como o que ocorre com portos, aeroportos, e terminais de comercialização e mão de obra qualificada. A carência de ferrovias pode ser considerada um dos grandes gargalos para o desenvolvimento do estado. Existe a necessidade de intervenção federal no tocante a investimento estatal.

Existem vários nichos econômicos a serem explorados, no caso do incremento da infraestrutura do estado (ROCHA, 2003). No sul do estado, em fase de execução, está sendo construída a 3ª usina atômica brasileira. O conjunto das três usinas fornecerá 1/3 de toda a energia consumida no estado, eliminando um importante gargalo para a projeção do estado no cenário nacional. Na região, aos arredores de Sepetiba, na área metropolitana do estado, está sendo construído o arco metropolitano do Rio de Janeiro, que é uma série de construções e revitalizações de portos, siderúrgicas, além da construção de mais de 150 km de estradas de rodagem, já em fase de execução, que além e outra externalidades, transformará a Baixada Fluminense em um grande polo logístico de carga. A Lesse do estado, também em fase de implementação, está o polo petroquímico, construído para absorver todo o petróleo proveniente do pré-sal, potencializando a economia local. Massivos investimentos são direcionados para o porto de Açu no Norte Fluminense. Essa área funcionará como base industrial e centro de apoio também para a produção petrolífera dos campos do pré-sal. Outro investimento importante no Estado do Rio de Janeiro, já na fase de estudos preliminares, é o TAV (Trem de Alta Velocidade). Essas obras têm apoio do BNDES – Rocha (2011). Essa conexão ferroviária partirá da cidade do Rio de Janeiro, fazendo escalas em Volta Redonda, Barra Mansa, Rezende, Aparecida, São José dos Campos, São Paulo, Jundiaí e Campinas, estendendo-se por mais de 500 km (2011).

Com a aproximação de eventos internacionais, tais como a Copa do Mundo de Futebol Profissional e as Olimpíadas, estão sendo investidos milhões de dólares provenientes do BNDES (Banco nacional do Desenvolvimento Social) para a área de saneamento básico, principalmente dos municípios em torno da Baía de Guanabara.

Segundo o INEP (2011), a educação pública passa por um mau momento histórico, caracterizando-se por um grande déficit. Essa conta negativa na educação se deve a um baixo índice de atendimento na demanda populacional, principalmente no tocante ao ensino infantil. Por parte do governo do estado falta implementar políticas públicas que resgatem a qualidade e a credibilidade social na educação. Isso só será possível com investimentos massivos no setor, bem como um choque no modelo administrativo vigente. A escola necessita de apoio às necessidades culturais e esportivas. Pretende-se com isso conter a grande evasão, repetência e a diminuição da desigualdade série/idade, tornando essa escola ambiente acolhedor, funcionando como ferramenta que possa alavancar a mobilidade social.

Quando o desempenho educacional do Estado do Rio de Janeiro é comparado aos outros estados da Região Sudeste, esse se revela estar bem aquém desses (MEC, 2013). Todo esse quadro de abandono reflete-se, nos últimos anos, mantido pelo estado que é o ensino médio. Após estar ranqueada no penúltimo lugar em nível nacional, essa posição está associada a elevados índices de reprovação e evasão. Existem carências de estudos que possam explicitar quão baixos níveis de desempenho, que traduzam a real necessidade da população para que se tenha uma política de expansão do ensino no estado adequado ao atendimento dos jovens e adultos não escolarizados ou pouco escolarizados (TCERJ, 2011).

Segundo a Secretaria de Estado de Educação do Estado do Rio de Janeiro (2011), existe um planejamento para resgatar a escola pública, começando pelo IDEB. Nos anos iniciais do ensino fundamental, de 3,8 em 2005 a meta é chegar até 6,050 em 2021. De 3,5 para 5,5 para alunos dos anos finais do ensino fundamental; e de 3,4 para 5,2 para o ensino médio. A meta não foi alcançada para o ensino médio, manteve-se estagnada em 2009 com 3,4. Nos anos iniciais do ensino fundamental houve uma parca melhora, atingindo 4,7. No final, a evolução foi pouco significativa passando de 2,9 em 2005 para 3,0 em 2009 (SEERJ, 2011).

Empiricamente o que observamos é que, apesar de a universalização do ensino aumentar o número bruto de matrículas a cada ano, essa expansão não é refletida em qualidade do ensino (VELOSO, 2011).

O sistema de saúde no Estado do Rio de Janeiro é "Sui-gêneris" em todo território nacional. Funciona com atendimento em nível de prioridades, ou seja, obedece a uma regionalização para escalonar o nível de atendimento ao cidadão (SESRJ, 2011), indo do atendimento mais básico ao de maior complexidade. Isso acontece por uma questão de economia. Segundo o SESRJ (2011) existem nove centros de maior complexidade em todo estado. Todo sistema obedece a uma programação e sua integração depende de um pacto entre os diversos níveis de secretaria de saúde. Assim, o primeiro acolhimento é dado pelo posto de saúde próximo à casa do cidadão. Havendo necessidade de maior complexidade no atendimento, esse posto entrará em contato com a central de regulação onde os procedimentos adequados serão efetuados.

A despeito da planificação de saúde supracitada, o sistema fluminense possui sérios gargalos que necessitam de profunda atenção, tais como: promoção da saúde, prevenções e notificações; falta de um laboratório de saúde pública e um controle de zoonoses; existe insuficiência na oferta de serviços de média a alta complexidade para a população; existe carência de rede de regionalização de atenção às urgências e emergências; subfinanciamento das ações de média e alta complexidade e, por último e não menos importante, existe fragilidade na política de regulação de gastos públicos no setor (TCERJ - 2011).

Cabe ao Governo do Estado, em conjunto com municípios, construir ações necessárias para o cumprimento de um bom atendimento à população fluminense. Essas ações podem ser adicionadas a do governo federal para que haja maior velocidade às respostas oriundas da população. É necessário que haja um pacto entre as três esferas do governo para que esses possam assumir, claramente, suas responsabilidades públicas.

De acordo com o TRTRJ (2011), no Estado do Rio de Janeiro o emprego formal cresceu 2,8% em 2009. Foram criados 88.875 postos de trabalho com carteira assinada. A construção civil lidera a taxa de crescimento dentro do estado, com índice de 5,68%. O extrativismo mineral vem em segundo lugar com 3,37%. A indústria de transformação expandiu à taxa de 1,38%. O comércio que açambarca cerca de 70% do contingente de trabalhadores teve sua expansão na ordem de 2,36% e serviços na ordem de 3,33%.

Como acontece no restante do Brasil, o mercado de trabalho no Estado do Rio de Janeiro teve forte influência na situação social dos indivíduos. Mulheres, negros e pessoas com baixa escolaridade tiveram papel relevante no tocante à fragilidade social. Os grupos supracitados, além de possuírem os piores salários, são mais suscetíveis às demissões. As carências de oportunidades econômicas, que poderiam ser supridas pelos serviços públicos, tais como: educação, saúde e cultura, poderiam melhorar a justiça social em nível regional. A oferta de ensino público de boa qualidade é um pré-requisito para pretensões de um crescimento individual e coletivo. Como já foi verificado aqui, existem correspondências empíricas que nos levam a crer que os níveis de remuneração estão ligados à escolaridade (GRUBER, 2009).

À medida que sobe o grau de escolaridade, percebem-se reflexos imediatos positivo nos salários. De novo, observamos o nosso paradoxo: a falta de bons serviços básicos, como educação, perpetua a pobreza. A perpetuação da pobreza condena a não educação (PANOFSKY, 2008). Cabe-nos, aqui, tecer comentários sobre a economia informal dentro do estado, representado pelos comerciantes ambulantes sem registro legal, que tem aumentado significativa e crescentemente ao longo dos últimos 20 anos TRTRJ (2011). O tráfico de drogas movimenta vultosos investimentos por parte do tráfico e/ou empresários (nacionais e internacionais), aumentando, assim, o número real da violência do sistema ação/reação entre polícia e envolvidos. Elevados índices de violência acabam por afetar outros nichos da economia.

4.1.2 República do Paraguai

A República do Paraguai situa-se na América do Sul, mas, especificamente, é um país Centro-Americano limitado a norte e a oeste pela Bolívia, a nordeste e a lesse pelo Brasil e a sudoeste pela Argentina. É um dos poucos países Sul-Americanos que não possui saída para o mar. Segundo Pineda (2012), possui uma área de 406.752 km2. Quando comparado, é um pouco maior que o estado federativo brasileiro do Mato Grosso do Sul. Ainda segundo Pineda (ibidem), o nome do país é derivado da palavra guarani "paraguái" que significa "de um grande rio". Esse grande rio é o Paraguai que divide o país em duas grandes regiões: a Oriental e Ocidental ou Chaco.

A topografia do país é plana, especialmente a sua porção lesse. O principal produto cultivado na região, segundo LÉON (2008), é a soja. Devido à subida de preços dessa "commodditie" no mercado internacional, a taxa de crescimento bruto do país é a maior da América do Sul. Na porção oeste do território, onde se tem a presença do cerrado, o Grand Chaco, predomina a pecuária como atividade econômica. A principal via de transporte da região é o Rio Paraguai. Esse rio tem uma importância fundamental para o Estado paraguaio que mesmo não tendo saída para o mar possui uma marinha. Nessa região também se encontram muitos brasileiros na região de fronteira, os "brasiguaios", fonte de tensão e problemas entre ambos os países.

Figura 16 - Situação Geográfica da República do Paraguai

Fonte: Pineda (2012) - Adaptado pelo Autor

Segundo Fogel (2002), o principal banco paraguaio é o Banco Central do Paraguai que administra todo o sistema financeiro do país. Os maiores bancos situados no território são: o Interbanco, o Citibank, o Banco Amambay S.A., o Banco Regional e o Banco Nacional de Fomento. Segundo LÉON (2002), os países que mais investem no país são: a Argentina, o Brasil, os Estados Unidos e a Inglaterra. A moeda oficial é o Guarani. A economia atual apresenta-se com forte inflação.

LÉON (ibidem) argumenta que as principais exportações do Paraguai se destinam, sobretudo, para o Brasil, Países Baixos, Argentina, Suíça, Alemanha, Estados Unidos e Itália. Suas importações estão pautadas principalmente no Brasil, seguidos de Japão, Argentina, Estados Unidos, Alemanha e Argélia. São importados: máquinas, equipamentos de transporte, combustíveis, lubrificantes, fumo, bebidas, produtos químicos, farmacêuticos e ferro.

Segundo o BID (2010), a República do Paraguai tornou-se autossuficiente em energia quando entrou em funcionamento, no ano de 1976, o complexo hidrelétrico Acaray, com capacidade total de gerar 190 MW de energia. Com a finalização do projeto binacional Brasil-Paraguai de Itaipu o país tornou-se exportador de energia, principalmente para o Brasil. Segundo ainda o BID (ibidem), dois outros projetos de Yacyretá-Apipé e de Corpus, em cooperação com o governo argentino, tiveram problemas de financiamento.

Segundo o BID (2010), o sistema de transporte paraguaio está adaptado às condições naturais do território. O mais importante é o sistema fluvial. O sistema Paraná-Paraguai abrange uma rede de 1600 km, concentra a maior parte do tráfego comercial internamente e com o MERCOSUL. Assunção é o principal porto do país. A rede ferroviária tem 44 km de extensão. Segundo o BID (Ibidem), as principais linhas são: Estrada de ferro Presidente Carlos Antonio López, que liga Assunção a Encarnação (onde se situa a região mais povoada do país) e a Ferrocarial de Norte, que faz conexão entre Concepción e Horqueta.

As comunicações por estradas de rodagem, segundo o BID (2010), são mais abrangentes totalizando 29.800 km, sendo que 30% desse total são pavimentados, 1600 km são empedrados e 2500 de saibro. A rede rodoviária é muito boa, com conservação permanente. A taxa de rodovias asfaltadas para cada milhão de habitantes é comparada com a chilena e a brasileira, podendo se comunicar com qualquer lugar importante do país.

A cidade de Assunção é cosmopolita, por isso o Aeroporto de Assunção e o Internacional de Guarani são extremamente importantes, pois recebem escalas de linhas aéreas internacionais. Tornou-se um importante centro aéreo internacional de cargas. Segundo o BID (2010), ambos os aeroportos contam com mais de 3.500 metros de extensão. Recebe quaisquer tipos de aeronave, permanecendo abertos 365 dias no ano. Segundo o BID (ibidem), o Paraguai possui uma das menores taxas de linhas telefônica fixas e de uso de internet por pessoa na América do Sul. Provavelmente em função disso, o uso de telefones celulares aumentou consideravelmente. A taxa desse tipo de telefonia corresponde a 50% da população.

Segundo o BID (2010), a expectativa de vida ao nascer na República do Paraguai, era de 75 anos no ano de 2006. Isso consagra o país na 8ª melhor posição do ranking na América do Sul, o mesmo nível que a Argentina. Ainda segundo o BID (ibidem), as despesas públicas em saúde equivalem a 2,6% do PIB, já as privadas equivalem a 5,1% desse mesmo PIB. A mortalidade infantil era de 20 por mil no ano de 2005, já a mortalidade materna era de 150 por 100.000 nascidos vivos segundo o Banco mundial (apud, BID – 2010). Um projeto do Banco Mundial "Mother and Child Basic Health Insurance Project" ajudou o Paraguai a diminuir a mortalidade infantil, bem como a mortalidade materna. Esse projeto também ajudou a diminuir a mortalidade de crianças até 6 anos de idade.

Figura 17 - Principais Entroncamentos Viários da República do Paraguai

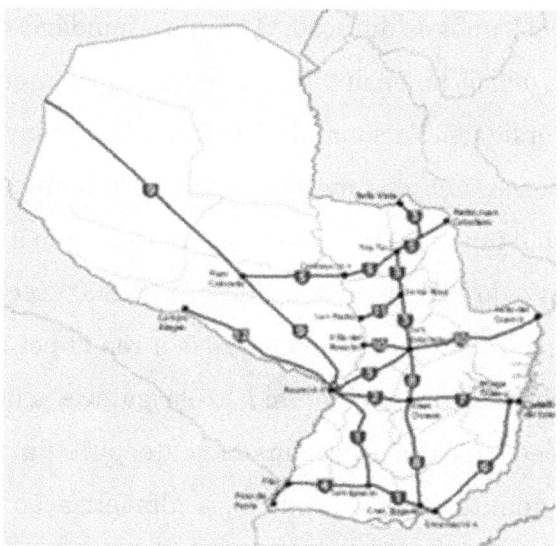

Fonte: BID (Banco Interamericano de Desenvolvimento - Adaptado pelo autor

O êxito dessa empreitada foi um criterioso processo seletivo de áreas verdadeiramente pobres dentro do território paraguaio, onde predominam infecções causadas por sarampo, tuberculose, infecções respiratórias agudas disenteria, ancilostomíase e hepatite que são prevalentes no país. O mal de Chagas e leishmaniose são endêmicos nessas regiões.

Segundo o BID (2010), embora as taxas de mortalidade infantil tenham diminuído desde a década de 1960, elas lideram o "ranking" dentro da América do Sul. A desnutrição continua a ser um grande problema a ser superado e os serviços de saúde pública são raros. Ainda segundo o BID (Ibidem), em 2000 cerca de 4/5 dos paraguaios tinham acesso à água potável, nessa mesma proporção (na população) está ausente o seguro saúde, principalmente entre a população indígena.

A taxa de alfabetização estava cerca de 90% e 87,7% da população paraguaia não terminara o ensino fundamental segundo o Índice de desenvolvimento da Educação de 2008 divulgada pela UNESCO (Apud, BID – 2004). Não existem diferenças gritantes na alfabetização segundo o gênero.

Segundo Pineda (2012), a educação fundamental é gratuita, obrigatória e, igualmente o Brasil, tem 9 anos de duração. O ensino secundário dura três anos.

Mesmo com um déficit no ensino fundamental, o país apresenta ótimas universidades. A Universidade Nacional de Assunção foi fundada em 1890 e a Universidade Americana é uma das melhores instituições da América do Sul segundo o Banco Mundial (apud, BID – 2010). As despesas com a educação total no país eram cerca de 4% do PIB no início da década de 2000 segundo PINEDA (2012), um elevado percentual quando comparadas a renda per capita do país. A educação básica também é gratuita, porém não obrigatória acima dos 13 anos de idade segundo Pineda (2012). Aproximadamente 90% da população são alfabetizadas, porém, admite Pineda (Ibidem), a alfabetização funcional seja bem menor.

Nos últimos anos, com ajuda do BID, a infraestrutura urbana tem dado saltos significativos. No ano de 2010 foi liberada uma verba no montante de US$ 125 milhões para ajudar a renovar Assunção e implantar sistemas de ônibus eficientes e de alta capacidade de transporte. Esse programa, sem dúvida, contribuirá para a melhoria da competitividade e reativação da economia urbana com a implementação de um sistema de transporte acessível à população de baixa renda. Com isso, a acessibilidade aos programas básicos de saúde, educação, atividades culturais e oportunidades de trabalho deve ter um novo significado.

No Porto de Assunção já se pode ver um processo de revitalização. Está previsto pelo BID a construção de 54.000 metros quadrados de prédios de escritório, estacionamento, paisagismo do espaço externo e restauração de prédios públicos históricos. A maior parte dos recursos, segundo o BID (2010) será destinado à construção do primeiro corredor de transporte público, que inclui 17 km de corredores exclusivos e 100 km de via secundárias, dois pátios de ônibus, uma estação intermediária de baldeação e linhas de ciclismo ao longo do porto.

4.2 Análises de Regressão Econométrica

4.2.1 Modelos de Regressão Econométrica (Grupo 1)

Nesses modelos os índices de coeficientes escolares são regredidos com os parâmetros tradicionais de qualidade de vida: IDHM (Índice de desenvolvimento Humano Municipal), I.GINI (Índice de Gini), IP (Incidência de Pobreza) e C.A. (Custo Aluno).

No Brasil (Unidade Federativa do Rio de Janeiro):

Investigar a relação entre pobreza (representado nesse documento pelo IDHM – Índice de Desenvolvimento Humano Municipal; Incidência de Pobreza e o índice de Gini), uma Proxy de investimento educacional (representada aqui pelo Custo-Aluno) e o coeficiente de aprendizagem, aqui representado pelo IDEB (Índice da Educação Básica) dos alunos do ensino fundamental das escolas públicas municipais do Estado do Rio de Janeiro. Tendo o IDEB como variável determinante ou resposta e as variáveis explicativas (as co-variáveis) as demais para o caso brasileiro. Na República do Paraguai a variável determinante é a Prova Paraguai.

Base de dados é composta por 276 observações, sendo 92 observações correspondentes a cada um dos anos 2005, 2007 e 2009. A Tabela 1 apresenta algumas estatísticas descritivas das variáveis de interesse no estudo e que serão consideradas nesse trabalho. Os dados foram tratados em conjunto, sem a distinção do ano a que se referem. Como é possível observar na tabela abaixo, houve ocorrência de "missings" (dados perdidos) em todas as variáveis estudadas. O tamanho amostral correspondente a cada variável é informado em "N". Como pode ser observado no gráfico abaixo, valor médio para o Índice de educação básica (IDEB) correspondente a 4ª série nos 3 anos tratados é 4,17 com um desvio padrão de 0,56. Os valores mínimos e máximos encontrados para essa variável correspondem a 2,90 e 6,10, respectivamente.

Tabela 1 - Estatísticas Descritivas das Variáveis que Compõe a Base de Dados do Grupo I (Modelos de I ao III)

	IDEB 4ªSérie	IDEB 8ªSérie	IDEB Médio	Custo por aluno	Índice de Gini	IDHm	Incidência de Pobreza (%)
N	269	235	269	R$ 259,00	273	273	273
Missings	7	41	7	R$ 17,00	3	3	3
Média	4,17	3,66	3,68	R$ 2.722,98	0,42	0,76	32,26
Mediana	4,10	3,70	3,80	R$ 2.553,22	0,42	0,76	30,33
DP	0,56	0,50	0,73	R$ 1.140,33	0,03	0,03	14,64
Mínimo	2,90	2,40	1,45	R$ 674,48	0,36	0,68	10,90
Máximo	6,10	5,70	5,40	R$ 7.794,88	0,55	0,89	76,37
Soma	1122,50	859,70	991,10	R$ 705.251,79	116,01	207,27	8807,16

Fonte: Tabulações próprias

Com um valor médio atingido pelos alunos do primeiro segmento do ensino fundamental colocado acima, a média do governo federal ainda está longe de ser alcançada que é a 6,0. Média essa considerada a ideal vinculada nos países da OCDE. Como o avanço do IDEB nessa séria específica regrediu ao longo de dois anos, o governo federal necessita rever suas estratégias para atingir tal meta.

Gráfico 13 - Histograma das Possíveis Variáveis Respostas - IDEB4ªS - Grupo I (Modelos de I ao III)

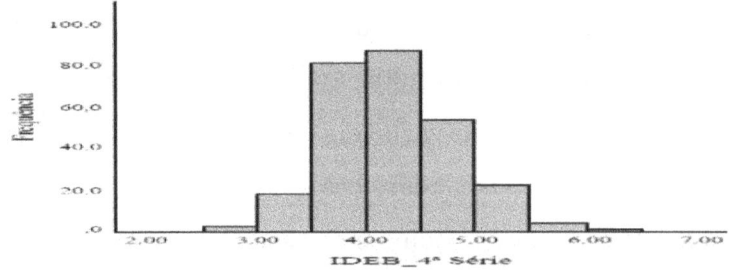

Fonte: Tabulações Próprias (Mean = 4,1729; Std Dev = 0,56401; N = 269)

O valor médio para o Índice de educação básica (IDEB) correspondente à 8ª série nos 3 anos tratados é 3,66, como pode ser verificado no gráfico abaixo, com um desvio padrão de 0,50. Os valores mínimos e máximos encontrados para essa variável correspondem a 2,40 e 5,70, respectivamente. Empiricamente quando analisamos o banco de dados (anexo 1) verificamos, com raríssimas exceções, que todos os municípios fluminenses possuem uma grande defasagem, em relação ao despenho do IDEB, dos alunos do segundo segmento do ensino fundamental quando comparado ao primeiro. Na região metropolitana do estado isso é mais visível. Inferimos aqui que a passagem do aluno do primeiro para o segundo segmento do ensino fundamental seria mais traumática, necessitando uma supervisão mais adequada da família e principalmente de gestores educacionais. Segundo o INEP (2011), com essa média de 3,66 e com a atual progressão dessa faixa de alunos no IDEB, o país só conseguirá atingir a média dos países desenvolvidos em 2020.

Gráfico 14 - Histograma das Possíveis Variáveis Respostas IDEB8ªS - Grupo I (Modelos de I ao III)

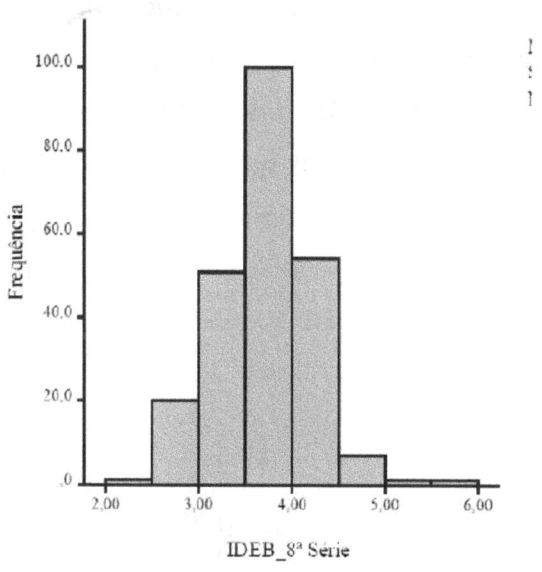

Fonte: Tabulações Próprias (Mean = 3,6583; Std Dev = 0,4952; N = 235)

Como se pode observar no gráfico abaixo, o valor médio para o Índice de Educação Básica (IDEB-MED) entre a 4ª e 8ª série é 3,68 com um desvio padrão de 0,73. Os valores mínimos e máximos encontrados para essa variável correspondem a 1,45 e 5,40, respectivamente. Quando comparamos todo o ensino fundamental em conjunto, a visão que temos é traumática. Com uma média de 3,68, segundo Veloso (2011), pode ser comparada com a dos países africanos e inferiores à média dos estudantes negros da África do Sul. Essa é uma observação paradoxal, pois mesmo sabendo-se dos rigores do sistema de apartheid praticado naquele país ao longo de décadas, consegue ter uma média superior a mostrada acima. Como sabemos que o padrão de vida da sociedade brasileira, como um todo, é superior ao praticado pela população negra da África do Sul, inferimos que o processo gestor também é grande responsável por esse quadro.

O valor médio para o custo por aluno nos 3 anos tratados é R$ 2.722,98 com um desvio padrão de R$1.140,33. Os valores mínimos e máximos encontrados para essa variável correspondem a R$ 674,48 e R$ 7.794,88, respectivamente, como pode ser verificado no gráfico abaixo. Carreira & Pinto (2007) argumentam que existe um consenso, em nível nacional, do que seria uma matriz chamada Custo- Custo-Aluno-Qualidade. Essa matriz foi incorporada no texto da Emenda Constitucional 53/2006, que instituiu o FUNDEB. Porém não existe uma definição do mínimo de investimentos em reais.

Gráfico 15 - Histograma das possíveis Variáveis Resposta - IDEBMEDIO - Grupo I (Modelos de I ao III)

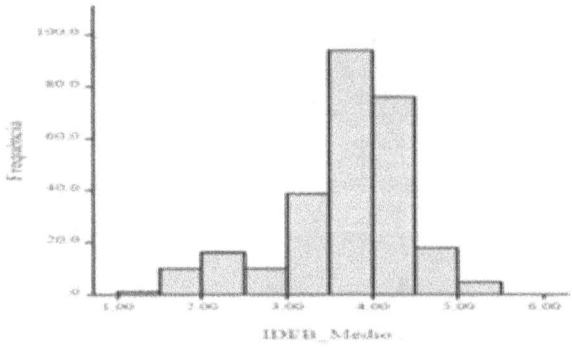

Fonte: Tabulações próprias (Mean = 3,6844; Std Dev = 0, 7299; N = 269)

O que podemos ter como referência são investimentos dos países desenvolvidos fornecidos por Veloso, que estima que o valor mínimo praticado pelos países da OCDE é da ordem de U$ 10.000,00/aluno-ano no ensino fundamental. A média registrada aqui investida pelos gestores dos municípios do Estado do Rio de Janeiro está muito aquém da praticada pelos países desenvolvidos, mesmo quando consideramos a diferença de desenvolvimento entre os países. Como veremos mais adiante, a covariável Custo-Aluno foi descartada pelo sistema "stepwise" como variável significativa nos dois dos três modelos aqui apresentados. Podemos inferir que o quadro apresentado é devido ao alto grau de corrupção da gestão educacional. Segundo o relatório geral do TCERJ (2011), no estado, cerca de 50% de todos os recursos da pasta são desviados.

O valor médio para o Índice de GINI nos 3 anos tratados é 0,42 com um desvio padrão de 0,03. Os valores mínimos e máximos encontrados para essa variável correspondem a 0,36 e 0,55, respectivamente, como demonstra o gráfico abaixo.

Gráfico 16 - Histogramas das Possíveis Variáveis Resposta Custo-Aluno - Grupo I (Modelos de I ao III)

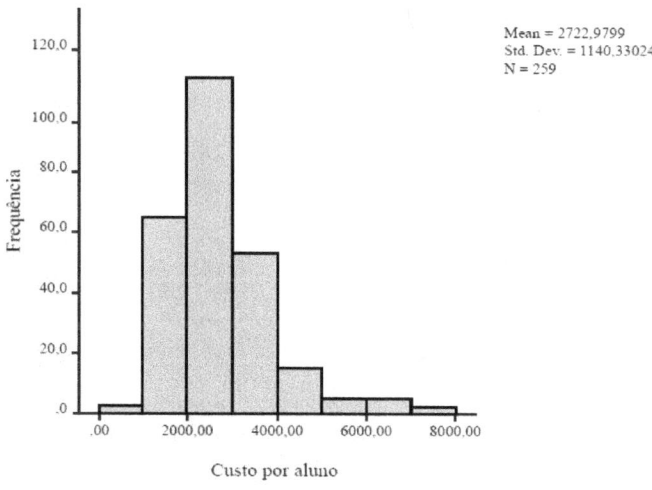

Fonte: Tabulações Próprias

A desigualdade apresentada pelo índice de Gini do Estado do Rio de Janeiro com a média aqui apresentada pode ser comparada com os estados do Nordeste do país, onde sabidamente a desigualdade é a maior quando comparada as demais regiões. Porém, o Índice médio de Gini apresentado aqui possui distorções. A média aqui leva apenas considerações dos índices oficiais apresentados por cada município. Não existe ponderação populacional. Os municípios de maior concentração populacional, como os da Região Metropolitana, que possuem maior contingente populacional, foram subavaliados. A média de Gini na região metropolitana está na ordem de 0,40, mostrando, assim, uma situação mais aguda.

O valor médio para o Índice de desenvolvimento humano municipal nos 3 anos tratados é 0,76, com um desvio padrão de 0,03. Os valores mínimos e máximos encontrados para essa variável correspondem a 0,68 e 0,89, respectivamente. A distribuição da frequência, como mostra o gráfico abaixo, se concentra à esquerda, em um valor mais baixo.

Gráfico 17 - Histograma das Possíveis Variáveis Resposta Índice de Gini - Grupo I (Modelos de I ao III)

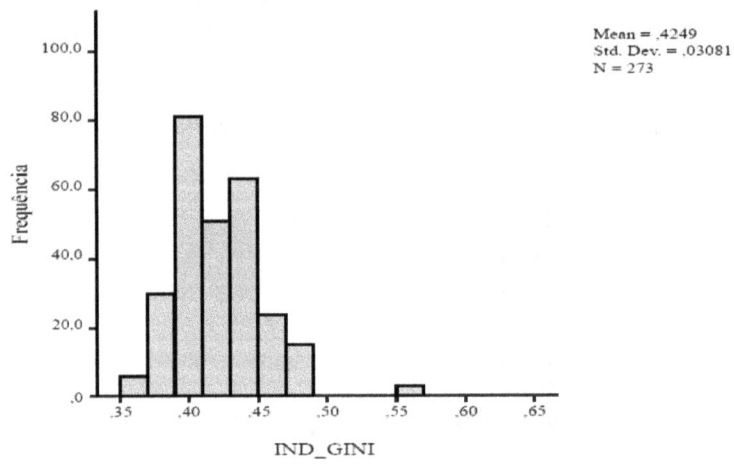

Fonte: Tabulações próprias

A média de 0,76 para o IDHM, segundo dados da PNUD (2011) configura condições de desenvolvimento humano intermediárias, porém inferior à média nacional que está por volta de 0,78. Porém, se levarmos em consideração que a média aqui apresentada é aquela demonstrada pelos órgãos oficiais vinculadas aos municípios e não se levado em consideração a ponderação por população, a situação ainda pode ser mais aguda. Isso acontece porque é na região metropolitana do estado onde se concentra o menor IDHM (ver banco de dados em nexo 1) e onde também se concentram 80% da população. Não adotamos apenas a região metropolitana como amostra, a despeito do Brasil se configurar um país majoritariamente urbano, por essa população não representar o universo total. Cidades de pequeno porte, sobretudo interioranas, ainda apresentam comportamento social distinto daquelas verificadas nas áreas metropolitanas (SANTOS, 2006). Abrir mão do comportamento social assumido por essas populações aumentaria o risco de viés no nosso estudo.

Gráfico 18 - Histograma das Possíveis Variáveis Resposta IDHm - Grupo I (Modelos de I ao III)

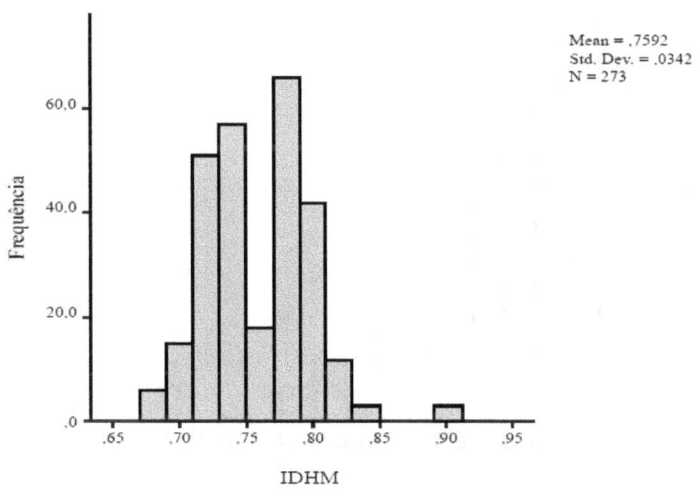

Fonte: Tabulações próprias

De todas as covariáveis, a melhor que se adaptou aos modelos aqui apresentados foi a Incidência de Pobreza. O valor médio para a incidência de pobreza nos 3 anos tratados é 32,26% com um desvio padrão de 14,64%. Os valores mínimos e máximos encontrados para essa variável correspondem a 10,90% e 76,37%, respectivamente, como demonstra o gráfico abaixo. Os valores máximos de incidência de pobreza nos municípios apresentam números expressivos superiores a 30% da população. Mais uma vez os dados apresentados aqui são subestimados, pois representam uma média entre os dados oficiais dos municípios, não levam em consideração a ponderação por população. Quando examinamos, no anexo 1, o banco de dados por município, verificamos que na região metropolitana, onde a incidência de pobreza é mais acentuada e, como foi assinalado, possui a maior concentração populacional.

Gráfico 19 - Histograma das Possíveis Variáveis Resposta Incidência de Pobreza - Grupo I (Modelos de I ao III)

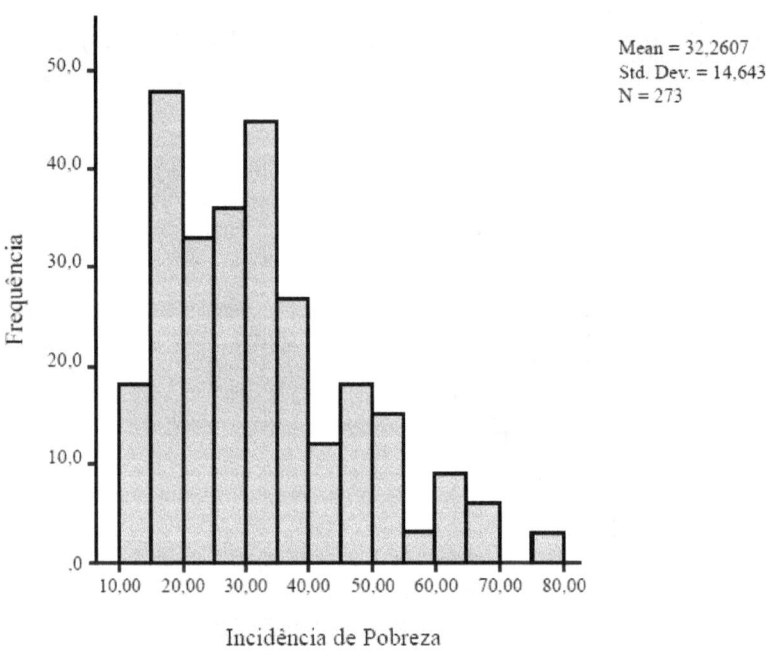

Fonte: Tabulações próprias

Só no município de Duque de Caxias, 2ª maior população do estado, com quase um milhão de habitantes, a incidência de pobreza está acima de 50% da população. No município de Belford Roxo a incidência de pobreza que atinge a população é a expressiva cifra de 60,6%. Analisando empiricamente o banco de dados dos municípios, com uma rápida observação na incidência de pobreza e o rendimento do IDEB, a correlação é inconfundível.

B - Análise Estatística:

A fim de se comparar diversos modelos de regressão, nesse trabalho foram considerados os seguintes modelos (Grupo I):

a) Modelo1: Variável resposta: IDEB 4ª série

Covariáveis: Custo por aluno; Índice de GINI; IDHm e Incidência de Pobreza.

b) Modelo2: Variável resposta: IDEB 8ª série

Covariáveis: Custo por aluno; Índice de GINI; IDHm e Incidência de Pobreza.

c)Modelo3: Variável resposta: IDEB Médio

Covariáveis: Custo por aluno; Índice de GINI; IDHm e Incidência de Pobreza.

a) Modelo I - Grupo I:
Variável resposta: IDEB 4ª série
Covariáveis: Custo por aluno; Índice de GINI; IDHM e Incidência de Pobreza.
Em um primeiro momento foram realizados testes dos pressupostos:

a1) Normalidade da Amostra: teste de Kolmogorov-Simov. O teste de Kolmogorov-Simov é um teste estatístico para verificar a normalidade de um dado conjunto de dados. A hipótese nula é que os dados se distribuem de maneira normal sempre que $p<0.05$, rejeita-se tal hipótese caso contrário e conclui-se que os dados não seguem uma distribuição normal. A estatística do teste é chamada D. Resultado: D = 0,0726; p < 0,15. Com o elevado valor de p, conclui-se portanto, que os resíduos seguem distribuição normal, conforme indicado previamente pelo histograma da figura abaixo.

Gráfico 20 - Histograma de Resíduos IDEB 4ª série - Grupo I (Modelos de I ao III)

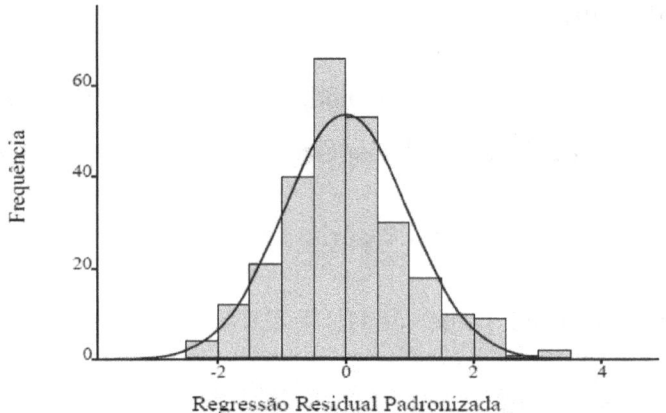

Fonte: Tabulações próprias

a2) Independência das Variáveis Preditoras (multicolinearidade): Há diversas métricas para se pensar no problema de multicolinearidade, uma das mais comuns chama-se coeficiente semiparcial de regressão, no entanto, uma maneira mais simples de se "farejar" possíveis problemas de multicolinearidade é simplesmente olhando-se para a matriz de correlação de Pearson das variáveis Preditoras como logo abaixo. Repare que todos os coeficientes são relativamente baixos. Os coeficientes em vermelho são significativos, mas ainda assim são muito baixos, isso, portanto faz com que estejamos tranquilos quanto ao problema da multicolinearidade. Somente se tivéssemos correlações significativas mais fortes, acima de 0.6 ou -0.6 (GUJARATI, 2006), deveríamos nos preocupar e proceder a uma análise de coeficientes parciais, a posteriori. Resumindo: para esse modelo não existem problemas de multicolinearidade.

Tabela 2 - Matriz de Correlação de Pearson Entre as Variáveis Preditoras - IDEB4ªS - Modelo I - Grupo I

	Custo/ Aluno	IND GINI	IDH	INC POBREZA
Custo/Aluno	1,00	-0,14	0,05	-0,31
IND GINI	-0,14	1,00	0,16	-0,11
IDH	0,05	0,16	1,00	-0,52
INC POBREZA	-0,31	-0,11	-0,52	1,00

Fonte: Tabulações próprias

a3) Homocedasticidade dos Resíduos – Teste: Comparação por Intervalo de Confiança: Quando os resíduos se distribuem de maneira homogênea sobre a reta de regressão, os pontos no gráfico acima devem cair dentro do intervalo de confiança, dentro das linhas tracejadas, repare que isso não acontece.

Gráfico 21 - Homocedasticidade dos Resíduos - Teste: comparação por Intervalo de Confiança - Modelo I - Grupo I

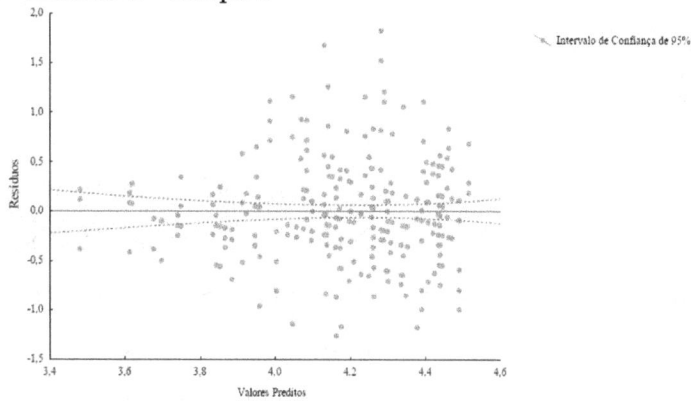

Fonte: Tabulações próprias

Com base nos resultados do gráfico acima, pode-se ver que a maior parte dos resíduos se distribui fora das linhas tracejadas delimitadas pelo intervalo de confiança, logo, os resíduos não apresentam variação homogênea ao longo da reta de regressão. Como argumentamos anteriormente, essa heterocedasticidade não implica empecilho grave em função da natureza investigativa a que nos propomos.

a4) Autocorrelação dos Resíduos – Teste de Durbin-Watson: A essatística D de Durbin-Watson é a métrica mais comumente utilizada para se verificar autocorrelação dos resíduos. Para valores de Durbin-Watson menores que 1 tem-se problemas de autocorrelação dos resíduos, já para valores próximos de 2 tais problemas são pequenos, para valores maiores que 2 não há problemas de correlação de resíduos, já o número aqui denominado Serial dá uma noção da intensidade dessa correlação, que tem o máximo em 1, que seria o pior dos mundos, e tem o mínimo em 0, que seria total ausência de correlação entre os resíduos, logo, no nosso caso, o modelo mostra-se aceitável também nesse quesito.

Tabela 3 - Estatística Durbin-Watson - IDEB4ªS - Modelo I - Grupo I

	D – essatística de Durbin-Watson	Serial
Estimate	1,662035	0,163210

Fonte: Tabulações próprias

a5) Resultados Modelo 1: Em modelos de regressão existe um método chamado Stepwise para lidar com essa situação. De maneira simples, há basicamente dois passos: ForwardStepwise e BackwardStepwise. No Primeiro caso, inicia-se o modelo sem nenhuma variável, e então o algoritmo computacional vai adicionando uma a uma cada variável e testando a significância da mesma, medindo o quanto a adição de uma nova variável realmente adiciona algo na explicação do modelo, ou não adiciona nada. Pelo princípio da parcimônia ou Navalha de Ockhan, quanto menos variáveis um modelo possuir e quanto mais ele puder explicar com essas variáveis melhor, de maneira geral quando algumas variáveis não contribuem para a explanação da variável resposta elas são consideradas como não significativas, ou dito de outra maneira, excluídas, do modelo geral. No método BackwardStepwise faz-se o contrário, inicia-se o modelo com todas as variáveis e em seguida vai-se "retirando" uma a uma.

Abaixo, em todos os casos iniciou-se com as 4 variáveis preditoras, e uma combinação dos métodos de Stepwise, buscando encontrar a melhor explanação possível, foi o que resultou na eliminação de uma ou outra variável. Somente as variáveis significativas possuem poder explanatório.

O Valor R-quadrado (**R^2= 0,17. ANOVA, F(1,264)=54,018 p<0.01**) é a porcentagem de variação da variável IDEB que está sendo explicada pelo modelo. No caso isso significa 17%. O F é a estatística para avaliar a significância do modelo, com $p<0.01$ implica que o Modelo é significativo.

Tabela 04 - Coeficientes Beta - IDEB4ªS - Modelo 1 - Grupo I

	Coeficiente Beta	Erro Padrão	Esstatística t(264 graus de liberdade)	p
Intercepto	4,17	61,34772	0,000000	Incidência de Pobreza
-0,412139	0,056076	-7,34970	0,000000	

Fonte: Tabulações próprias

Embora tenham sido incluídas as quatro variáveis no Modelo, apenas a variável Incidência de Pobreza mostrou-se significativa. O coeficiente negativo, -0,41, indica uma relação negativa da variável IDEB, que é também significativa, $p<0.01$. A equação de regressão do modelo ajustado é a seguinte: **IDEB_4ªsérie = 4,705–0,041 (Incidência de pobreza).** A interpretação dos coeficientes nesse caso é a seguinte: sem incidência de pobreza, ou seja, quando 0 % de incidência de pobreza é igual a zero, o valor esperado do IDEB_4ª série é de 4,705. A cada aumento de 1 unidade na incidência de pobreza, espera-se uma diminuição média de 0,041 unidades no IDEB_4ªsérie. Portanto, o aumento na incidência de pobreza implica diminuição no Índice da Educação Básica – IDEB_4ªsérie.

Existe, então, uma indicação, ao redor de 20% que a pobreza, no linguajar de Fernández (1991), essa atrapa o desenvolvimento intelectual de crianças. Essa conclusão veio junto de evidências epistemológicas verificadas por Vygotsky (apud Panofsky – 2011), Veloso (2011) e Peregrino (2010). Crianças envolvidas por ambientes empobrecidos possuem dificuldades de desenvolver, nas palavras de Vygotsky, sua zona de desenvolvimento proximal, ou especificamente a zona que poderia potencializar seu desenvolvimento intelectual, aquela ao redor da criança. Para nós, essa incidência de pobreza seria completada pela visão do investimento em insumo, em educação caracterizada pelo custo-aluno que não foi possível fazermos uma correlação positiva. Porém, se levarmos em conta que 50% de todos os recursos destinados à educação são desviados, dessa forma até a exclusão dessa covariável torna-se aproveitável, já que os valores do investimento por aluno estão viesados pela corrupção. Assim, políticas públicas eficientes para melhorar a qualidade da educação de jovens e adultos deveriam levar em consideração o "cinturão" de entorno desses jovens, melhorando as condições de vida da família, estimulando políticas de enriquecimento de suas comunidades, tendo como foco uma escola verdadeiramente estimuladora.

b) Modelo II - Grupo I:
Variável resposta: IDEB 8ª série.
Covariáveis: Custo por aluno; Índice de GINI; IDHM e Incidência de Pobreza.
Em um primeiro momento foram realizados testes dos pressupostos:
b1) Normalidade dos Resíduos – Teste de KolmogorovSimov: Resultado: D = 0,1805; p < 0,0100. O Baixo valor de p indica que os resíduos não se distribuem normalmente.

b2) Independência das Variáveis Preditoras (multicolinearidade): A tabela abaixo mostra correlações significativas, porém, baixas entre as variáveis preditoras, o que nos previne do problema de multicolinearidade na geração dos modelos. Isso é válido para ambos os modelos, uma vez que as variáveis preditoras são as mesmas para os demais. Aqui também não foi detectado problema de multicolinearidade.

Tabela 5 - Matriz de Correlação de Pearson Entre as Variáveis Preditoras - IDEB8ªS - Modelo II - Grupo I

	Custo/ Aluno	IND GINI	IDH	INC POBREZA
Custo/Aluno	1,00	-0,14	0,05	-0,31
IND GINI	-0,14	1,00	0,16	-0,11
IDH	0,05	0,16	1,00	-0,52
INC POBREZA	-0,31	-0,11	-0,52	1,00

Fonte: Tabulações próprias

b3) Homocedasticidade dos Resíduos – Teste: Comparação por Intervalo de Confiança: Também nesse modelo, com base nos resultados do gráfico abaixo, pode-se ver que a maior parte dos resíduos se distribui fora das linhas tracejadas delimitadas pelo intervalo de confiança, logo, os resíduos não apresentam variação homogênea ao longo da reta de regressão. Também, como argumentamos, anteriormente esse resultado não configura empecilho determinante para o modelo aqui apresentado (GUJARATI, 2006).

Gráfico 22 - Homocedasticidade dos Resíduos - Teste de Comparação por Intervalo de Confiança - Modelo II - Grupo I

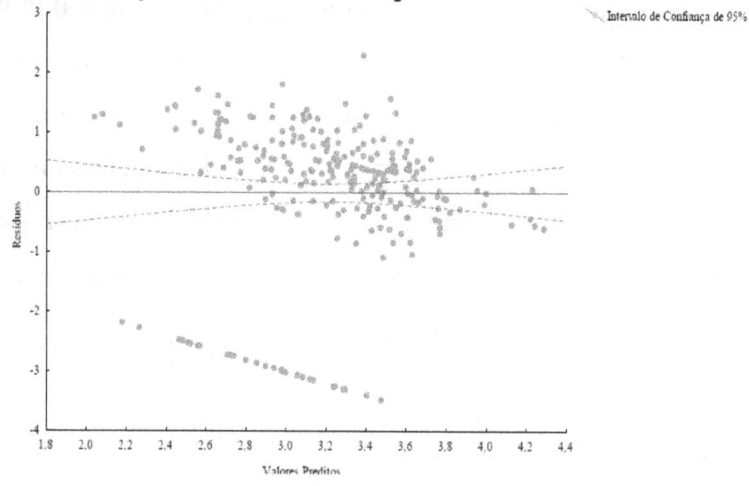

Fonte: Tabulações próprias

b4 - Autocorrelação dos Resíduos – Teste de Durbin-Watson: Para valores de Durbin-Watson menores que 1, tem-se problemas de autocorrelação dos resíduos. Já para valores próximos de 2, tais problemas são pequenos; para valores maiores que 2, não há problemas de correlação de resíduos, já o número aqui denominado Serial dá uma noção da intensidade dessa correlação, que tem o máximo em 1, que seria o pior dos mundos, e tem o mínimo em 0, que seria total ausência de correlação entre os resíduos, logo, no nosso caso, o modelo mostra-se sem problemas de auto correlação dos resíduos, como demonstra a tabela abaixo.

Tabela 6 - Estatística Durbin-Watson - IDEB8ªS - Modelo II - Grupo I

	D – essatística de Durbin-Watson	Serial
Estimate	2,089308	-0,045038

Fonte: Tabulações próprias

b5) Resultados do Modelo II - Grupo I: O Valor R-quadrado é a porcentagem de variação da variável IDEB que está sendo explicada pelo modelo. No caso, isso significa aproximadamente 9%. O F é a estatística para avaliar a significância do modelo, com p<0.01 implica que o Modelo é significativo. **R^2= 0,08924918 F(3,261)=9,6236, p<0.01.** Veja que abaixo tivemos 2 variáveis significativas, isso é, o algoritmo stepwise implicou seleção de duas variáveis que, juntas somam 9% de explicação do modelo. As covariáveis selecionadas foram o IDH e o Custo Aluno, evidenciando nesse modelo que a proxy de bem-estar social e o investimento direto que se faz no aluno per capita se torna preponderante para um bom desempenho no coeficiente educacional.

Tabela 7 - Coeficiente Beta IDEB8ªS - Modelo II - Grupo I

	Coeficiente Beta	Erro padrão na estimativa de beta	Essatistica t com 261 graus de liberdade – t(261)	p-
Intercept	3,66		-2,76643	0,006072
IDH	0,244361	0,059632	4,09784	0,000056
Custo Aluno	-0,151573	0,059531	-2,54614	0,011468

Fonte: Tabulações próprias

A Correlação Semiparcial indica e o R-quadrado semi parcial indicam quanto cada variável explica o modelo sozinha, sem a atuação da outra, ou sem estar em conjunto com a outra.

Tabela 8 - Correlações Parciais IDEB8ªS - Modelo II - Grupo I

	Coeficiente Beta	Correlação Semi Parcial	R quadrado parcial	t(261)	p-level
IDH	0,244361	0,240687	0,029848	4,09784	0,000056
Custo Aluno	-0,151573	-0,149548	0,026546	-2,54614	0,011468

Fonte: Tabulações próprias

A equação de regressão do modelo ajustado é: **IDEB_8ªsérie = 3,66 + 0,244 (IDHM) − 0,151 (Custo-Aluno).** A interpretação dos coeficientes nesse caso é a seguinte: quando o IDH for zero e o Custo-Aluno for zero, o IDEB-4ª série será de 3,66, ou a média dos alunos do primeiro segmento do ensino fundamental será de 3,66. A cada aumento de uma unidade do Índice de Desenvolvimento Humano Municipal, a nota do IDEB será acrescida de 0,244. A cada diminuição de uma unidade do investimento Custo-Aluno, a nota será decrescida de 0,151. A despeito da existência de heterocedasticidade verificada no modelo, a conclusão desse é muito significativa. O IDHM mede a qualidade de vida de um determinado cidadão numa dada comunidade ou país. Essa qualidade está vinculada, acima de tudo na renda, longevidade ou à expectativa de vida e, por último, ao grau de escolaridade de um determinado indivíduo.

Pessoas, especificamente crianças, que possuem uma elevada qualidade de vida, traduzida em boas escolas, ambiente salubre em suas residências, uma alimentação equilibrada, acessibilidade a esporte e lazer de qualidade e, onde existe infraestrutura para o seu aprendizado, tendem a aprender melhor, pois existe um cinturão de qualidade que as cerca além dos muros da sala de aula.

O Custo-Aluno é outra face da realidade. Investimento em uma boa educação, ambientes sadios que possam despertar e alavancar o desejo da aprendizagem tornam-se fundamentais. Aqui, a inferência é que cada unidade de investimento retirada do aluno diminui em 0,151 na sua média global. Esse resultado está subestimado. O Estado, aqui representado pelas prefeituras, mascara o verdadeiro investimento em educação. A prestação de contas para os órgãos competentes, aqui no caso o TCERJ (2011), se dá por sorteio. A entidade não possui staff suficiente para fazer uma controladoria regular em todo o território. Quando a inspeção é feita, de uma forma geral, encontram-se profundas irregularidades. O TCERJ (2011) afirma que mais de 50% de toda verba destinada ao setor são desviados para outros fins. Inferimos, além dessa problemática, que esse desvio é travestido em corrupção. Nesse caso, o investimento aluno teria uma importância muito maior do que verificamos nesse quadro estatístico.

c) Variável resposta: IDEB-médio.
Covariáveis: Custo por aluno; Índice de GINI; IDHM e Incidência de Pobreza.
Em um primeiro momento foram realizados testes dos pressupostos:

c1) Normalidade dos Resíduos – Teste de Kolmogorov Simov: Resultado: D = 0,1613; p < 0,0100; o Baixo valor de p indica que os resíduos não se distribuem normalmente, como pode ser observado pelo gráfico abaixo.

Gráfico 23 - Histograma dos Resíduos - IDEBM - Modelo III - Grupo I

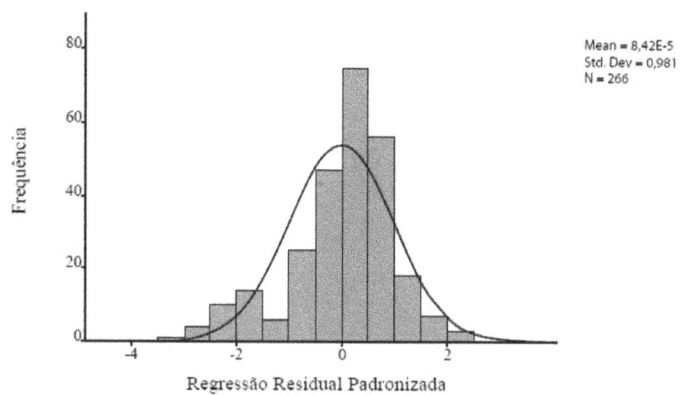

Fonte: Tabulações próprias

c2 - Independência das Variáveis Preditoras (multicolinearidade): A tabela abaixo mostra correlações significativas, porém baixas entre as variáveis preditoras, o que nos previne do problema de multicolinearidade, aqui não se apresenta problemas para a integridade do modelo, como demonstra a tabela abaixo.

Tabela 9 - Matriz de Correlação de Pearson Entre as Variáveis Preditoras - IDEBM - Modelo III - Grupo I

	Custo/ Aluno	IND GINI	IDH	INC POBREZA
Custo/Aluno	1,00	-0,14	0,05	-0,31
IND GINI	-0,14	1,00	0,16	-0,11
IDH	0,05	0,16	1,00	-0,52
INC POBREZA	-0,31	-0,11	-0,52	1,00

Fonte: Tabulações próprias

c3 - Homocedasticidade dos Resíduos – Teste: Comparação por Intervalo de Confiança: Analisando o gráfico de dispersão abaixo, verificamos que, em sua maioria, os resíduos estão distribuídos fora do intervalo de confiança configurando-se heterocedasticidade.

Gráfico 24 – Homocedasticidade Entre as Variáveis Preditoras – IDEBM – MIII - GI

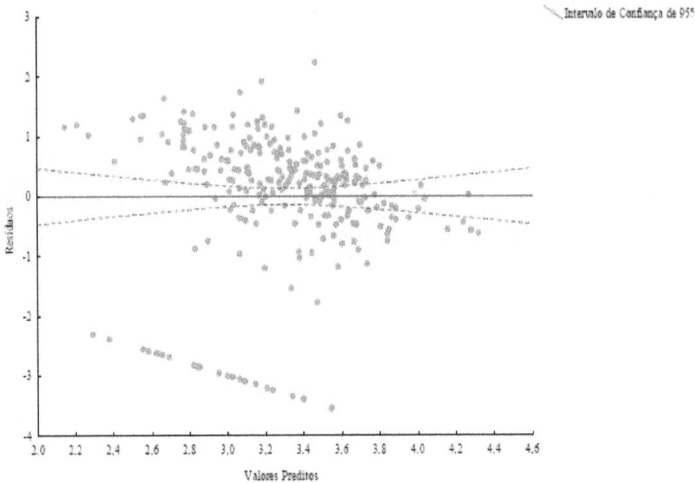

Fonte: Tabulações próprias

c4 - Autocorrelação dos Resíduos – Teste de Durbin-Watson: Para valores de Durbin-Watson menores que 1, tem-se problemas de autocorrelação dos resíduos. Já para valores próximos de 2, tais problemas são pequenos, para valores maiores que 2, não há problemas de correlação de resíduos.

Tabela 10 - Estatística Durbin-Watson - IDEBM - Modelo III - Grupo I

	D –Essatística de Durbin-Watson	Serial
Estimate	2,060234	-0,030610

Fonte: Tabulações próprias

Já o número aqui denominado Serial, dá uma noção da intensidade dessa correlação, que tem o máximo em 1, que seria o pior dos mundos, e tem o mínimo em 0, que seria total ausência de correlação entre os resíduos, logo, no nosso caso, o modelo mostra-se sem problemas de autocorrelação dos resíduos, como mostra a tabela abaixo.

c5 - Resultados do Modelo III - Grupo I: O Valor R-quadrado é a porcentagem de variação da variável IDEB que está sendo explicada pelo modelo. No caso isso significa aproximadamente 9%. O F é a estatística para avaliar a significância do modelo, com p<0.01 implica que o Modelo é significativo. **R^2= 0,08924918 F(3,261)=9,6236, p<0.01**. O Valor R-quadrado é a porcentagem de variação da variável IDEB que está sendo explicada pelo modelo. No caso isso significa aproximadamente 10%. O F é a estatística para avaliar a significância do modelo, com p<0.01 implica que o Modelo é significativo. Observe, na tabela abaixo, que tivemos 2 variáveis significativas, isso é, o algoritmo stepwise implicou seleção de duas variáveis que, juntas, somam 10% de explicação do modelo.

Tabela 11 - Coeficientes Beta _ IDEBM - Modelo III – Grupo I.

	Coeficiente Beta	Erro Padrão na Estimativa	t(262)	p
Intercept	3,68		-2,69366	0,007523
IDH	0,254286	0,059207	4,29483	0,000025
Custo Aluno	-0,167835	0,059103	-2,83972	0,004869

Fonte: Tabulações próprias

A Correlação Semiparcial mostra que o R-quadrado semi parcial indica quanto cada variável explica o modelo sozinho, sem a atuação da outra, ou sem estar em conjunto com a outra.

Tabela 12 - Correlação Semiparcial, IDEBM - Modelo III – Grupo I.

	Coeficiente Beta	Correlação SemiParcial	R quadrado Parcial	t(262)	p-level
IDH	0,254286	0,250456	0,029898	4,29483	0,000025
Custo Aluno	-0,167835	-0,165600	0,026456	-2,83972	0,004869

Fonte: Tabulações próprias

O resultado da tabela e do modelo é o seguinte: **IDEB_ médio = 3,68 + 0,254 (IDHM) – 0,167 (Custo-Aluno)**. A interpretação dos coeficientes nesse caso é a seguinte: quando o IDHM for igual a zero e o Custo-Aluno for igual à zero, a média do IDEB de todo o ensino fundamental será igual a 3,68. Para cada acréscimo de uma unidade de qualidade de vida, aqui representada pelo

IDH, a nota adicionada é de 0,254. A cada unidade retirada do investimento-aluno, em reais existirá uma diminuição na nota de 0,167. Como os betas aqui são idênticos ao modelo 2 e os resultados são visivelmente muito próximos, as considerações feitas no modelo 2 servem integralmente para o modelo 3.

Em todos os modelos aqui por nós testados, encontramos problemas com a dispersão dos resíduos, ou seja, achamos comprovadamente a presença de heterocedasticidade. Kaszman e Gonçalves (2011) nos chamam a atenção para o seguinte: tanto em ciências biológicas como em ciências sociais é muito raro que os modelos sigam todos os pressupostos. O que devemos pensar é na robustez do modelo em relação à quebra do pressuposto, e isso liga diretamente o que se espera do modelo. Se esse foi construído para antecipar o futuro, segundo Kaszman e Gonçalves, a heterocedasticidade pode ser um problema grave. Por outro lado, se o modelo ajuda a entender um fenômeno, isso explica explanação de um entendimento. Nesse caso, pode-se ir em frente. De todos os pressupostos, segundo os autores supracitados, o mais importante é a autocorrelação dos resíduos e a multicolinearidade, ambos estando ausentes em todos os modelos.

As transformações possíveis no modelo para a correção dessa falha foram feitas na seguinte ordem: logarítmica; 1/D, sendo D o valor da variável a ser transformada; raiz quadrada e arco seno.

O modelo mais robusto foi o primeiro, que teve como variável explicativa válida a Incidência de Pobreza. Sozinha, essa variável explica cerca de 20% da nota atribuída ao IDEB. Demonstrando mais uma vez que a existência de pobreza dentro do ambiente próximo da criança, podendo comprometer o seu desenvolvimento intelectual. Os modelos 2 e 3 são muito próximos entre si. Possuem como variáveis explicativas significativas o IDHM e o Custo-Aluno. Respectivamente explicam as notas do IDEB com 9 e 10% dos resultados. Comprovando mais uma vez que um Proxy da pobreza (aqui representada pelo IDHM) consegue explicar a questão do aprendizado. Também em ambos os modelos foi comprovado que o investimento em educação, aqui representado pela Proxy custo-aluno, é uma ferramenta importante para entendermos o desempenho escolar. Mesmo sabendo-se do alto grau de corrupção existente no setor, que tende a subestimar os resultados dessa Proxy, ela se mostrou presente nas equações finais, relevando de importância a sua presença.

Dessa forma, com exceção do Índice de Gini, que não apareceu significativamente em nenhum modelo, todos os proxys vinculados à pobreza tornaram-se preponderantes em um modelo ou outro. A não permanência concomitante do Índice de Gini ou da Incidência de Pobreza, em um mesmo modelo, já era por nós esperada, uma vez que ambos possuem como base de sua construção a extrema pobreza. Nós as colocamos juntos no mesmo modelo a fim de que pudesse ser testada a melhor correlação.

Modelo I aplicado na República do Paraguai: A fim de se comparar diversos modelos de regressão, nesse trabalho foram considerados os seguintes modelos (Grupo I):

d)Modelo 4: 3º grd (PY) = f(IDH; CGINI; I.POB)
Covariáveis: Índice de Desenvolvimento Humano, Coeficiente de Gini e Incidência de Pobreza.

e)Modelo 5: 6º grd (PY) = f(IDH; CGINI; I.POB)

Covariáveis: Custo por aluno; Índice de GINI; IDHm e Incidência de Pobreza.
f)Modelo 6: 6º grd (PY) = f(IDH; CGINI; I.POB)
Covariáveis: Custo por aluno; Índice de GINI; IDHm e Incidência de Pobreza.

d)Modelo 4: 3º grd (PY) = f(IDH; CGINI; I.POB)

Covariáveis: Índice de Desenvolvimento Humano, Coeficiente de Gini e Incidência de Pobreza.

d1 - Análise Exploratória do Banco de Dados: A análise dos dados da tabela sobre os índices da República do Paraguai nos revela que o número de observações de cada item sempre é igual a 18. O maior IDH observado na série é de 0,83 e o menor 0,68, o valor médio de 0,74. A maior discrepância social verificada pelo Índice de GINI é de 0,62 menor de 0,45. Sua média foi de 0,53. A maior parcela da população inserida na pobreza foi na ordem de 53% e a menor foi de 21%, a média de população pobre foi na ordem de 0,39%.

Tabela 13 - Banco de Dados - Qualidade de Vida x NBIs x Desempenho Escolar - República do Paraguai (3º Grado, 6º Grado, Grado Médio) - Modelos IV, V e VI - Grupo I

	IDH	CGINI	I.POB	AC. EDUC	Q. CASA	INF. SAN.	C. SUBS	X3	X6	MED	REP	EVAS
N	18,00	18,00	18,00	18,00	18,00	18,00	18,00	18,00	18,00	18,00	18,00	18,00
Média	0,74	0,53	0,39	10,30	38,03	25,53	16,84	55,82	46,40	51,11	4,13	5,19
Mediana	0,74	0,53	0,40	10,35	36,90	19,20	17,45	54,70	47,42	51,06	3,80	4,65
DP	0,03	0,05	0,09	3,64	11,84	18,22	4,40	6,27	4,87	5,37	1,54	2,33
Mínimo	0,68	0,45	0,21	3,60	17,00	6,30	6,20	46,69	36,54	41,61	2,30	2,45
Máximo	0,83	0,62	0,53	19,40	66,10	66,70	24,10	66,15	56,96	60,44	8,70	10,40
Soma	13,29	9,56	6,95	185,40	684,50	459,50	303,20	1004,83	835,28	920,00	74,40	93,45

Fonte: Tabulações próprias

A maior carência de acesso educacional foi 19,4% da população e a menor foi de 3,6%. Em média, essa carência está em torno de 10,3%. Em relação ao setor habitacional, encontrou-se o valor máximo de percentual 66,1% da população sem moradia adequada, enquanto o valor mínimo percentual dessa categoria foi na ordem de 17%, a média da população sem habitação decente é de 38,03%. Em relação à infraestrutura sanitária, o valor máximo da população encontrado sem esse serviço foi na ordem de 66,7% e o menor foi de 6,3%. A média da população sem esse serviço é de 25,53%. Em média, a capacidade de suportar população adicional no Paraguai foi de 16,84%, o maior valor percentual foi de 24,1% e o menor de 6,2%.

X3 representa notas do 3° grado, sua média é de 55,82; a maior nota foi de 66,15 e a menor de 46,69. X6 representa a nota do 6° grado, sua média foi de 46,4; a maior nota verificada foi de 56,96 e a menor de 36,54. As reprovações, em média, representam 4,13% da população estudantil. A maior média de reprovados foi na ordem de 8,7 e a menor 2,3. Em média, a população evadida de alunos é de 4,13%; o maior número de evadidos verificados foi na ordem de 10,4% e o menor foi de 2,45. O maior desvio Padrão observado em toda amostra foi da ordem de 18,22 na infraestrutura sanitária, e a menor foi de IDH, 0,03.

d2 - Teste de Normalidade: Teste de Shapiro-Wilk para 3° grd resultou em um p valor de 0,220, indicando normalidade nessa variável (p < 0,0100 indica que os resíduos não se distribuem normalmente). Na tabela abaixo, podem ser observadas as correlações de 3° grd com as covariáveis, apenas o C. Gini mostrou-se significativa.

d3 - Dispersão: Verifica-se uma dispersão elevada entre as covariáveis em função do intercepto (nota do 3° Grd). Isso relata uma fraca correlação entre as variáveis

Gráfico 25 - Dispersão Entre as Variáveis Preditoras e o Intercepto, 3° grd - Modelo IV – Grupo I.

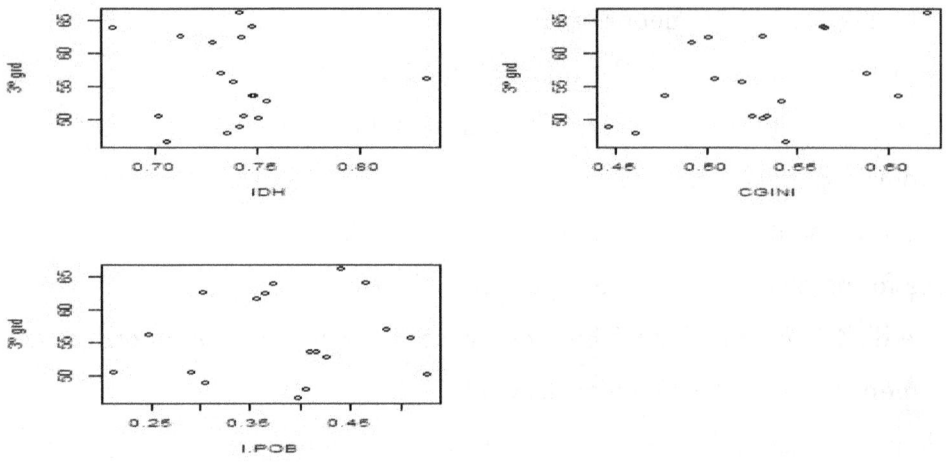

Fonte: Tabulações próprias

d4 - Independência das Variáveis Preditoras - Multicolinearidade: Os valores revelados na tabela são muito baixos, o que significa que não houve multicolinearidade entre as variáveis preditas.

Tabela 14 - Matriz de Correlação de Pearson - Modelo IV - Grupo I

	IDH	C.GINI	I.POB
IDH	1	-0,160	-0,003
C.GINI	-0,16	1	0,340
I.POB	-0,003	0,340	1

Fonte: Tabulações próprias

d5 - Autocorrelação dos Resíduos: Teste Durbin-Watson: Submetido ao teste, o modelo respondeu com 0,306. Para valores de Durbin-Watson menores que 1, tem-se problemas de autocorrelação dos resíduos, já para valores próximos de 2, tais problemas são pequenos; para valores maiores que 2 não há problemas de correlação de resíduos.

d6 - Homocedasticidade por Intervalo de Confiança: o teste de Goldfeld foi utilizado nele p valores maiores que 0,05 é aceito como homocedástico. Como p

– valor foi = 0,620, não houve problema de homocedasticidade. Como podemos verificar a matriz de correlação das variáveis com o intercepto, apenas CGINI mostrou-se significativo.

Tabela 15 - Matriz de Correlação com as Covariáveis com o Intercepto - 3º Grado - Modelo IV - Grupo I

	Correlação	Valor p
IDH	-0,0749	0,7676
CGINI	0,3822	0,0175
I.POB	0,1115	0,6596

Fonte: Tabulações próprias

d7 - Pressupostos: Os gráficos abaixo mostram se houve quebra de algum pressuposto: homocedasticidade, multicolinearidade e autocorrelação dos resíduos. Nenhum deles foi quebrado

Gráfico 26 - Verificação dos Pressupostos, Modelo IV – Grupo I.

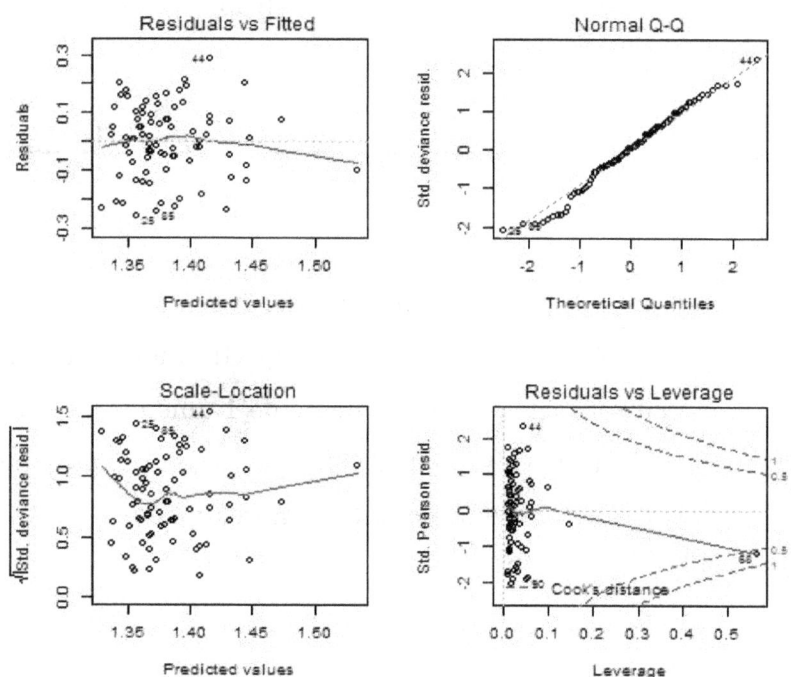

Fonte: Tabulações próprias

d8 - Análise de Regressão Econométrica: A análise dos dados na tabela abaixo nos revela que nenhuma variável foi considerada viável. Dessa forma tentamos ajustar o modelo. O resultado foi a seguinte:

Tabela 16 - Resultado do Modelo Econométrico Reajustado, 3° grd, Modelo IV – Grupo I.

	Estimativa	Erro Padrão	valor t	valor p
Intercepto	3,4762	0,7641	4,5490	0,0005
IDH	0,0352	0,8813	0,0400	0,9687
CGINI	1,0026	0,6177	1,6230	0,1269
I,POB	-0,0472	0,3280	-0,1440	0,8876

Fonte: Tabulações próprias

Mesmo com o modelo ajustado, verificamos que nenhuma variável mostrou-se significativa. Porém, a variável CGINI mostrou-se apta para a rodagem de um segundo modelo. Dessa forma conseguimos:

Tabela 17 - ANOVA resultante, 3° grd, Modelo IV – Grupo I.

	Estimate	Std. Error	t value	Pr(>|t|)
(Intercept)	3,50180	0,28629	12,23146	0,00000
CGINI	0,96912	0,53726	1,80384	0,00012

Fonte: Tabulações próprias ($R^2 = 0,1793$)

A equação resultante do processo é a seguinte: Prova PY 3° Grd = 3.5 + 0,96 (CGINI). A interpretação é a seguinte: quando o CGINI for igual a zero, a média da Prova Paraguai será 3,5. A cada aumento de 1 unidade de CGINI, a Prova Paraguai terá acréscimo de 0,96 pontos. O R^2 representa quanto o modelo explica a realidade. Nesse caso, o modelo explica aproximadamente 17% da realidade.

e) Modelo V – Grupo I - 6° grd (PY) = f{(IDH; C.GINI; I.POB).

e1) Dispersão: Verifica-se uma dispersão elevada entre as covariáveis em função do intercepto (nota do 3° Grd). Isso relata uma fraca correlação entre as variáveis.

Gráfico 27 - Dispersão Entre as Variáveis Preditoras, Modelo V (6° Grado) – Grupo I

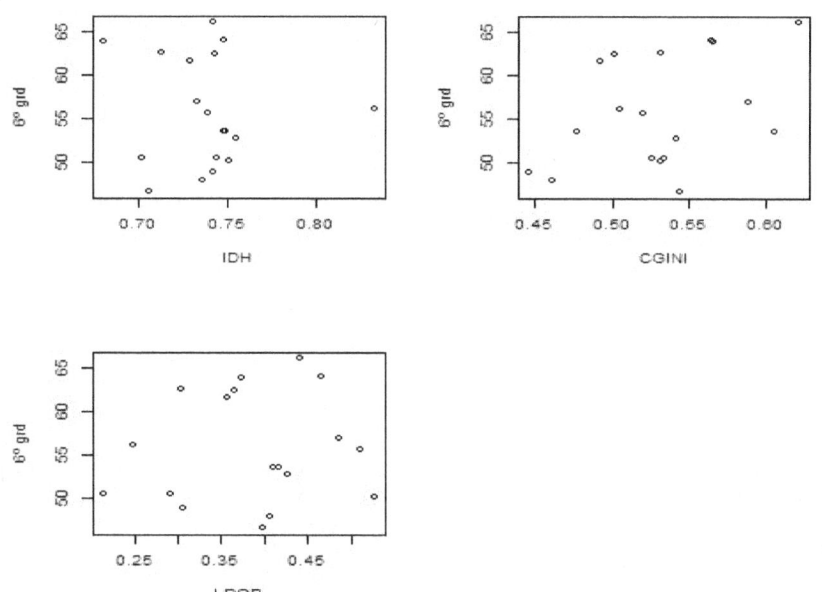

Fonte: Tabulações próprias

e2) Teste de Normalidade: O teste de Shapiro-Wilk para 6° grd resultou em um p valor de 0,902, indicando normalidade nessa variável ($p < 0,0100$ indica que os resíduos não se distribuem normalmente). Na tabela podem-se observar as correlações de 6° grd com as covariáveis, apenas a variável C. Gini foi considerada significativa.

e3) Independência das Variáveis Preditoras: Os valores revelados na tabela são muito baixos, o que significa que não houve multicolinearidade entre as variáveis preditas.

Tabela 18 - Matriz de Correlação de Pearson - Modelo V - 6ª Grado - Grupo I

	IDH	C.GINI	I.POB
IDH	1	-0,160	-0,003
C.GINI	-0,16	1	0,340
I.POB	-0,003	0,340	1

Fonte: Tabulações próprias

e4 - Autocorrelação dos Resíduos: teste Durbin-Watson: submetido ao teste, o modelo respondeu com 0,160. Para valores de Durbin-Watson, menores que 1, tem-se problemas de autocorrelação dos resíduos; já para valores próximos de 2, tais problemas são pequenos. Para valores maiores que 2 não há problemas de correlação de resíduos.

e5) Homocedasticidade por Intervalo de Confiança: o teste de Goldfeld foi utilizado nele p valores maiores que 0,05 são aceitos como homocedásticos. Como p – valor foi = 0,933 não houve problema de homocedasticidade. Como podemos observar na matriz de correlação entre as covariáveis e o intercepto, apenas C.Gini mostrou-se significativa.

Tabela 19 - Matriz de Correlação Entre as Variáveis Preditoras e o Intercepto - Modelo V - Grupo I

	Correlação	Valor p
IDH	-0,0987	0,6968
CGINI	0,3233	0,0190
I.POB	0,0010	0,9968

Fonte: Tabulações próprias

e6 - Pressupostos: Os gráficos abaixo mostram se houve quebra de algum pressuposto: homocedasticidade, multicolinearidade e autocorrelação dos resíduos. Nenhum deles foi maculado.

e7 - Análise de Regressão Econométrica:

Tabela 20 - Resultado do Modelo V (6ª Grado) - Grupo I

	Estimativa	Erro Padrão	valor t	valor p
Intercepto	3,16813	0,74305	4,264	0,000787
IDH	0,30504	0,85697	0,356	0,727183
CGINI	0,86645	0,60066	1,442	0,01711
I.POB	-0,05516	0,3189	-0,173	0,865163

Fonte: Tabulações próprias

As análises dos dados nos permitem concluir que apenas o C. Gini mostrou-se significativo. Dessa forma, o modelo comporta as seguintes características: **6° Grd = 3,16 + 0,86 (C. Gini)**. Como resultado temos o seguinte: quando o C. Gini for igual a zero, a nota do 6° grado será de 3,16; para cada acréscimo de unidade de Coeficiente de Gini teremos o aumento na nota de 0,86.

f) Modelo 6 Grupo I - MED (PY) = f{(IDH; CGINI; I.POB).

f1) Teste de Normalidade: o teste de Shapiro-Wilk para 6° grd resultou em um p valor de 0,689, indicando normalidade nessa variável (p < 0,0100 indica que os resíduos não se distribuem normalmente). Na tabela, podem-se observar as correlações de 6° grd com as covariáveis, apenas a variável C. Gini foi considerada significativa. O teste de Shapiro-Wilk para MED (PY) resultou em um p valor de 0,81, indicando normalidade nessa variável. Na tabela, podem-se observar as correlações de MED com as covariáveis e nenhuma se mostrou significativa.

f2) Dispersão: como verificado pelos gráficos abaixo, o modelo não apresentou problemas de dispersão.

Gráfico 28 - Dispersão Entre as Var. Preditoras, Modelo VI (6° Grado) – Grupo I

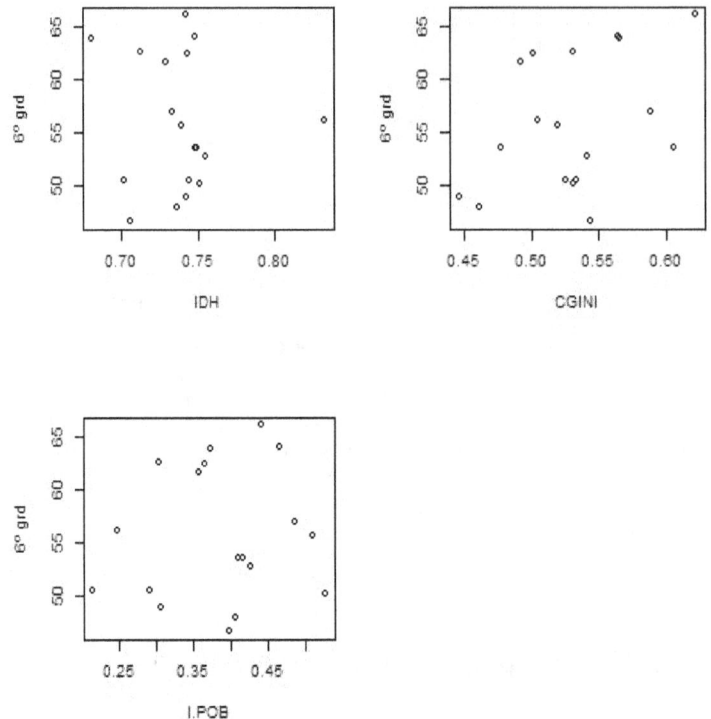

Fonte: Tabulações próprias

f3) Independência das Variáveis Preditoras (multicolinearidade): Os valores revelados na tabela são muito baixos, o que significa que não houve multicolinearidade entre as variáveis preditas.

Tabela 21 - Matriz de Correlação de Pearson - Modelo V (6ª Grado) - Grupo I

	IDH	C.GINI	I.POB
IDH	1	-0,160	-0,003
C.GINI	-0,16	1	0,340
I.POB	-0,003	0,340	1

Fonte: Tabulações próprias

f4) Autocorrelação dos Resíduos: teste Durbin-Watson: submetido ao teste, o modelo respondeu com 0,160. Para valores de Durbin-Watson, menores que 1, tem-se problemas de autocorrelação dos resíduos; já para valores próximos de 2, tais problemas são pequenos. Para valores maiores que 2 não há problemas de correlação de resíduos.

Tabela 22 - Matriz de Correlação Entre as Variáveis Preditoras e o Intercepto - Modelo V (6ª Grado) - Grupo I

	Correlação	Valor p
IDH	-0,0987	0,6968
CGINI	0,3233	0,0190
I.POB	0,0010	0,9968

Fonte: Tabulações próprias

f5) Homocedasticidade por Intervalo de Confiança: O teste de Goldfeld foi utilizado nele p valores maiores que 0,05 são aceitos como homocedásticos. Como p – valor foi = 0,933 não houve problema de homocedasticidade. Como podemos observar na matriz de correlação entre as covariáveis e o intercepto, apenas C.Gini mostrou-se significativa.

f6) Pressupostos: Os gráficos abaixo mostram se houve quebra de algum pressuposto: homocedasticidade, multicolinearidade e autocorrelação dos resíduos. Nenhum deles foi maculado.

Gráfico 29 - Verificação dos Pressupostos - Modelo V (6º Grado) - Grupo

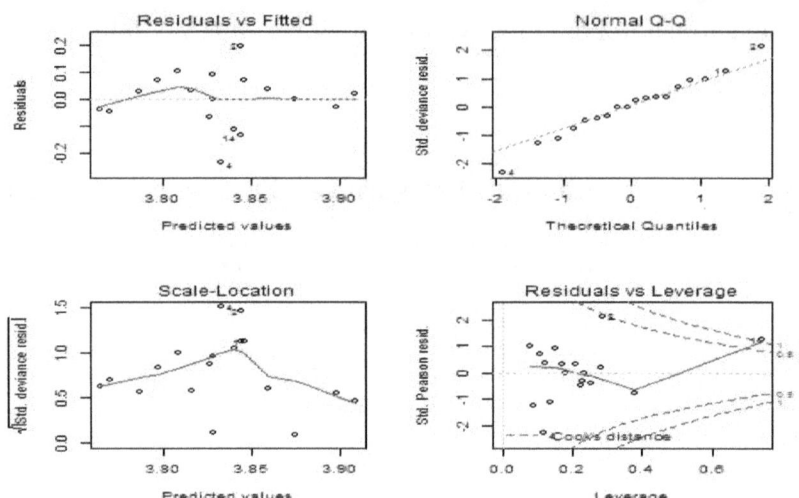

Tabulações próprias

f7) Análise de Regressão Econométrica:
Tabela 23 - Resultado do Modelo, Modelo V (6º Grado) – Grupo I.

	Estimativa	Erro Padrão	valor t	valor p
Intercepto	3,16813	0,74305	4,264	0,000787
IDH	0,30504	0,85697	0,356	0,727183
CGINI	0,86645	0,60066	1,442	0,01711
I.POB	-0,05516	0,3189	-0,173	0,865163

Fonte: Tabulações próprias

As análises dos dados acima nos permitem concluir que apenas o C. Gini mostrou-se significativo. Dessa forma, o modelo comporta as seguintes características: **6º Grd = 3,16 + 0,86 (C. Gini).** Como resultado temos o seguinte: quando o C. Gini for igual a zero, a nota do 6º grado será de 3,16; para cada acréscimo de unidade de Coeficiente de Gini teremos o aumento na nota de 0,86.

g) Modelo 6 Grupo I - MED (PY) = f{(IDH; CGINI; I.POB).
g1) Teste de Normalidade: o teste de Shapiro-Wilk para 6º grd resultou em um p valor de 0,689, indicando normalidade nessa variável (p < 0,0100 indica que

os resíduos não se distribuem normalmente). Na tabela, podem-se observar as correlações de 6º grd com as covariáveis, apenas a variável C. Gini foi considerada significativa. O teste de Shapiro-Wilk para MED (PY) resultou em um p valor de 0,81, indicando normalidade nessa variável. Na tabela, podem-se observar as correlações de MED com as covariáveis e nenhuma se mostrou significativa.

g2) Dispersão: Verifica-se uma dispersão elevada entre as covariáveis em função do intercepto (nota do 3º Grd). Isso relata uma fraca correlação entre as variáveis.

Gráfico 30 - Gráficos de Dispersão Entre as Variáveis Preditas - MED PY - Modelo VI - Grupo I.

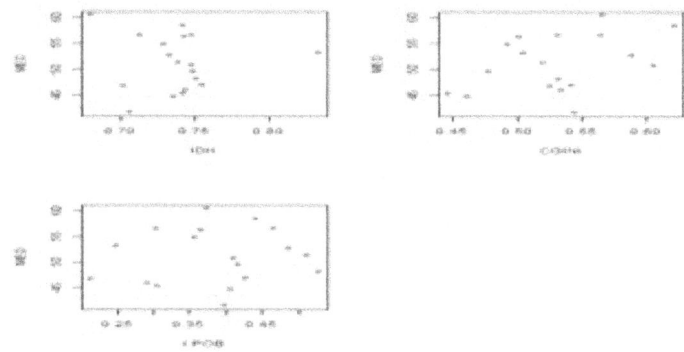

Fonte: Tabulações próprias

g3 - Independência das Variáveis Preditoras - Multicolinearidade: Pelos valores de baixa intensidade argumentamos que o modelo não é multicolinear.

Tabela 24 - Matriz de Correlação de Pearson - Modelo VI (Grado MED) - Grupo I

	IDH	C.GINI	I.POB
IDH	1	-0,160	-0,003
C.GINI	-0,16	1	0,340
I.POB	-0,003	0,340	1

Fonte: Tabulações próprias

g4) Autocorrelação dos resíduos: Teste Durbin-Watson: submetido ao teste, o modelo respondeu com 0,192. Para valores de Durbin-Watson, menores que 1, tem-se problemas de autocorrelação dos resíduos, já para valores próximos de 2, tais problemas são pequenos; para valores maiores que 2 não há problemas de correlação de resíduos.

g5) O teste de Goldfeld foi utilizado nele p valores maiores que 0,05 e são aceitos como homocedásticos. Como p – valor foi = 0,827, não houve problema de homocedasticidade. Verificando a matriz de correlação abaixo, observamos que não existe variável significante para esse modelo.

Gráfico 31 - Verificação dos Pressupostos Entre as Variáveis Preditoras, Modelo VI (MED-PY) – Grupo I.

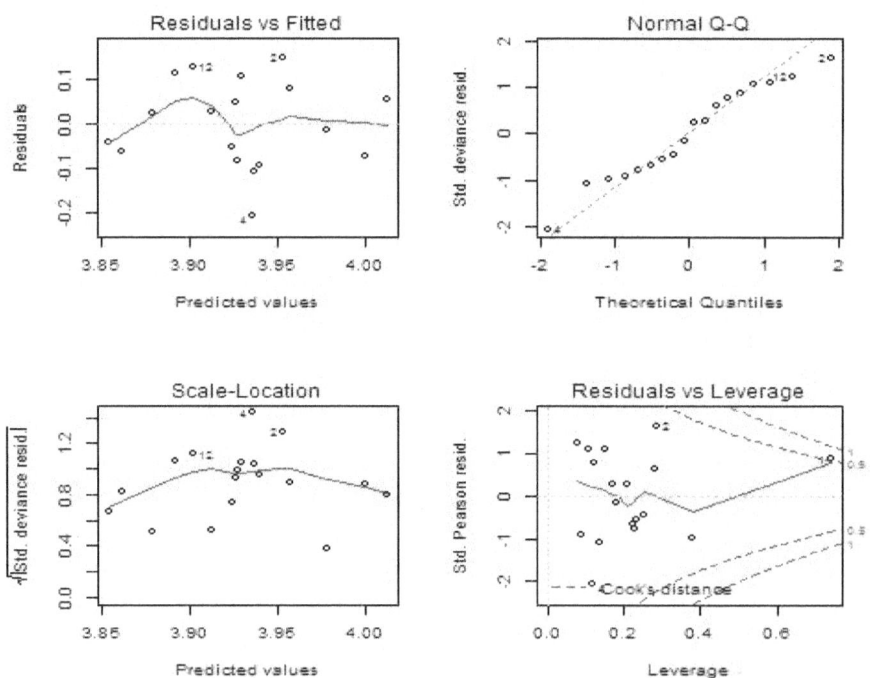

Fonte: Tabulações próprias

Os gráficos abaixo mostram se houve quebra de algum pressuposto: homocedasticidade, multicolinearidade e autocorrelação dos resíduos. Nenhum deles foi quebrado.

Tabela 25 - Matriz de Correlação Entre as Variáveis Preditoras e o Intercepto - Modelo VI (Grado MEDPY) - Grupo I

	Correlação	Valor p
IDH	-0,0599	0,8133
CGINI	0,3665	0,1340
I.POB	0,1311	0,6033

Fonte: Tabulações próprias

g6) Análise de Regressão Econométrica: Os dados de regressão nos mostram que nesse modelo não houve variáveis significativas. Ainda sim, como os restantes dos modelos PY a variável mais próxima foi o Coeficiente de Gini.

Tabela 26 - Resultados do Modelo VI (Grado MEDPY) - Grupo I

	Estimativa	Erro Padrão	valor t	valor p
Intercepto	3,3278	0,7255	4,5870	0,0004
IDH	0,1616	0,8368	0,1930	0,8496
CGINI	0,9435	0,5865	1,6090	0,1300
I.POB	-0,0500	0,3114	-0,1610	0,8747

Fonte: Tabulações próprias

A análise parcial dos modelos PY o que concerne ao grupo 1, ou seja, no padrão de qualidade de vida: C. Gini, IDH (Índice de Desenvolvimento Humano Municipal) e Incidência de Pobreza populacional, para o 3° e 6° Grd é que as notas dos estudantes foram sensíveis somente ao Coeficiente de Gini. Corroborando, dessarte, que a desigualdade social é preponderante para o índice de coeficiente escolar, ou seja, quanto maior for a discrepâncias sociais no ambiente, maior dificuldade se processa na aprendizagem.

4.2.2 Modelos de Regressão Econométrica (Grupo II)

Nesses modelos de regressão econométricas os rendimentos escolares são regredidos com as NBIS (Necessidades Básicas Insatisfeitas). Esses índices são considerados básicos e vinculam o bem-estar da população com suas condições mínimas de sobrevivência.

No Brasil (Unidade Federativa do Rio de Janeiro) - Análise exploratória dos dados:

O número de observações de cada item acima, demonstrado na tabela, foi exatamente de 92. A média entre a população carente de domicílios salubres (DOM) é da ordem aproximada de 36%. Nesse setor, foi observado na ordem de 3,4%, enquanto a população mais carente representa 80%. A média de leitos hospitalares (LEI) para cada 1000 pessoas no Estado do Rio de Janeiro é de 2,2; a carência maior foi observada na ordem de 0,01 enquanto o máximo de leito foi de aproximadamente 10. A média de acessibilidade aos bens culturais foi de 1,75, enquanto o máximo foi de 15,82 na capital fluminense.

Tabela 27 - Análise Exploratória do Banco de Dados Brasil (RJ)

	DOM	LEI	CUL	IDEB5	IDEB9	MED
N	92	92	92	92	92	92
Média	35,83	2,20	1,75	4,72	4,01	4,34
Mediana	34,00	1,88	1,08	4,70	4,00	4,30
DP	16,95	1,92	2,05	0,52	0,51	0,44
Mínimo	3,40	0,00	0,00	3,70	3,00	3,40
Máximo	80,30	9,97	15,82	6,10	5,50	5,55
Soma	3296,36	202,77	160,77	429,40	336,90	364,60

Fonte: Tabulações próprias

Análise das Regressões Econométricas tendo como variável independente o IDEB e como variáveis explicativas as NBIs (Necessidades

Básicas Insatisfeitas) que, no nosso caso específico, é composto por: ALF (Déficit da Taxa de Alfabetização da População de 15 anos ou mais), DOM (Déficit do Percentual Médio de Domicílios com Abastecimento de Água Adequado), LEI (Leito nas Especialidades Básicas em Hospitais Credenciados pelos SUS Para Grupo de Cada 1000 Habitantes), CUL (Infraestrutura Cultural: soma dos números de estabelecimentos de teatros, cinemas, bibliotecas, multiplicado por 100).

a) Grupo II – Modelo 1 - IDEB 4ª série = f(ALF; DOM; LEI; CUL).

a1) Teste de Normalidade: o teste de Shapiro-Wilk resultou em um p valor de 0,72, indicando normalidade para IDEB 5º ano.

a2) Dispersão: como se pode verificar nos gráficos abaixo, existe uma coesão entre as covariáveis e o intercepto, mostrando que pode haver uma relação entre eles.

Gráfico 32 - Gráficos de Dispersão Entre as Variáveis Preditas - 4ª série ano - Modelo I - Grupo II.

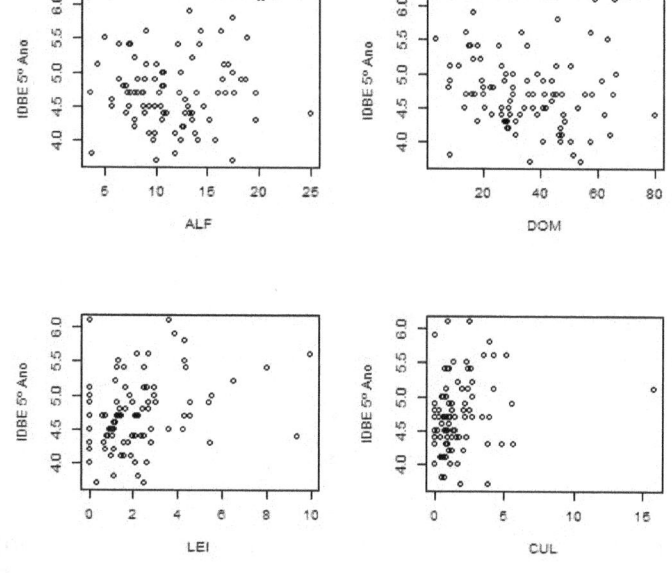

Fonte: Tabulações próprias

a3) Independência das Variáveis Preditoras - Multicolinearidade: Primeiramente verificamos se existe multicolinearidade. Na tabela abaixo podemos observar que nenhuma das correlações é maior do que 0,6, então podemos assumir que não existe multicolinearidade, ainda assim devemos nos manter atentos à correlação entre DOM e ALF que é de 0,59.

Tabela 28 - Matriz de Correlação De Pearson Entre as Variáveis Preditas - Modelo I (IDEB4s) - Grupo II

	ALF	LEI	CUL	DOM
ALF	1	0,233	-0,074	0,591
LEI	0,233	1	0,119	-0,085
CUL	-0,074	0,119	1	-0,260
DOM	0,591	-0,085	-0,260	1

Fonte: Tabulações próprias

A Tabela abaixo mostra a correlação de cada uma das covariáveis com IDEB 5º ano. O teste de correlação mostra 3 correlações com p valor abaixo de 0,05, portanto são significativas, contudo os valores de correlação são baixos, indicando correlação entre baixa e média.

Tabela 29 - Correlação Entre as Covariáveis Preditas e o Intercepto - Modelo I (IDEB4s) - Grupo II

	Correlação	Valor p
ALF	0,0468	0,6594
DOM	-0,2107	0,0450
LEI	0,3414	0,0009
CUL	0,2945	0,0046

Fonte: Tabulações próprias

a4) Autocorrelação dos Resíduos: Teste Durbin-Watson: submetido ao teste, o modelo respondeu com 0,860. Para valores de Durbin-Watson, menores que 1, tem-se problemas de autocorrelação dos resíduos; já para valores próximos de

2, tais problemas são pequenos. Para valores maiores que 2 não há problemas de correlação de resíduos.

a5) Homocedasticidade por Intervalo de Confiança: o teste de Goldfeld foi utilizado, nele p valores maiores que 0,05 são aceitos como homocedásticos. Como p – valor foi = 0,170 não houve problema de homocedasticidade. As análises dos gráficos abaixo nos permitem inferir que nenhum pressuposto foi quebrado:

Gráfico 33 - Verificação dos Pressupostos Entre as Covariáveis Preditas - 4ª série - Modelo 1 - Grupo II.

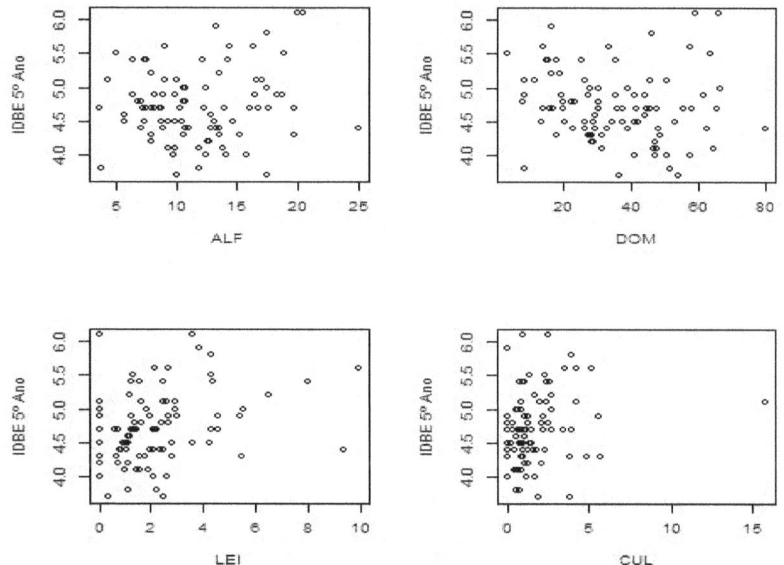

Fonte: Tabulações próprias

a6) Análise de Regressão Econométrica. A tabela abaixo mostra que apenas a variável LEI mostrou-se significativa, o método do softwer do SPSS steptwise eliminou automaticamente todas as variáveis que tiveram comprometimento com pressupostos básicos:

Tabela 30 - Resultado do Modelo I (IDEB4s) - Grupo II

	Estimativa	Erro Padrão	valor t	valor p
Intercepto	1,4909853	0,0356479	41,825	0
ALF	0,0046828	0,0032705	1,432	0,1558
LEI	0,0131348	0,0060206	2,182	0,0319
CUL	0,0082048	0,0054853	1,496	0,1384
DOM	-0,0012226	0,0008496	-1,439	0,1538

Fonte: Tabulações próprias

Percebemos que a maior parte das variáveis não significativas no modelo anterior, dessarte mais um modelo foi construído, agora ajustado, nessa LEI se mostra significativa com p valor abaixo de 0,05 e CUL apresenta um p valor bastante baixo e pode ser considerado no modelo. O resultado é observado na tabela abaixo.

Tabela 31 - Resultado do Segundo Modelo Econométrico (ajustado) - Modelo I (IDEB4s) - Grupo II

	Estimativa	Erro Padrão	valor t	valor p
Intercepto	1,492368	0,018223	81,894	0
LEI	0,016362	0,005653	2,894	0,00479
CUL	0,009737	0,005316	1,831	0,00704

Fonte: Tabulações próprias

A equação final desse modelo é a seguinte: **IDEB 4ª série = 1,49 + 0,016 (LEI) + 0,009 (CUL)**. A interpretação é a seguinte: quando LEI for igual a zero e CUL for igual a zero, os alunos terão média aproximada de 1,5. A cada aumento de 1 unidade de LEI, a nota do IDEB será acrescida de 0,016. Para cada acréscimo de 1 unidade de CUL, a nota será acrescida de 0,09. Verificamos então que, dentre as NBIs (Necessidades Básicas Insatisfeitas), para esse modelo, que Leito Hospitalares (LEI) e Acessibilidade a uma Infraestrutura Cultural (CUL) afetam diretamente o desempenho escolar.

b) Grupo II – Modelo 2 - IDEB 8ª série = f(ALF; DOM; LEI; CUL).

b1) Teste de Normalidade: o teste de Shapiro-Wilk para IDEB 9º ano resultou em um p valor de 0,53, indicando normalidade nessa variável.

b3) Dispersão: A ampla dispersão das covariáveis, mostrada no gráfico abaixo, em função do intercepto, demonstra que nenhuma delas parece ser significativa.

Gráfico 34 - Dispersão Entre as Covariáveis Preditas - 8ª série - Modelo II - Grupo II.

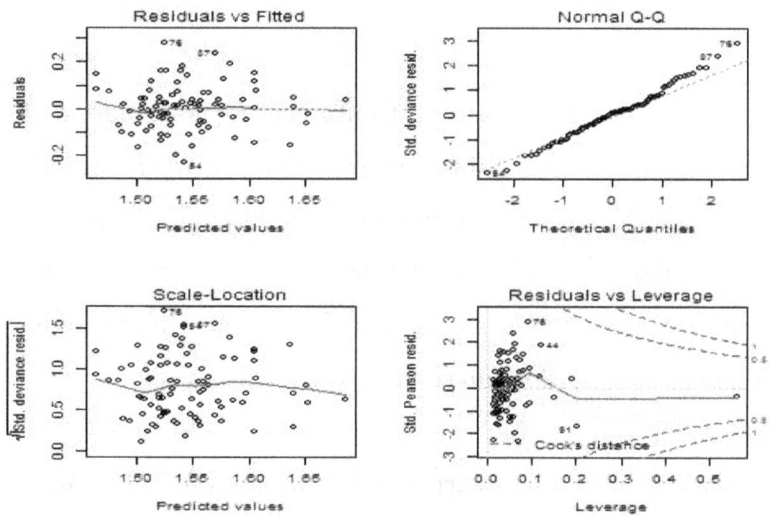

Fonte: Tabulações próprias

b4) Independência das Variáveis Preditoras - Multicolinearidade:

Percebemos que a maior parte das variáveis não significativas no modelo anterior, dessarte mais um modelo foi construído, agora ajustado, nessa, LEI se mostra significativa com p valor abaixo de 0,05 e CUL apresenta um p valor bastante baixo e pode ser considerado no modelo, o resultado é observado na tabela abaixo.

b5 - Autocorrelação dos Resíduos: teste Durbin-Watson: submetido ao teste o modelo respondeu com 0,800. Para valores de Durbin-Watson, menores que 1, tem-se problemas de autocorrelação dos resíduos; já para valores próximos de 2, tais problemas são pequenos. Para valores maiores que 2 não há problemas de correlação de resíduos.

Tabela 32 - Matriz de Correlação De Pearson Entre as Variáveis Preditas - Modelo II (IDEB8s) - Grupo II

	ALF	LEI	CUL	DOM
ALF	1	0,233	-0,074	0,591
LEI	0,233	1	0,119	-0,085
CUL	-0,074	0,119	1	-0,260
DOM	0,591	-0,085	-0,260	1

Fonte: Tabulações próprias

b6 - Homocedasticidade por Intervalo de Confiança. O teste de Goldfeld foi utilizado nele p valores maiores que 0,05 que são aceitos como homocedásticos. Como p – valor foi = 0,460, não houve problema de homocedasticidade.

b7 - Análise de Regressão Econométrica: na tabela abaixo podem ser observadas as correlações de IDEB 9º ano com as covariáveis. Nenhuma se mostrou significativa e todas as correlações são consideradas baixas.

Tabela 33 - Correlação Entre as Covariáveis Preditas - IDEB8s - Modelo II - Grupo II.

	Correlação	Valor p
ALF	0,1246	0,2586
DOM	-0,1296	0,2400
LEI	0,1640	0,1360
CUL	0,1996	0,0688

Fonte: Tabulações próprias

Percebemos que a maior parte das variáveis não significativas no modelo anterior, dessarte mais um modelo foi construído, agora ajustado, nessa a variável CUL se mostra significativa

Tabela 34 - Resultado do Segundo Modelo Econométrico - Modelo II (IDEB8s) - Grupo II.

	Estimativa	Erro Padrão	valor t	valor p
Intercepto	1,2965	0,0426	30,4000	0,0000
ALF	0,0054	0,0034	1,6140	0,1103
CUL	0,0135	0,0066	2,0630	0,0424

Fonte: Tabulações próprias

A equação final desse modelo é o seguinte: **IDEB 8ª série = 1,429 + 0,0135 (CUL)**. A interpretação é a seguinte: quando CUL for igual a zero, a média do IDEB 8ª série será aproximadamente 1,29. A cada aumento de 1 unidade de CUL, a nota do IDEB será aumentada em 0,0135. Destarte, nesse modelo específico a Infraestrutura Cultural, ou seja, a soma dos números de estabelecimentos de teatros, cinemas, bibliotecas, multiplicado por 100 é preponderante para o desenvolvimento escolar.

c) Grupo II - Modelo III - IDEB MED = f(ALF; DOM; LEI; CUL).

c1) Teste de Normalidade: o teste de Shapiro-Wilk para IDEB MED resultou em um p valor de 0,95, indicando normalidade nessa variável.

c2) Dispersão: os gráficos abaixo demonstram dispersão de boa a média, indicando que as variáveis são significativas em função do interceptor.

Gráfico 35 - Gráficos de Verificação de Dispersão Entre as Covariáveis Preditas - IDEB Med - Modelo III - Grupo II

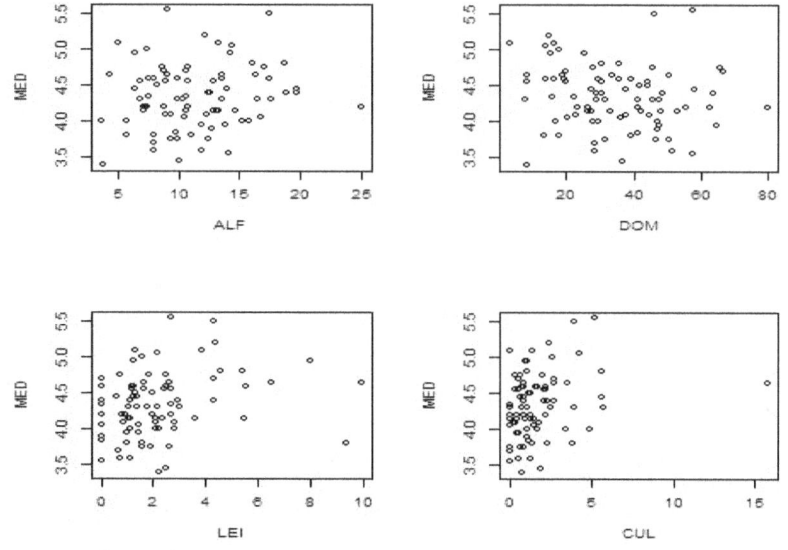

Fonte: Tabulações próprias

c4) Independência das Variáveis Preditoras - Multicolinearidade: Os baixos valores observados na tabela demonstram que não houve problema de multicolinearidade no modelo.

Tabela 35 - Independência das Variáveis Preditoras - Multicolinearidade - IDEB MED - Modelo III - Grupo II.

	ALF	LEI	CUL	DOM
ALF	1	0,233	-0,074	0,591
LEI	0,233	1	0,119	-0,085
CUL	-0,074	0,119	1	-0,260
DOM	0,591	-0,085	-0,260	1

Fonte: Tabulações próprias

c5 - Homocedasticidade por Intervalo de Confiança: o teste de Goldfeld foi utilizado nele p valores maiores que 0,05 que são aceitos como homocedásticos. Como p – valor foi = 0,680, não houve problema de homocedasticidade. Como podemos observar os gráficos de verificação de pressupostos, nenhum deles foi quebrado:

Gráfico 36 - Verificação dos Pressupostos Entre as Covariáveis Preditas - IDEB Med - Modelo III - Grupo II.

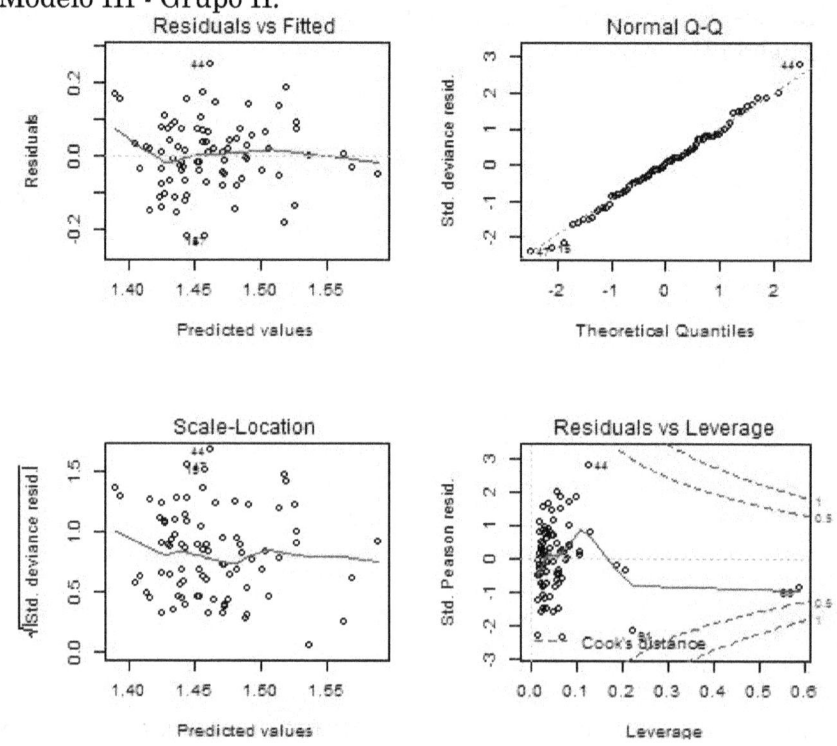

Fonte: Tabulações próprias

c6) Autocorrelação dos Resíduos: teste Durbin-Watson: submetido ao teste, o modelo respondeu com 0,920. Para valores de Durbin-Watson, menores que 1, tem-se problemas de autocorrelação dos resíduos; já para valores próximos de 2, tais problemas são pequenos. Para valores maiores que 2 não há problemas de correlação de resíduos.

c7) Análise de Regressão Econométrica: a Tabela abaixo mostra o Resultado do modelo. Note que apenas CUL ficou próximo da significância.

Tabela 36 - Resultado do Modelo Econométrico- IDEB Med - Modelo III - Grupo II.

	Estimativa	Erro Padrão	valor t	valor p
Intercepto	1,4110	0,0354	39,8280	0,0000
ALF	0,0052	0,0033	1,5820	0,1180
LEI	0,0078	0,0060	1,3010	0,1970
CUL	0,0096	0,0053	1,8240	0,0720
DOM	-0,0012	0,0008	-1,4090	0,1630

Fonte: Tabulações próprias

Como a maioria das variáveis mostrou-se com baixo p valor, e como nenhum deles foi significativo, rodou-se um novo modelo excluindo-se a variável de maior valor p que foi LEI. Nota-se que agora ALF E CUL mostraram-se significativas, além disso, o p valor da variável DOM também pode ser considerada.

Tabela 37 - Resultado do Segundo Modelo Econométrico - IDEB Med - Modelo III - Grupo II.

	Estimativa	Erro Padrão	valor t	valor p
Intercepto	1,4182	0,0351	40,3620	0,0000
ALF	0,0069	0,0030	2,2500	0,0272
CUL	0,0105	0,0053	2,0020	0,0487
DOM	-0,0015	0,0008	-1,8200	0,0725

Fonte: Tabulações próprias

O resultado da equação geral desse modelo foi a seguinte: **IDEB MED = 1,4182 + 0,0069 (ALF) + 0,0105 CUL**. A interpretação do modelo resultante é a seguinte: quando ALF for igual a zero e CUL for igual a zero, o IDEB Médio será de aproximadamente 1,4. A cada aumento de uma unidade CUL, ou seja, a cada aumento na Infraestrutura Cultura a nota do IDEB subirá em torno de 0,0105. E a cada aumento de uma unidade de ALF, ou seja, Déficit da Taxa de Alfabetização da População de 15 anos ou mais, a nota do IDEB tende a subir 0,0069. Nota-se que esse modelo é sensível à acessibilidade educacional e infraestrutura cultural no rendimento educacional.

A análise preliminar dos modelos 1, 2, 3 do Grupo 2, que se refere à análise dos NBIs da República Federativa do Brasil, mostrou-se particularmente sensível à acessibilidade educacional e infraestrutura cultural. O modelo 1, especificamente, alertou para importância dos leitos hospitalares, mostrando, assim, que o entorno do aluno é preponderante para o seu desenvolvimento intelectual.

Modelos do Grupo II na República do Paraguai:

Como foram supracitados na seção metodologia, os modelos abaixo, que representam a República do Paraguai, não se apresentam inteiramente iguais aos brasileiros, mesmo se tratando de NBIs (Necessidades Básicas insatisfeitas). O Intercepto ou variável independe é composta pela Prova Paraguai. As notas, na realidade, são uma média simples das provas de Matemática, Língua Espanhola e Ciências. Já as variáveis dependentes ou resposta são: Q. Casa, que se refere à qualidade da Casa ou habitação; Inf. San que, representa a Infraestrutura Sanitária da província; Ac. Edu, que corresponde ao acesso da população aos serviços educacionais e, finalmente, C. Subs; que reflete a capacidade da província em adicionar mais população e habitação.

Por serem formadas por entidades, estatais ou não, bem diferentes e aplicadas por fins bastantes distintos as NBIs se apresentam bem diferentes na República do Paraguai e na República do Brasil. Porém o espírito do objetivo aqui colocado foi mantido, ou seja, medir a pobreza a partir de condições mínimas da população.

d) Grupo II – Modelo IV - 3º grd = f(AC.EDUC; Q. CASA; INF.SAN;.SUBS).

d1) Teste de Normalidade: o teste de Shapiro-Wilk para 6º grd resultou em um p valor de 0,164, indicando normalidade nessa variável.

d2) Dispersão: a figura abaixo representa o gráfico de dispersão entre 3º grd e cada uma das covariáveis. Nota-se que a figura apresenta dispersão elevada entre as variáveis, demonstrando fraca correlação entre as mesmas e o intercepto.

Gráfico 37 - Gráficos de Verificação de Dispersão Entre as Covariáveis Preditas - 3º Grd - Modelo IV - Grupo II.

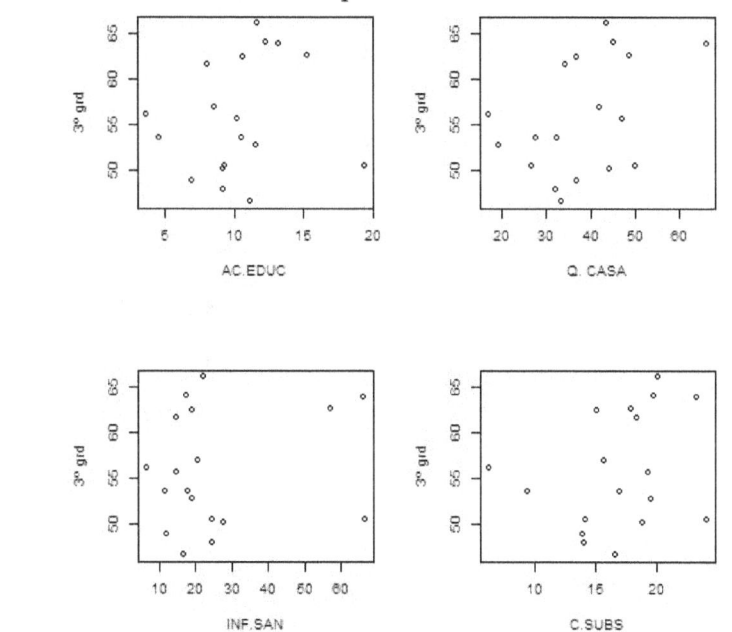

Fonte: Tabulações próprias

d3) Independência das Variáveis Preditoras - Multicolinearidade: Como se pode observar pela matriz abaixo, o modelo apresenta grave problema de multicolinearidade entre médio e muito alto. Segundo parâmetros internacionais o modelo poderá ser descartado pois fere os princípios básicos econométricos, ou seja, multicolinearidades. Homocedasticidade e autocorrelação dos resíduos preditos.

Tabela 38 - Correlação de Pearson – 3º grd - Modelo IV - Grupo II.

	ACEDUC	QCASA	INFSAN	CSUBS
ACEDUC	1	0,610	0,800	0,840
QCASA	0,610	1	0,710	0,730
INFSAN	0,800	0,710	1	0,640
CSUBS	0,840	0,730	0,640	1

Fonte: Tabulações próprias

d4) Autocorrelação dos Resíduos: teste Durbin-Watson: submetido ao teste, o modelo respondeu com 0,442. Para valores de Durbin-Watson, menores que 1, tem-se problemas de autocorrelação dos resíduos; já para valores próximos de 2, tais problemas são pequenos. Para valores maiores que 2 não há problemas de correlação de resíduos.

d5) Homocedasticidade por Intervalo de Confiança: O teste de Goldfeld foi utilizado. Nele, p valores maiores que 0,05 são aceitos como homocedásticos. Como p – valor foi = 0,457, não houve problema de homocedasticidade. Os gráficos demonstrados pela figura abaixo indicam que os pressupostos foram cumpridos, ou pelo menos o quesito sobre heterocedasticidade não foi encontrada, especificamente nessa amostra, a despeito, como demonstramos acima, o modelo apresentou autocorrelação dos resíduos.

Gráfico 38 - Gráficos de Verificação dos Pressupostos Entre as Covariáveis Preditas - 3° Grd - Modelo 4 - Grupo II.

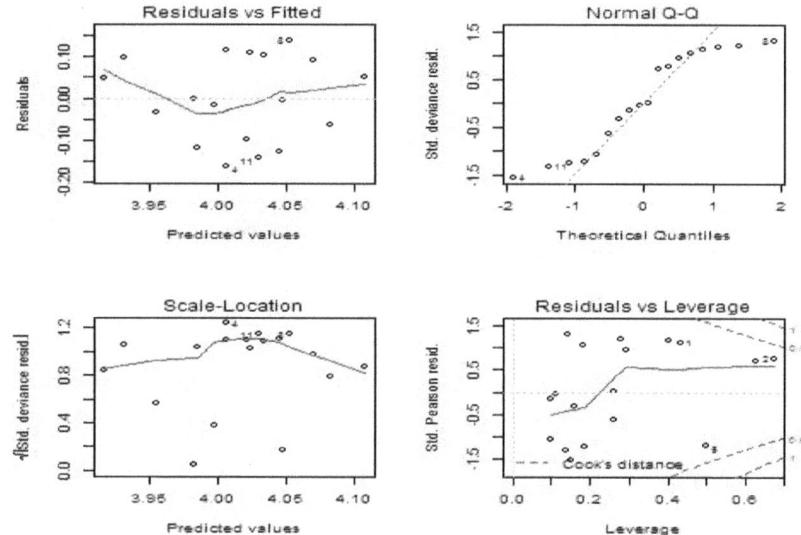

Fonte: Tabulações próprias

d6) Análise de Regressão Econométrica: pode-se verificar na tabela abaixo que nas correlações entre o intercepto e as variáveis preditoras não houve correlação significativa. Porém, para efeitos didáticos continuaremos com a exposição do problema.

Tabela 39 - Correlação das Covariáveis Preditas - 3° Grd - Modelo IV - Grupo II.

	Correlação	Valor p
AC.EDUC	0,3337	0,1760
Q.CASA	0,4264	0,0776
INF.SAN.	0,0672	0,7911
C.SUBS.	0,3924	0,1073

Fonte: Tabulações próprias

Como pode ser verificado na tabela resumo de avaliação econométrica, não houve variável significativa para esse modelo.

Tabela 40 - Resultados do Modelo Econométrico - 3° Grd - Modelo IV - Grupo II

	Estimativa	Erro Padrão	valor t	valor p
Intercepto	3,84640	0,12386	31,05400	0,00000
AC.EDUC	0,00184	0,01962	0,09400	0,92700
Q.CASA	0,00587	0,00420	1,39700	0,18600
INF.SAN.	-0,00166	0,00312	-0,53100	0,60400
C.SUBS.	-0,00177	0,01462	-0,12100	0,90500

Fonte: Tabulações próprias

Nota-se que a variável Q. Casa mostrou-se muito próxima da significância. Nesse caso, rodamos um novo modelo no qual a relação econométrica foi mostrada somente entre ela e o intercepto:

Tabela 41 - Resultado do novo Modelo Econométrico - 3° Grd - Modelo iv - Grupo II.

	Estimate	Std. Error	t value	Pr(>|t|)
(Intercept)	47,20080	4,75010	9,93680	0,00000
Q.CASA	0,22676	0,11956	1,89659	0,07609

Fonte: Tabulações próprias

Ainda assim, nota-se que o modelo não se mostrou significativo, porém relevante, mostrando que existe alguma correlação entre o intercepto e a qualidade da casa do aluno.

e) Grupo II – Modelo V - 6° grd = f(AC.EDUC; Q. CASA; INF.SAN; C.SUBS).

e1) Teste de Normalidade: o teste de Shapiro-Wilk para 6° grd resultou em um p valor de 0,498, indicando normalidade nessa variável.

e2) Dispersão: As análises dos gráficos mostrados abaixo mostram que os pressupostos foram atendidos.

Gráfico 39 - Gráficos de Dispersão Entre as Covariáveis - 6° Grd - Modelo V - Grupo II

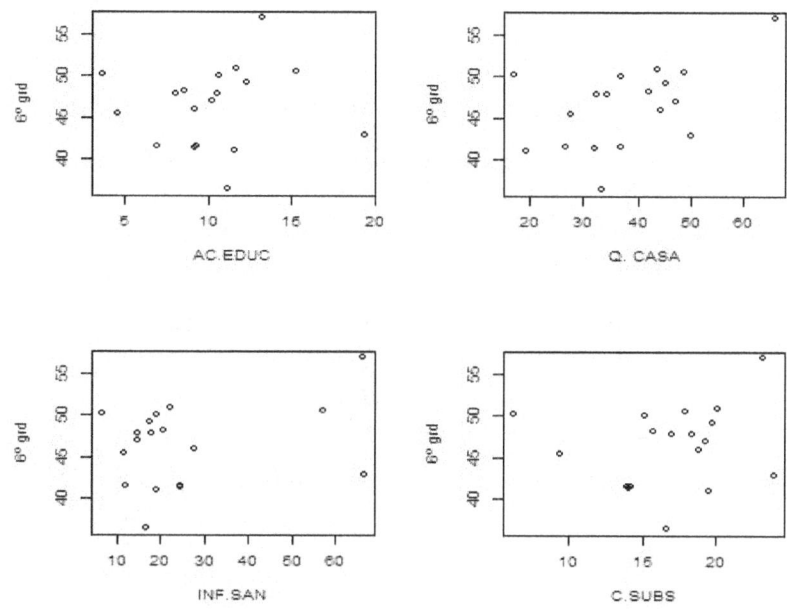

Fonte: Tabulações próprias

e3) Independência das Variáveis Preditoras - Multicolinearidade: Como se pode observar pela matriz acima, o modelo apresenta grave problema de multicolinearidade entre médio e muito alto.

Tabela 42 - Correlação de Pearson – 6° grd - Modelo V - Grupo II

	ACEDUC	QCASA	INFSAN	CSUBS
ACEDUC	1	0,610	0,800	0,840
QCASA	0,610	1	0,710	0,730
INFSAN	0,800	0,710	1	0,640
CSUBS	0,840	0,730	0,640	1

Fonte: Tabulações próprias

e4) Autocorrelação dos Resíduos: teste Durbin-Watson: submetido ao teste, o modelo respondeu com 0,222. Para valores de Durbin-Watson, menores que 1, tem-se problemas de autocorrelação dos resíduos; já para valores próximos de

2, tais problemas são pequenos. Para valores maiores que 2 não há problemas de correlação de resíduos.

e5) Homocedasticidade por Intervalo de Confiança: o teste de Goldfeld foi utilizado. Nele, p valores maiores que 0,05 são aceitos como homocedásticos. Como p – valor foi = 0,772, não houve problema de homocedasticidade. Os gráficos demonstrados pela figura abaixo indicam que os pressupostos foram cumpridos. Na figura abaixo são apresentados os gráficos que indicam que os pressupostos não foram quebrados.

Gráfico 40 - Gráficos de Verificação de Pressupostos- 6º Grd - Modelo V - Grupo II.

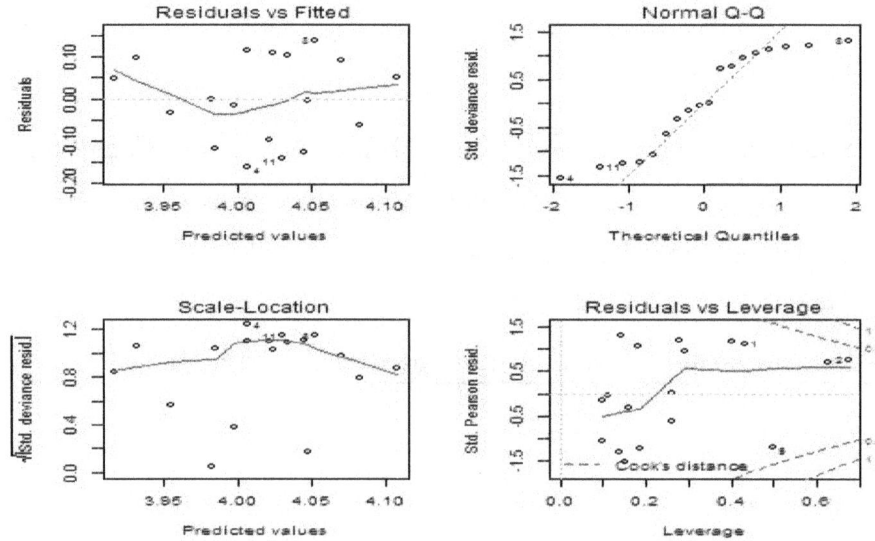

Fonte: Tabulações próprias

e6) Análise de Regressão Econométrica: na tabela abaixo, na qual podem ser observadas as correlações do 6ºGrd com as covariáveis, nenhuma se mostrou significativa.

Tabela 43 - Resultados do Modelo Econométrico - 6° Grd - Modelo V - Grupo II.

	Correlação	Valor
AC.EDUC	0,2138	0,3942
Q.CASA	0,4657	0,5147
INF.SAN.	0,1349	0,5936
C.SUBS.	0,2509	0,3153

Fonte: Tabulações próprias

A tabela abaixo mostra o Resultado do modelo no qual não há variáveis significativas. Nota-se que a variável Q. Casa mesmo não significativa ainda mostra alguma significância. Desse modo rodamos outro modelo apresentamos apenas essa variável.

Tabela 44 - Resultado do Modelo Econométrico - 6° Grd - Modelo V - Grupo II

	Estimativa	Erro Padrão	valor t	valor p
Intercepto	3,74371	0,10532	35,54700	0,00000
AC.EDUC	-0,01321	0,01669	-0,79200	0,44280
Q.CASA	0,00639	0,00357	1,78900	0,09690
INF.SAN.	0,00120	0,00265	0,45300	0,65840
C.SUBS.	-0,00291	0,01243	-0,23400	0,81860

Fonte: Tabulações próprias

Nesse novo modelo a Qualidade da Casa mostra-se significativa. A equação final do modelo se mostra da seguinte forma: **Prova PY 6° Grd = 3,88 + 0,21 (Q. Casa).** A interpretação desse modelo é a seguinte: quando a Qualidade da Casa for zero, a média da Prova Paraguai 6°Grd será de 3,88. A cada aumento de 1 unidade de Q. Casa, a Prova PY 6° Grd terá um acréscimo de 0,21 pontos. O ajuste do modelo é de 0,2621, indicando que este consegue explicar aproximadamente 27 % da realidade.

Tabela 45 - Resultado do Novo Modelo Econométrico - 6º Grd - Modelo V - Grupo II.

	Estimate	Std. Error	t value	Pr(>|t|)
(Intercept)	3,838770	3,51312	10,92697	0,00000
Q.CASA	0,21081	0,08843	2,38407	0,02985

Fonte: Tabulações próprias (ANOVA R^2 = 0,2621)

f) Modelo 6 - grd MED = f{(AC.EDUC; Q. CASA; INF.SAN; C.SUBS).

f1) Teste de Normalidade: o teste de Shapiro-Wilk para 6º grd med resultou em um p valor de 0,69, indicando normalidade nesta variável.

f2) Dispersão: os gráficos abaixo indicam que existe elevada dispersão dos elementos, configurando fraca correlação entre as variáveis e o intercepto.

Gráfico 41 - Análise de Dispersão Entre as Variáveis Preditoras - Grd Med - Grupo II - Modelo VI.

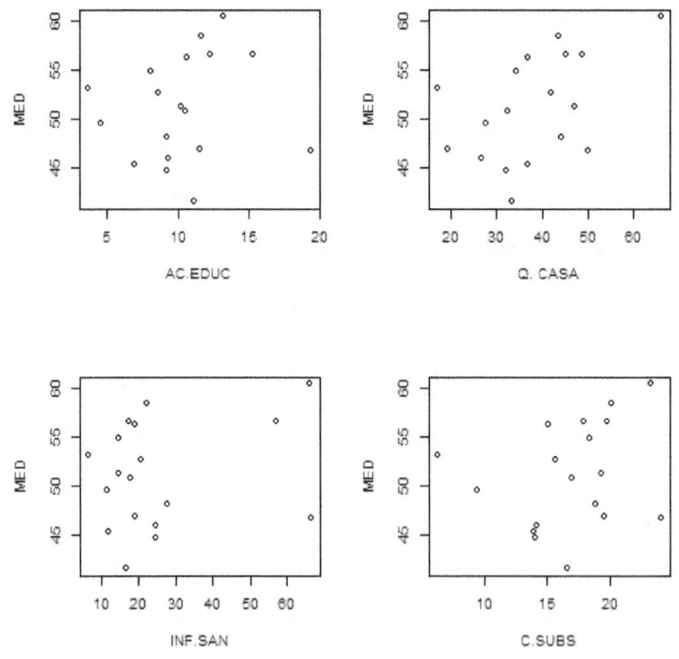

Fonte: Tabulações próprias

f3) Independência das Variáveis Preditoras – Multicolinearidade: Como se pode observar pela matriz abaixo, o modelo apresenta grave problema de multicolinearidade entre médio e muito alto.

Tabela 46 - Correlação de Pearson – grd MED - Modelo VI - Grupo II

	ACEDUC	QCASA	INFSAN	CSUBS
ACEDUC	1	0,610	0,800	0,840
QCASA	0,610	1	0,710	0,730
INFSAN	0,800	0,710	1	0,640
CSUBS	0,840	0,730	0,640	1

Fonte: Tabulações próprias

f4) Autocorrelação dos Resíduos: teste Durbin-Watson: submetido ao teste, o modelo respondeu com 0,346. Para valores de Durbin-Watson, menores que 1, tem-se problemas de autocorrelação dos resíduos; já para valores próximos de 2, tais problemas são pequenos. Para valores maiores que 2 não há problemas de correlação de resíduos.

f5) Homocedasticidade por Intervalo de Confiança: o teste de Goldfeld foi utilizado. Nele, p valores maiores que 0,05 são aceitos como homocedásticos. Como p – valor foi = 0,629, não houve problema de homocedasticidade. A figura abaixo mostra que os pressupostos foram atendidos.

Gráfico 42 - Análise de Dispersão Entre as Variáveis Preditoras - Grd Med - Grupo II - Modelo VI.

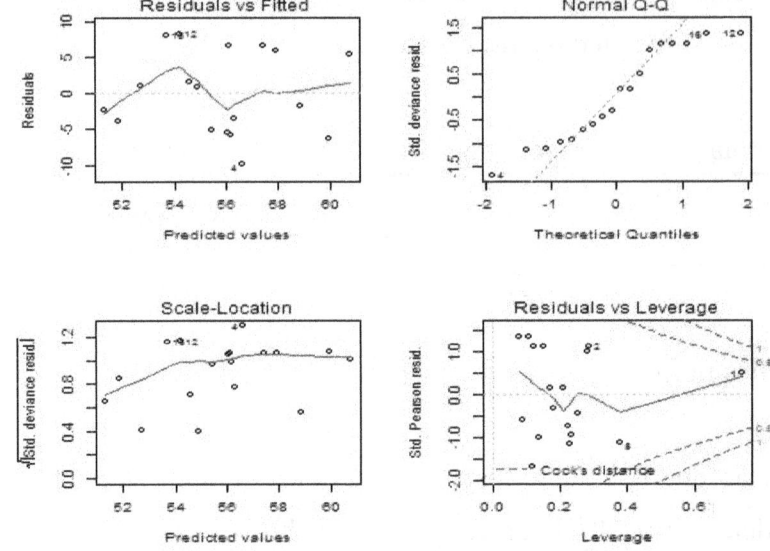

Fonte: Tabulações próprias

f6) Análise de Regressão Econométrica: a análise da tabela abaixo nos revela que nenhuma da covariáveis mostrou-se significativa.

Tabela 47 - Resultado do Modelo Econométrico - 6º MED - Modelo VI - Grupo II.

	Correlação	Valor p
AC.EDUC	0,2994	0,2274
Q.CASA	0,4634	0,0545
INF.SAN.	0,0919	0,7167
C.SUBS.	0,3911	0,1095

Fonte: Tabulações próprias

Tabela 48 - Resultado do Novo Modelo Econométrico - 6º MED - Modelo VI - Grupo II.

	Estimate	Std. Error	t value	Pr(>|t|)
(Intercept)	4,279538	3,94692	10,84273	0,00000
Q.CASA	0,21868	0,09934	2,20118	0,04275

Fonte: Tabulações próprias (ANOVA R^2 = 0,2324)

A equação resultante desse modelo é a seguinte: **Prova PY Grd Med = 4,27 + 0,22 (Q. Casa).** Sua interpretação é a seguinte: quando a Qualidade da casa for igual a zero, a média da Prova Paraguai será de 4,27. A cada aumento de 1 unidade de Q. Casa, a média da Prova Paraguai será aumentada em 0,22 pontos aproximadamente.

As análises parciais dos modelos 4, 5 e 6 do Grupo 2, que representam as NBIs da República do Paraguai, em todas elas, mostraram-se sensível a covariável Q.Casa. Essa relata as condições de moradia com o mínimo de infraestrutura habitacional, e corroborando que alunos sem mínimas condições de sobrevivência acabam por comprometer seu desenvolvimento escolar.

4.2.3 Modelo de Regressão Econométrica (Grupo III)

Nesse grupo 03 está apenas uma regressão econométrica. Ela trata de investigar o impacto da corrupção no desenvolvimento intelectual dos estudantes. Por motivos supraexplicitados, pegamos apenas a região metropolitana do Estado do Rio de Janeiro como amostra.

a) Modelo Econométrico: IDEB {9º ano (2005, 2007, 2009, 2011, 2013); 5º ano (2005, 2007, 2009, 2011, 2013)} = f(Índ. Corrupção).

Tabela 49 - Análise Exploratória - IDEB X CORRUPÇÃO - Modelo Único - Grupo III.

	IDEB5 2005	IDEB5 2007	IDEB5 2009	IDEB5 2011	IDEB5 2013	IDEB9 2005	IDEB9 2007	IDEB9 2009	IDEB9 2011	IDEB9 2013	Corrupção
N	19,00	19,00	19,00	19,00	19,00	19,00	19,00	19,00	19,00	19,00	19,00
Média	3,46	3,79	3,96	4,29	4,57	3,15	3,36	3,52	3,76	4,03	0,29
Mediana	3,40	3,70	3,90	4,20	4,50	3,10	3,40	3,50	3,70	3,90	0,25
DP	0,35	0,36	0,41	0,40	0,30	0,49	0,48	0,46	0,49	0,48	0,12
Mínimo	3,00	3,00	3,50	3,80	4,10	2,40	2,50	2,70	2,90	3,40	0,10
Máximo	4,20	4,50	5,10	5,40	5,30	4,10	4,30	4,30	4,90	5,00	0,62
Soma	65,70	72,10	75,20	81,50	86,80	59,90	63,80	66,80	71,40	76,60	5,46

Fonte: Tabulações próprias

b) Análise Exploratória: Segundo a tabela que podemos observar abaixo, de cada IDEB ano/série tem exatamente 19 observações. As médias observadas, no IDEB 5ª série entre os anos 2005 e 2011 são respectivamente: 3,46 - 3,79 - 3,96 - 4,29 - 4,57 - 3,15 - 3,36 - 3,52 - 3,76 e 4,03. O maior Desvio Padrão da série foi 0,49 observado no 9º ano de escolaridade nos anos de 2005 e 2011; o mínimo foi observado foi no 5º ano de escolaridade no ano de 2013. A maior média da série foi 4,1 observada no 5º ano de escolaridade, no ano de 2013; a menor média foi de 2,4 observada no 9º ano de escolaridade no ano de 2005. O menor índice de corrupção foi de 0,1 ocorrido no Município do Rio de Janeiro e o maior foi de 0,62 observado no Município de São João de Meriti.

c) Teste de Normalidade: teste de normalidade foi aplicado, mostrando que toda amostra se encontra dentro de padrões normais, como demonstra a tabela abaixo:

d) Dispersão: a relação entre Corrupção e IDEB em cada ano também é investigada pelos gráficos de dispersão da figura abaixo. Da mesma forma que não foi possível observar relações claras na maior parte dos casos, já que IDEB9-2007 e IDEB9-2011 apresentam relação inversa com a corrupção.

Tabela 50 - Correlação de Sperman - Ideb x Corrupção - Modelo Único - Grupo III.

	Homocedasticidade p valor	Normalidade p valor	durbin.watson p valor	R^2
1ª - IDEB(2005) 5º ano = f(corrupção);	0,3511	0,3990	0,4900	0,0017
2ª - IDEB 5º ano (2007) = f(corrupção);	0,0531	0,0164	0,4960	0,0092
3ª - IDEB 5º ano (2009) = f(corrupção);	0,0195	0,0153	0,4980	0,0012
4ª - IDEB 5º ano (2011)= f(corrupção);	0,2438	0,3006	0,7700	0,0526
5ª - IDEB 5º ano (2013)= f(corrupção);	0,0266	0,2005	0,9860	0,0200
6ª - IDEB(2005) 9º ano = f(corrupção);	0,6469	0,8076	0,7980	0,0199
7ª - IDEB 9º ano (2007) = f(corrupção);	0,8833	0,5593	0,2720	0,2764
8ª - IDEB 9º ano (2009) = f(corrupção);	0,9201	0,4369	0,1600	0,0378
9ª - IDEB 9º ano (2011)= f(corrupção);	0,2664	0,7488	0,3960	0,1596
10ª - IDEB 9º ano (2013)= f(corrupção);	0,7503	0,3228	0,6080	0,0278

Fonte: Tabulações próprias

Abaixo estão relacionados todos os gráficos de dispersão da Região Metropolitana do Estado Rio de Janeiro. Esse artifício não foi possível a sua utilização por parte da República do Paraguai, isso em função de dados fidedignos e/ou sua ausência. Escolhemos apenas a Região Metropolitana do Estado do Rio de Janeiro por representar, segundo o IBGE (2013) aproximadamente 85% da população da região. Resolvemos não incluir os municípios menores por que seus resultados poderiam ser viesados em relação ao restante da população. A despeito de todos os nossos esforços, apenas o 9º ano de escolaridade apresentou resultado para todas as pesquisas aqui disponíveis. Para nós é um fato muito importante, pois pela primeira vez na história desse tipo literatura, fora do âmbito de fiscalização do TCU (Tribunal de Contas da União, conseguimos provar que um ambiente corrupto pode ser sim um grande empecilho para o desenvolvimento intelectual de crianças, aqui representadas pela faixa do ensino fundamental. Gostaríamos de chamar a atenção para o "ranking da corrupção (em anexo) dos municípios da Região Metropolitana do Estado do Rio. A tabela pode ser esclarecedora.

Gráfico 43 - Dispersão - IDEB X CORRUPÇÃO - Modelo Único - Grupo III.

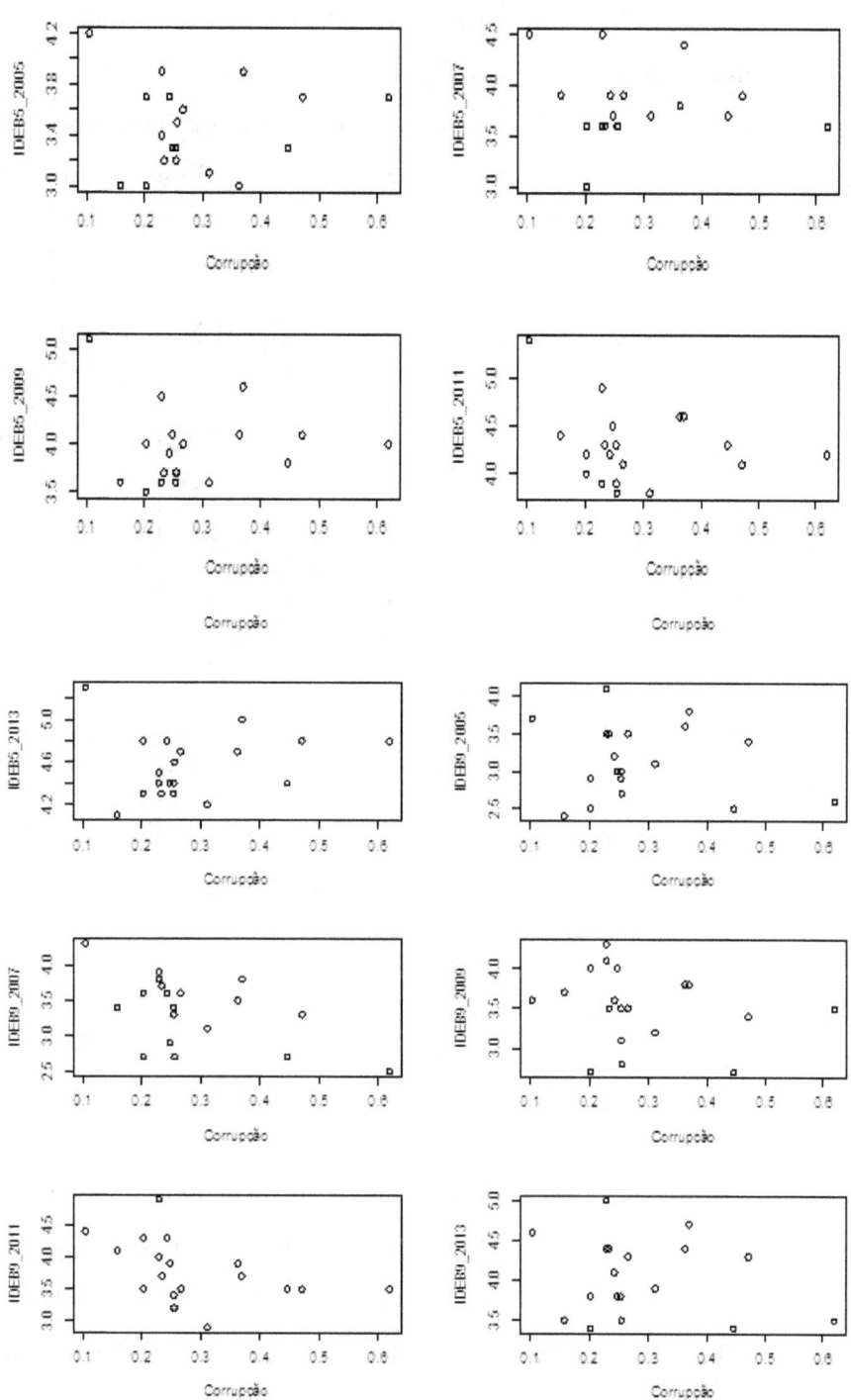

Fonte: Tabulações próprias

e) Pressupostos: Nas figuras abaixo são verificados os pressupostos de cada um dos modelos e cada uma das figuras mostra 4 gráficos. Os 2 gráficos da esquerda são pontos que não devem apresentar nenhuma tendência para que os pressupostos sejam atendidos, visto que correspondem aos resíduos e aos desvios padrão dos resíduos em relação aos valores preditos, nenhum dos modelos apresentou tendência.

Gráfico 44 - Testes de Pressupostos (ideb5 - 2005) - IDEB X CORRUPÇÃO - Modelo Único - Grupo III.

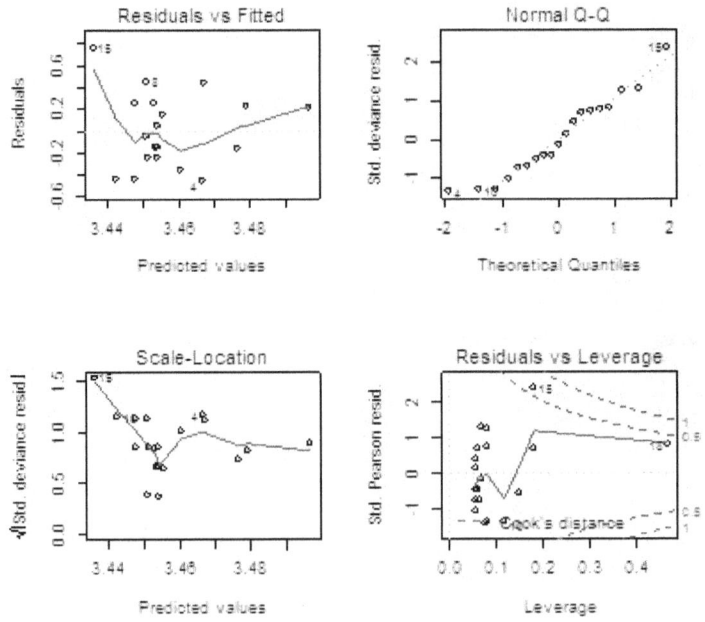

Fonte: Tabulações próprias

O primeiro gráfico da direita corresponde à verificação de normalidade dos resíduos. Para que os resíduos sejam considerados normais, os pontos devem corresponder, de maneira aproximada, à linha pontilhada. Observem que os modelos IDEB5-2007, IDEB5-2009, IDEB5-2011, IDEB5-2013 e IDEB9-2009 não atendem a esse pressuposto.

Gráfico 45 - Testes de Pressupostos (ideb5 - 2007) - IDEB X CORRUPÇÃO - Modelo Único - Grupo III.

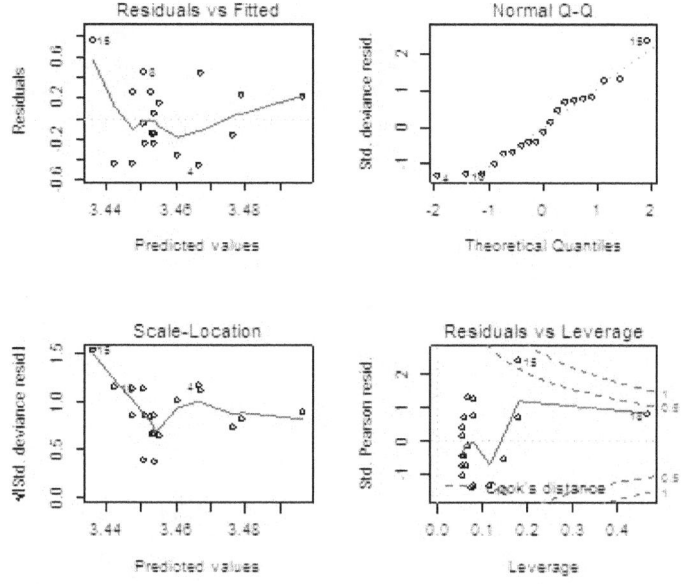

Fonte: Tabulações próprias

Gráfico 46 - Testes de Pressupostos (ideb5 - 2009) - IDEB X CORRUPÇÃO - Modelo Único - Grupo III.

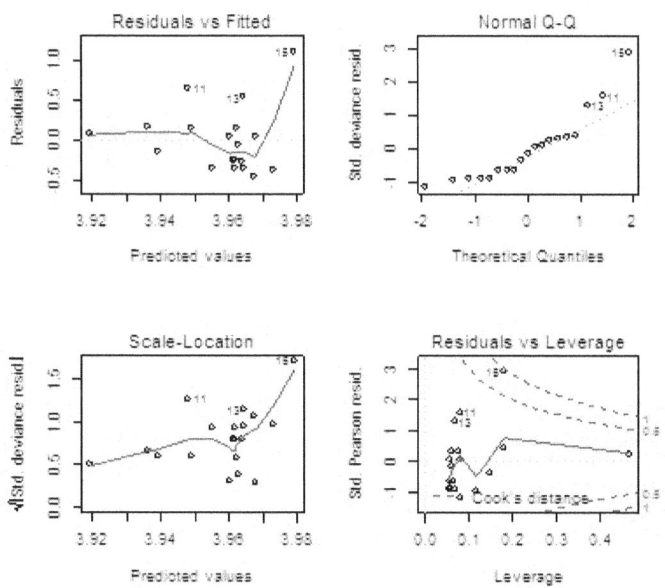

Fonte: Tabulações próprias

Gráfico 47 - Testes de Pressupostos (ideb5 - 2011) - IDEB X CORRUPÇÃO - Modelo Único - Grupo III

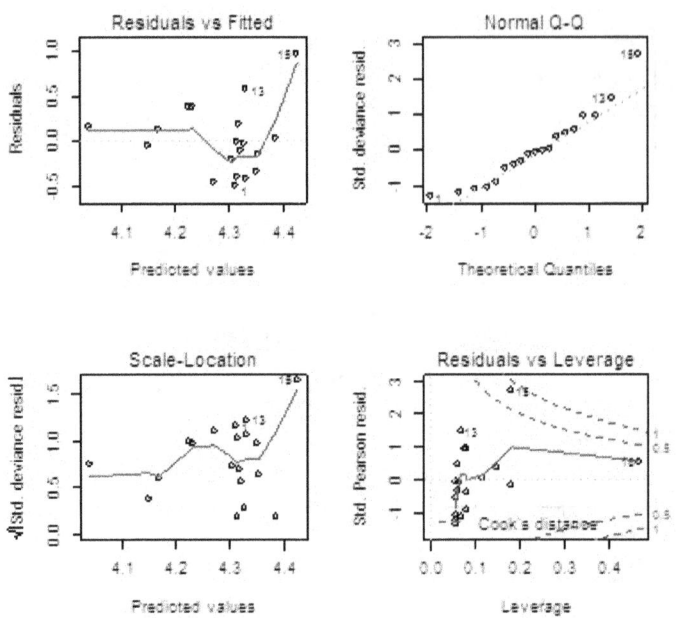

Fonte: Tabulações próprias

Gráfico 48 - Testes de Pressupostos (ideb5 - 2013) - IDEB X CORRUPÇÃO - Modelo Único - Grupo III.

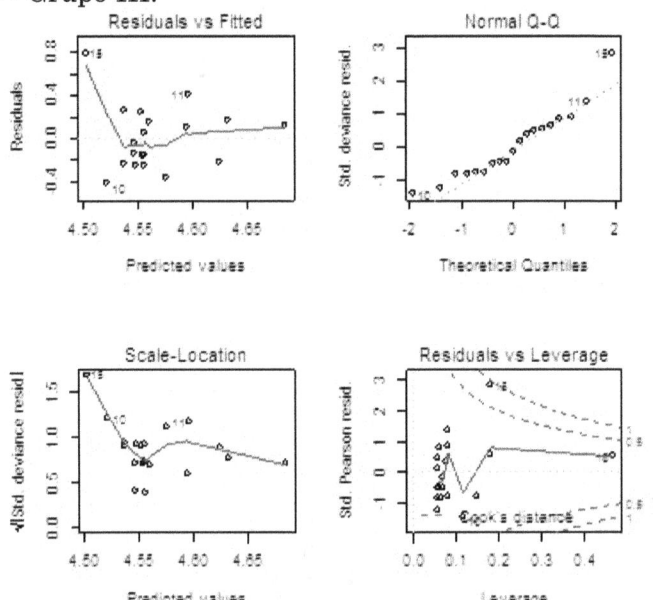

Fonte: Tabulações próprias

Gráfico 49 - Testes de Pressupostos (ideb9 - 2005) - IDEB X CORRUPÇÃO - Modelo Único - Grupo III.

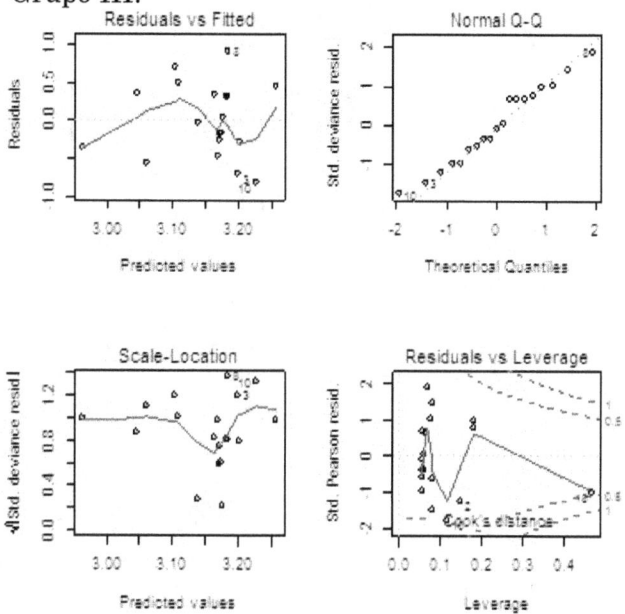

Fonte: Tabulações próprias

Gráfico 50 - Testes de Pressupostos (ideb9 - 2007) - IDEB X CORRUPÇÃO - Modelo Único - Grupo III.

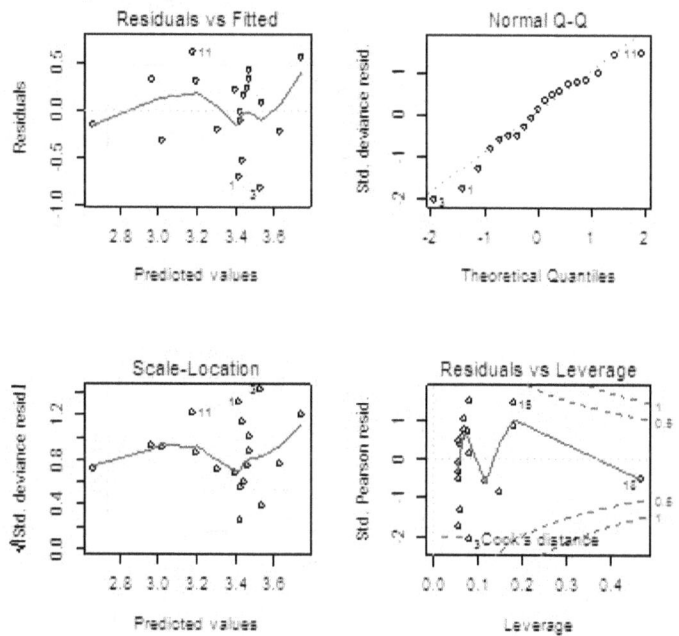

Fonte: Tabulações próprias

Gráfico 51 - Testes de Pressupostos (ideb9 - 2009) - IDEB X CORRUPÇÃO - Modelo Único - Grupo III.

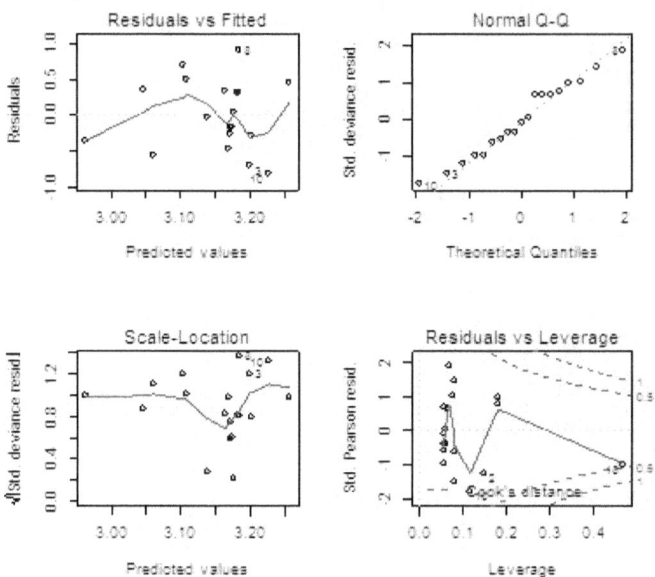

Fonte: Tabulações próprias

Gráfico 52 - Testes de Pressupostos (ideb9 - 2011) - IDEB X CORRUPÇÃO - Modelo Único - Grupo III

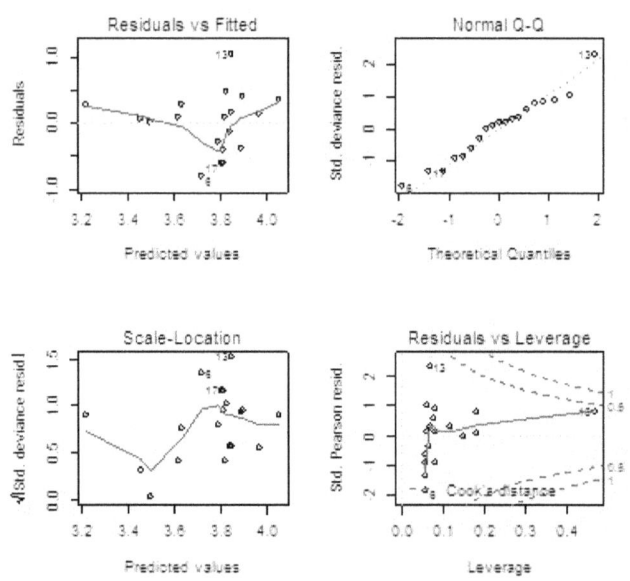

Fonte: Tabulações próprias

Gráfico 53 - Testes de Pressupostos (ideb9 - 2013) - IDEB X CORRUPÇÃO - Modelo Único - Grupo III.

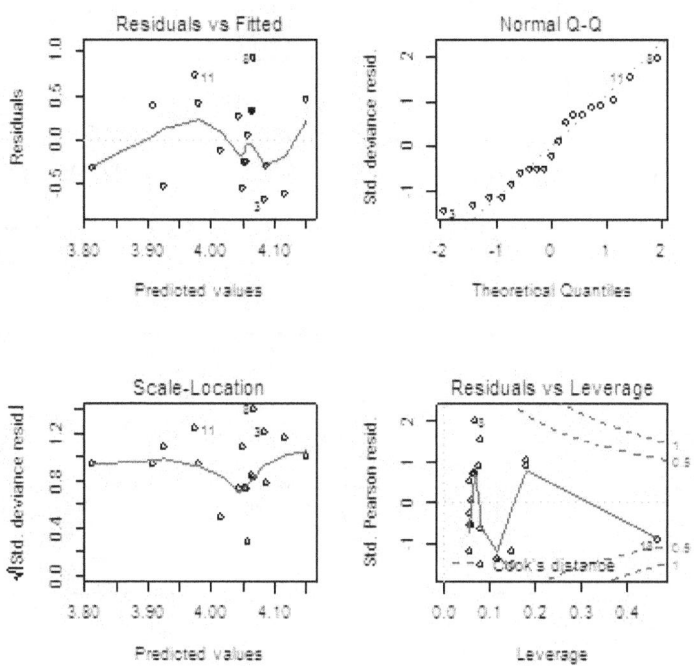

Fonte: Tabulações próprias

Os únicos modelos significativos foram o IDEB9-2007 e IDEB9-2011, sendo o mais importante o fato de os pressupostos forem atendidos.

f) Análise de Regressão Econométrica: as Tabelas abaixo são resultados de cada um dos modelos de IDEB em relação à Corrupção. O p-valor na linha corrupção de cada uma das tabelas indica se essa variável é significativa ou não para aquele modelo. Nota-se que a corrupção é significativa apenas nos modelos correspondentes ao IDEB9-2007 e IDEB9-2011.

Tabela 51 - Resultado do Modelo (ideb5 - 2005) - IDEB X CORRUPÇÃO - Modelo Único - Grupo III

	Estimativa	Erro Padr.	t valor	p valor
Intercepto	3,42407	0,21596	15,85477	0,00000
Corrupção	0,11776	0,69572	0,16926	0,86759

Fonte: Tabulações próprias

Tabela 52 - Resultado do Modelo (ideb5 - 2007) - IDEB X CORRUPÇÃO - Modelo Único - Grupo III

	Estimativa	Erro Padr.	t valor	p valor
Intercepto	3,87665	0,22311	17,37569	0,00000
Corrupção	-0,28514	0,71873	-0,39673	0,69650

Fonte: Tabulações próprias

Tabela 53 - Resultado do Modelo (ideb5 - 2009) - IDEB X CORRUPÇÃO - Modelo Único - Grupo III

	Estimativa	Erro Padr.	t valor	p valor
Intercepto	3,99142	0,25532	15,63293	0,00000
Corrupção	-0,11670	0,82250	-0,14189	0,88884

Fonte: Tabulações próprias

Tabela 54 - Resultado do Modelo (ideb5 - 2011) - IDEB X CORRUPÇÃO - Modelo Único - Grupo III

	Estimativa	Erro Padr.	t valor	p valor
Intercepto	4,50517	0,23995	18,77545	0,00000
Corrupção	-0,75082	0,77299	-0,97132	0,34501

Fonte: Tabulações próprias

Tabela 55 - Resultado do Modelo (ideb9 - 2005) - IDEB X CORRUPÇÃO - Modelo Único - Grupo III

	Estimativa	Erro Padr.	t valor	p valor
Intercepto	3,31737	0,30314	10,94346	0,00000
Corrupção	-0,57345	0,97654	-0,58723	0,56477

Fonte: Tabulações próprias

Tabela 56 - Resultado do Modelo (ideb9 - 2007) - IDEB X CORRUPÇÃO - Modelo Único - Grupo III

	Estimativa	Erro Padr.	t valor	p valor
Intercepto	3,96205	0,25621	15,46398	0,00000
Corrupção	-2,10306	0,82537	-2,54801	0,02079

Fonte: Tabulações próprias

A equação final do modelo é a seguinte: **IDEB9 2007 = 3,96 - 2,1 (Corrupção)**. A análise desse modelo é a seguinte: quando o nível de corrupção for zero, a média do IDEB 9º ano será de 3,96. O aumento de cada unidade no nível de corrupção fará com que a nota do IDEB diminua 2,1 pontos. O R^2 desse modelo é igual a 0,2764, explicando aproximadamente 30% da realidade, ou seja, a corrupção, nesse modelo, responde por 30% dos problemas de aprendizagem.

Tabela 57 - Resultado do Modelo (ideb9 - 2009) - IDEB X CORRUPÇÃO - Modelo Único - Grupo III

	Estimativa	Erro Padr.	t valor	p valor
Intercepto	3,72720	0,27952	13,33418	0,00000
Corrupção	-0,73591	0,90047	-0,81726	0,42509

Fonte: Tabulações próprias

Tabela 58 - Resultado do Modelo (ideb9 - 2011) - IDEB X CORRUPÇÃO - Modelo Único - Grupo III

	Estimativa	Erro Padr.	t valor	p valor
Intercepto	4,22461	0,28066	15,05215	0,00000
Corrupção	-1,62462	0,90415	-1,79686	0,00015

Fonte: Tabulações próprias

Tabela 59 - Resultado do Modelo (ideb9 - 2013) - IDEB X CORRUPÇÃO - Modelo Único - Grupo III

	Estimativa	Erro Padr.	t valor	p valor
Intercepto	4,22168	0,29466	14,32727	0,00000
Corrupção	-0,66173	0,94923	-0,69712	0,49515

Fonte: Tabulações próprias

A equação final desse modelo é a seguinte: **IDEB9 2011 = 4,22 - 1,62 (Corrupção)**. A interpretação da equação nos remete ao seguinte: quando os níveis de corrupção for igual a zero, a média do IDEB 9ª ano será de 4,22. A cada aumento do nível de corrupção no ambiente, o IDEB sofrerá um decréscimo na ordem de 1,62 pontos. O R^2 desse modelo é de 0,1596. Isso significa que a corrupção, nesse modelo, explica aproximadamente 16% do fracasso das notas do IDEB. A análise parcial dos modelos do Grupo III que tentam evidenciar que a corrupção tem influência no processo ensino-aprendizagem, permite-nos concluir que foi quebrada a hipótese nula, ou seja, o processo corruptivo tem influência no meio ambiente político e social, que por sua vez obstrui o processo ensino-aprendizagem.

CAPÍTULO V – CONCLUSÃO E RECOMENDAÇÕES

5.1 Conclusão

Nesse ensaio podemos verificar que a despeito do Brasil e Paraguai organizar os seus territórios politicamente distintos, existem muitas similaridades no sistema organizacional do ensino público em ambos os países. As grades curriculares no ensino fundamental são bem próximas, principalmente na carência de recursos e problemas funcionais e administrativos verificados em ambos os países, entre eles podemos citar como o mais danoso o processo crescente de corrupção.

Podemos verificar também que a despeito da teoria neoliberal para o setor educacional, em que todos tem a mesma oportunidade, tendo a mesma base educacional escolar, não se mostrou real.

Não podemos constatar em quais Estados se apresentou mais corrupto em relação ao outro. Mesmo pesquisas a nível internacional como da "Anistia Internacional" não nos parece isentas. Porém podemos também verificar que existe uma relação inversa de causa/efeito entre a corrupção e aprendizagem. Queremos dizer que destruímos a hipótese nula entre corrupção e aprendizagem, ou seja, dentro de um ambiente político corrupto, o meio econômico se deteriora, empobrecendo todo cinturão ao redor da criança: comunidade, bairro, família e escola. Todo esse enfraquecimento ambiental interfere diretamente no processo ensino-aprendizagem.

Em suma, podemos verificar o elevado grau de comprometimento entre pobreza (em seus diversos tons e níveis) ao processo de aprendizagem. Ambos os fatores são potencializados em um ambiente político corrupto. Os nossos objetivos foram plenamente atingidos, o vínculo direto com as dimensões da pobreza e o desenvolvimento escolar foram provados no Brasil e no Paraguai.

Mesmo a controvérsia relação entre meio ambiente corruptivo e o desempenho escolar também foram comprovados em nossas experiências.

A pesquisa contribui para o desenvolvimento da comunidade científica por que mostra como as classes sociais se comportam diante da mesma realidade, deverá ser valiosa para professores, gestores da área educacional, antropólogos, cientistas sociais e todo aquele que se preocupa com a questão da melhoria da qualidade de vida e o desenvolvimento socioeconômico de populações em risco social.

5.2 Recomendações

É altamente recomendável que estudos adicionais possam revelar, sobre as diversas formas de nuances, quais as influências que pobreza possa processar na vidas dos seres humanos, principalmente sobre as crianças. Igualmente recomendamos estudos sobre técnicas e ferramentas para detectar o processo corruptivo e quais os impactos que essa anomalia administrativa possa ter no setor educacional. Em relação às políticas públicas educacionais, seria salutar, para ambos os países que pesquisasse e posteriormente implantasse, o mais urgente possível, o estabelecimento de programas educacionais com impacto no cinturão de segurança da criança: a família e a comunidade. Experiências internacionais, como o "Manhatan Child Zone", na cidade de Nova Iorque, nos Estados Unidos, através de "Charters Schools", que possui como objetivo efetivo e principal a recuperação econômica ao redor da escola, focando principalmente a família do estudante, tiveram resultados muito promissores.

A República Federativa do Brasil possui um compromisso formal de levar a educação integral para todo ensino fundamental até o ano de 2020. Porém, as municipalidades não estão avançando no objetivo. Segundo o MEC (BR), cerca de 80% dos municípios brasileiros não tem condições econômicas de promover tal evento. O Paraguai possui seu financiamento educacional atrelado a recursos financeiros proveniente dos Estados Unidos e também não possui tal projeto. Recomendamos que ambos as nações, tendo a iniciativa do governo central, a se comprometerem em programar, em tempo mais exíguo, a educação em tempo integral para o ensino fundamental.

Sobre questões administrativas é a corrupção que mais preocupa ambos os Estados. Pensamos que uma política anticorrupção não tem por único objetivo a ensinar as pessoas (funcionários públicos ou não) a serem "boas", mas sim criar ambientes que moldem suas condutas. Esses ambientes são criados estabelecendo-se critérios claros de responsabilidades; manutenção eficiente de arquivos; supervisões efetivas para assegurar que as regras dos procedimentos estão sendo seguidos; ferramentas eficientes que consiga detectar alterações e/ou omissões de relatórios financeiros e fornecimento de canais independentes de ouvidoria para o restante da população.

Além de ações que possam canalizar posicionamentos éticos de servidores a nível interno (como os supracitados), a ambientação externa também é muito recomendável. Podemos, ao longo dessa pesquisa, detectar cinco elementos-chave que introduzem um fio condutor na correção contra a corrupção: liderança, competição nos meios político e econômico, direito irrestrito a informação, ações coletivas e integradas.

Especificamente para o setor educacional, recomendamos para ambos os países a criação e manutenção de sistemas regulatórios, o que implica na criação do staff independente, com poderes jurisdicionais para tal finalidade; reforçar a capacidade de gestão para aplicação dos sistemas regulatórios; encorajar, por parte do funcionalismo público, apropriação dos novos mecanismos de gestão.

SOBRE OS AUTORES

 **Paulo Amorim**

Licenciado em Geografia pela Universidade Federal Fluminense; *Especialista em Economia e Política Internacional* pela Universidade Estácio de Sá; *Mestre em Economia* pela Universidade Cândido Mendes; *Doutor em Educação* pela Universidade Federal do Rio de Janeiro; *Doutor em Psicanálise* pela Erich Fromm University; *Pós-Doutor em Educação* pela Universidad National de Tres de Febrero; *Pós-Doutor em Psicologia Social* pela Universidade John F. Kennedy.

 **Bárbara Lobo**

Licenciada em Pedagogia pela Faculdade de Filosofia, Ciências e Letras de Macaé; *Especialista em Engenharia de Petróleo* pela Faculdade de Filosofia, Ciências e Letras de Macaé; *Especialista em Teorias e Práticas Transdisciplinares e Violência: Direito, Educação e Saúde* pela Faculdade Professor Miguel Ângelo da Silva Santos; *Mestre em Ciências da Saúde e Meio Ambiente* pelo Centro Universitário Plínio Leite; *Doutora em Ciências da Educação* pela Universidad Americana; *Pós-Doutora em Educação* pela Universidad National de Tres de Febrero.

REFERÊNCIAS

ABDA (Associação Brasileira do Déficit de Atenção). Disponível em: www.tdah.org.br. Acesso em: 10 jan. 2013.

ADLER, Alfred. **A Ciência da Natureza Humana.** Tradução de Godofredo Rangel e Anísio Teixeira. Título Original: Understanding Human Nature. Ed: Companhia Editora Nacional. 2ª ed, 1940. São Paulo, SP.

AMORIM, P. J. Ambiente Econômico e Aprendizagem. Tese de Mestrado Apresentado ao Curso de Mestrado em Economia Empresarial. UCAM (Universidade Candido Mendes). Novembro de 2011. Rio Janeiro. RJ.

ANDRADE, E. C. **Externalidade da Educação.** – in: Economia do Setor Público no Brasil. Biderman, Ciro & Arvete, Paulo (Orgs). Rio de Janeiro: Elsevier, 2004.

ARNOVE, Robert F. **Análise de Sistemas-mundo e Educação Comparada.** in: Educação Comparada (Panorama Internacional e Perspectivas - V. I). COWEN, Robert; KAZAMIAS, Andreas & UNTERHALTER, Elaine (ORGS) - Brasília: UNESCO - CAPES, 2012.

BARROS, R. P; "Ensino Débil Explica Desigualdade no País". ENADE **(Exame Nacional – informativo AEMS/ENADE** – 25 de setembro de 2006.

BASTOS, L. R. B; PAIXÃO, L; FERNANDES, N. e DELUIZ. **Manual Para Elaboração de Projetos e Relatórios de Pesquisas, Teses, Dissertações e Monografias.** Rio de Janeiro – RJ: LTC (6ª Edição), 2006.

BERNE, E. **Os Jogos da Vida: Uma Análise Transacional e o Relacionamento Entre as Pessoas.** Título Original: "Games Peoples Play." Ed: Artenova – S/A, 1974. Rio de Janeiro, RJ.

BIASON, R. Breve História Da Corrupção no Brasil - (2012). Disponível em: www.votoconsciente.org.br. Acesso em: 13 de outubro de 2012.

BOLTON, R. **People SKills: How to Assert Yourself, Listen To Others, And Resolv Conflicts.** Ed: Prentice Hall. 1974, New York.

BOSSA, N. A. A Emergência da Psicopedagogia Como Ciência. **Revista Pedagogia (25) 76: 43-8, 2008.** São Paulo, SP.

BOURDIEU, P. **A Economia das Trocas Simbólicas.** Ed: Perspectiva, 7ª edição. São Paulo,SP. 2002.

CARVALHO, M. "A Trajetória da Psicopedagogia, Suas Contribuições e Limites." Disponível em **Revista Eletrônica Psicopedagogia, V16**, 2001: http://www.psicopedagoga.org. Acesso em 25/12/2012.

CEPAL (Nações Unidas) & W.K. Kellog Fundation: **Programa Comunitário de Saúde - Saúde Responsabilidade de Todos.** Fram, Departamento de Itapúa. Experiência em Inovação Social – ciclo 2005/2006. Assunção, PY, julho de 2004.

CÔRTES, A. R. F. B. e RAUSCH, R. B. O Estado do Conhecimento Acerca da Psicopedagogia Escolar no Brasil. **IX Encontro Sul Brasileiro de Psicopedagogia**, 26 a 29 de outubro de 2009 – Pontifícia Universidade Católica do Paraná (PUCPR). Curitiba, PR.

COWEN, R. **A História e a Criação da Educação Comparad** - in: Educação Comparada (Panorama Internacional e Perspectivas - V. I). COWEN, Robert; KAZAMIAS, Andreas & UNTERHALTER, Elaine (ORGS) - Brasília: UNESCO - CAPES, 2012.

COWEN, R. e KAZAMIAS, A. **Criação e Recriação do Campo de Estudos - Introdução Editorial Conjunta** - in: Educação Comparada (Panorama Internacional e Perspectivas - V. I). COWEN, Robert; KAZAMIAS, Andreas & UNTERHALTER, Elaine (ORGS) - Brasília: UNESCO - CAPES, 2012.

CSIKSZENTMIHALYI, M. **Criativity: Flow and the Psychology of Discovery and Invention.** Ed: HarperCollins, 1996. New York.

CURRIE, J; e MORETTI, E. **Mother's Educations and the Intergenerational Trasmission of Human Capital: Evidence From College Oppenings.** Quaterly Journal of Economics 118 (novembro de 2003): 1945-1532.

DAMÉ, O. M. **Educação e Corrupção: A Busca de Uma Evidência Empírica.** Artigo: 2° concurso de monografias do CGU (Controladoria Geral da União). Pelotas, RS, 2007.

DEE, T. S. "Are There Civic Return to Education?" **Journal of Public Economics.** Agosto de 2004: 1697-1720.

DOMINGOS, G. A. **Dificuldades do Processo de Aprendizagem.** Monografia apresentada a ESBE (Escola Superior Aberta do Brasil, 2007).

ELIAS, N. *"Os Alemães."* Jorge Zahar. Rio de Janeiro, RJ, 1997.

____ *O Processo Civilizador. Vol. I.* Jorge Zahar. Rio de Janeiro, RJ, 1994 (a).

____ *A Sociedade dos Indivíduos.*, Jorge Zahar, Rio de Janeiro, RJ, 1994 (b).

____ *O Processo Civilizador. Vol. II.* Jorge Zahar. Rio de Janeiro, RJ, 1993.

EZEQUIEL, M. Pobreza Como Objeto Histórico: problemas empíricos e teóricos. **Publicações diálogo-** Vol. 01. Porto Alegre, 1990.

FITIPALDI, C. B. Conceitos Centrais de Vygotsky: Implicações Pedagógicas. **Revista Educação. PP 50 a 44. Ed. UNG.** 1° de fevereiro de 2006. São Paulo, SP.

FERNANDÉZ, A. **A Inteligência Aprisionada (Abordagem Psicopedagógica Clínica da Criança e sua Família).** Porto Alegre: Artmed, 1991.

FERRAZ, C; Finan, F; e Moreira B.D. Corrupção, Má Gestao, e Desempenho Educacional. **Economia Social e Demografia Econômica – ANPEC, área 11 (PUC).** Rio de Janeiro, 2008.

FERREIRA, S. G & VELOSO, F. Mobilidade Integracional de Educação no Brasil. **Revista Pesquisa e Planejamento Econômico**: 33 (3): 481 – 513, 2003.

FERREIRA, S. G e VELOSO, F. **Economia Brasileira Contemporânea (1945 – 2004).** Rio de Janeiro: Campus, 2005.

FOGEL, R. **Pobreza y Exclusión Social en El Paraguay.** Ed. Ceri(Centro de Estudos Interdisciplinarios). Assunción, PY, 2002.

FREUD, A. **O Ego e os Mecanismos de Defesa.** Tradução de Álvaro Cabral. Título Original: "The Ego and Mechnisms of Defence." Ed: Civilização Brasileira, 1982. Rio de Janeiro, RJ.

FREUD, S. *O Mal-Estar na Civilização.* Col. Pequena Coleção das Obras de Freud, Livro 8, Imago. Rio de Janeiro, RJ, 1974.

_____ **A Interpretação dos Sonhos.** Tradução de: Walvredo Ismael de Oliveira. Título original: "Die Traumdeutug." Ed: Imago, 2ª ed; Rio d Janeiro, RJ. (1987).

GARDNER, H. **Estruturas da Mente: a Teoria das Inteligências Múltiplas.** Tradução de: Sandra Costa. Título Original: "Frames of Mind: the Theory of Multiple Inteligences." Ed: Artmed, 1994. Porto Alegre, RS.

GOLDSTEIN, S; e GOLDSTEIN, C. **Hiperatividade - Como desenvolver a capacidade de atenção da criança.** São Paulo: Papirus, 2002.

GRUBER, J. **Finanças Públicas e Políticas Pública.** Rio de Janeiro: GEN/LTC, 2009.

GUJARATI, D. **Econometria Básica.** Rio de Janeiro. Campus (4ª edição), 2006.

HALLAK, J; e Poisson, M. Escolas Corruptas, Universidades Corruptas: O Que Fazer? **Resumo Executivo elaborado pela Drª Dulce Borges para o Seminário Internacional Ética e Responsabilidade na Educação: compromisso e resultados, a partir da obra Corrupt schools, corrupt universities: what can be done?** Paris: UNESCO, 2007.

HENRIQUES, Solange. Transtorno de Déficit de Atenção e Hiperatividade (TDAH). **Revista Eletrônica neurociência.** V 2. 2007. Disponível em: www.neurociencias.org.br. Acesso em 19 abr. 2013.

HOBSBAWN, E. J. **A Era dos Impérios (1875 – 1914).** Título Original: " The Age of Empire." Tradutor: CAMPOS, Sieni Maria & TOLEDO, Yolanda Steidel de. Ed: Paz e Terra – 3ª edição. Rio de Janeiro, RJ – 1998.

HORNEY, K. **Nossos Conflitos Interiores: Uma Teoria Construtiva da Neurose.** Tradução de Octávio Alves Filho. Título Original: "Our Inner Conflicts: a Constructive Theory of Neurosis." Ed: Difel, 1982. São Paulo, SP.

INEP – Instituto Nacional de Estudos e Pesquisas Educacionais Anísio Teixeira. **Sinopse Estatística da Educação Básica – v 7".** Disponível: http//www.publicações. inep.gov.br. Acesso em: 22/10/2011.

ÍNDICE de Reprovados e Evasão: MEC-PY (Ministério da Educação e Cultura da República do Paraguai), DGPE (Direção Geral de Educação Permanente – PY) & SIEC (Sistema de Informação de Estatística Contínua – PY), Assunção, 2010.

JAMES, W. **The Principles of Psychology.** Ed: Dover,Vol II; 1950. New York.

JUNG, C. **Os Arquétipos do Inconsciente Coletivo.** Tradução de Dora Mariana R. Ferreira da Silva & Maria Luiza Appy. Título Original: "Die Archetypen und das Kolletive Unbewusste. Ed: Vozes, 2000. Petrópolis, RJ.

KALLOYANNAKI, P; e KAZAMIAS, A. M. **Os Primórdios Modernistas da Educação Comparada: o Tema Protocientífico e Administrativo Reformista-Meliorista** - in: Educação Comparada (Panorama Internacional e Perspectivas - V. I). COWEN, Robert; KAZAMIAS, Andreas & UNTERHALTER, Elaine (ORGS) - Brasília: UNESCO - CAPES, 2012.

KAZAMIAS, A. M. **Homens Esquecidos, Temas Esquecidos: os temas Histórico-filosófico-culturais e Liberais da Educação Comparada** - in: Educação Comparada (Panorama Internacional e Perspectivas - V. I). COWEN, R; KAZAMIAS, A; e UNTERHALTER, E. (ORGS) - Brasília: UNESCO - CAPES, 2012.

_____, **Educação Comparada: Uma Visão Histórica** - in: Educação Comparada (Panorama Internacional e Perspectivas - V. I). COWEN, R; KAZAMIAS, A; e UNTERHALTER, E. (ORGS) - Brasília: UNESCO - CAPES, 2012.

LAMBERT, Tim. "Uma Breve História da Pobreza." (2006): **Revista Eletrônica localhistories.** V05 - Disponível em: http//www.localhistories.or/povhist.html. Acesso em 20 de julho de 2011.

LEÓN, F. B. **La Ignorancia y la Corrupción: El Orígen de um Sistema.** Publicação independente. Assunción, PY, Julho de 2008.

LEPORACE, C. TDAH: quando não compreendido, um transtorno. **Revista Opinião e Notícia.** Rio de Janeiro, 11/07/2007.

LOCHNER, L; e MORETTI, E. "The Effect of Education on Crime: Evidence From Prision Inmates. Arrets, and Self-Report. **America Economics Review 94** (março de 2004): 155-89.

MANUAL de Ética Pública (Cómo Incorporar La Ética Pública Ela Cultura Institucionales de Los Organismos y Entidades Del Estado). MEC-PY/USAID. Consejo Presidencial de Modernización Pública, Millennium Challenge Corporation e USAID. Assunción, maio de 2008.

MATTHEOU, D. **O Paradigma Científico da Educação Comparada** - in: Educação Comparada (Panorama Internacional e Perspectivas - V. I). COWEN, Robert; KAZAMIAS, A; e UNTERHALTER, E. (ORGS) - Brasília: UNESCO - CAPES, 2012.

MILLIGAN, K; MORETTI, E; e OREOPOULOS. Does Education Improve Citzship? Evidence From the United States and United Kinddom. **Journal of Publics Economics 88** (agosto de 2004): 1667-1695.

MIRANDA, L. F. V. e Godoy, M. V. F. Civilização e Derrocada: Notas de Leitura para o Diálogo entre Freud e Elias. **I Jornada Conjunta de Alunos PPGSA (IFCS), PPGAS (MN) e PPGSCP (IUPERJ)**, UFRJ-Rio de Janeiro, RJ, 3-7/12/2007.

MIRANDA, L. F. V. V. Definido e Medindo Corrupção: Métodos. **Iº Fórum Brasileiro de Pós-Graduação em Ciência Política (ABCP)**, UFMG-Belo Horizonte, MG, 21 a 23 de outubro de 2009.

____Corrupção e Percepção de Corrupção – Corruption and Corruption Perception. **Em debate, Belo Horizonte**, MG, v.2, n.3, p 25 – 30, 2010.

____O Estado da Arte dos Estudos de Corrupção. **I Seminário de Pós-Graduandos em Ciências Sociais do Estado do Rio de Janeiro.** Rio de Janeiro, 28 de novembro a 2 de dezembro, 2011.

____Corrupção e Regimes Democráticos (Corruption and Democratic Systems)." **Revista Polêmica, do Laboratório de Estudos Contemporâneos (UERJ).** Rio de Janeiro, RJ; Junho de 2009.

MITTER, W. **"Educação Comparada na Europa"** - in: Educação Comparada (Panorama Internacional e Perspectivas - V. I). COWEN, Robert; KAZAMIAS, Andreas & UNTERHALTER, Elaine (ORGS) - Brasília: UNESCO - CAPES, 2012.

MOIR, A; e JESSEL, D. **"Brain Sex: the Real Difference Between Men and Women."** Ed: Mandarin, 1989. London.

MORETI, E. "Human Capital Externalities in Cities." **National Bureau of Economic Research.** WP 9641, 2003.

MYERS, I. B; e MEYERS, P. B. **O Ser Humano é Ser Diferente: Valorizando as Pessoas por Seus Dons Especiais.** Tradução de Eliana Rocha & Ilda Schulter. Título Original: "Gifits Differing: Understing Personality Types." Ed. Gente, 1977. Rio de Janeiro, RJ.

OLMOS, L. E; e TORRES, C. A. **Teorias do Estado, Expansão Educacional, Desenvolvimento e Globalizações: Abordagens Marxista e Crítica** - in: Educação Comparada (Panorama Internacional e Perspectivas - V. I). COWEN,

R; KAZAMIAS, A; e UNTERHALTER, E. (ORGs) - Brasília: UNESCO - CAPES, 2012.

PANOFSKY, C. P. "The Relations of Learning and Student and Student Social Class: Toward Re-Socializing Social Theory." (in Vygotsky's Educacional Theory Incultural Contests – Alex Kozolin – ORG's). Ed. By Cambridge Press. 2003.

PAROLIN, I. C. H. "Reflexão Psicopedagócica Sobre Crianças com Transtorno Déficit de Atenção/hiperatividade e Insucesso Escolar.**Revista Eletrônica abpp**, Rio de Janeiro, 1993. Disponível em: www.abpp.com.br. Acesso em: 18 abr. 2013.

PATRÍCIO, I; e Miranda, L. F. V. V. de. "Accoutability, Corrupção e Desenvolvimento Econômico: O Caso dos Países em Desenvolvimento. **VII Encontro da Associação Brasileira da Ciência Política**; Recife – PE, 04 a 07 de agosto de 2010.

PATTO, M. H. S. O Fracasso Escolar Como Objetivo de Estudo: Anotações Sobre as Características de Um discurso. **Instituto de Psicologia da USP (Universidade de São Paulo)**. São Paulo, SP. Maio de 1988.

PEREIRA, C; e COSTA, C. Os Ladrões Da Qualidade. **Revista Veja;** 17 de fevereiro de 2009.

PIAGET, J. **A Linguagem e o Pensamento da Criança.** Tradução de Manuel Campos. Título Original: "The Language and Thought of Child." Ed: Fundo de Cultura, 1959. Rio de Janeiro, RJ.

PINEDA, O. **Breve Historia de La Educación em El Paraguay.** Ed: Servilibro. Assunción, PY. Novembro de 2012.

PNUD – Plano das Nações Unidas para o Desenvolvimento. Disponível em: www.**pnud**.org.br/. Acesso em 11 de maio de 2013.

PONTES, A. C. M. O Custo da Corrupção Política e Seu Reflexo Negativo na Efetivação de Direitos Sociais. **Anais do XVII Congresso Nacional do CONPEDI. Brasília – DF**, 20, 21 e 22 de novembro de 2008.

RABELO, E.T; E PASSOS, J.S. Vygotsky e o Desenvolvimento Humano. **Revista Eletrônica Primeiros Passos,** São Paulo, (2005). Disponível em: http//www.josesilveira.com. Acesso em: 14/07/2011.

RAMOS, P. G. "Psicopedagogia: Aparando Arestas Pela História. – Psychopedagogy: trimmimng edges through the History." **VIDYA, v.27, n.1, p. 9-20,** jan./jun., 2007. ISSN 0104-270X, 2009. Santa Maria, RS.

ROBLES, M; e Santander, H. Paraguay: Pobreza Y Desigualdad de Ingressos a Nivel Distrital. **Atividades do Programa MEC-OVI-BID e DEGEEC – PY (Direção Geral de Estatística e Censos).** Assunção – PY, outubro de 2004.

ROCHA, S. **Pobreza no Brasil: Afinal, de que se Trata?** Rio de Janeiro: FGV (2003).

ROCHA, Ronald. As Oportunidades do Estado do Rio de Janeiro nos Próximos Cinco Anos. **Revista Eletrônica redejur,** V 3, (2010) – Disponível em: http/www.redejur.com.br. Acesso em: 20/08/2011.

RUST, Val D; JOHNSTONE, Brian & ALLAF, Carine. **Reflexões Sobre o Desenvolvimento da Educação Comparada** - in: Educação Comparada (Panorama Internacional e Perspectivas - V. I). COWEN, R; KAZAMIAS, A; e UNTERHALTER, E. (ORGS) - Brasília: UNESCO - CAPES, 2012.

SANTOS, M. **A Natureza do Espaço.** São Paulo, SP. Ed: EDUSP, 2006.

SAVIANI, D. **A História das Idéias Pedagógicas no Brasil.** Ed: Cortez/Autores Associados. São Paulo, SP, 2008.

SILVA, L. L. **Revista Eletrônica recantodasletras.** Corrupção x Ética. Disponível em: http://recantodasletras.uol.com.br/autores/luciliasilva. Postado em 23/01/2009; reeditado em 25/04/2010. Rio de Janeiro, RJ. Acesso em 14 de novembro de 2012.

SOUZA, J. A. N. A Família Como Espelho: A Pobreza Material e Política Como Obstáculo à Aprendizagem Reconstrutiva Política. 2006. Tese de Mestrado em Política Social – **Departamento de Serviço Social do Instituto de Ciências Humanas (Universidade de Brasília), Brasília,** DF.

SKINNER, B. F. **O Mito da Liberdade.** Tradução de Elisiane Reis Barbosa Rebelo. Título Original "Beyond Freedom and Dignity. Ed: Summus, 1983, São Paulo, SP.

TOLOSA, H. **Pobreza e Exclusão.** In Brazil: o Estado de Uma Nação. IPEA (Instituto de Pesquisa Econômica e Aplicada). Resende, F; e Tafner, P; (Orgs). Rio de Janeiro: IPEA (2005).

VASCONCELOS, L. **Economia da Educação.** In: "Economia do Setor Público no Brasil." – Biderman, Ciro & Arvete, Paulo (Orgs). Rio de Janeiro: Campus/FGV, 2004.

VELOSO, F. **A Evolução Recente e Propostas Para a Melhoria da Educação no Brasil.**In Brasil: a Nova Agenda Social – BACHA, Edmar L; e SCHARTZMAN, S; (Orgs). Ed: LTC, 2011. Rio de Janeiro, RJ.

VENTRE, D. F. "El Combate a la Corrupción em El Paraguay". Artigo. Disponível em: http://www.clad. Acesso em 07/01/2013.

VIEIRA, E. V; e Silva, A. L. C. Memória Como Bem Simbólico: discursos, competências e legitimação. **Revista Latino-Americana de História.** Edição Especial – Lugares da História do Trabalho. Vol. 1, n°. 3 – Março de 2012. Porto Alegre, RS.

VIGOTSKY, L, S. **A Construção do Pensamento e da Linguagem.** – Textos de Psicologia: tradução: Paulo Bezerra – 2ª Ed. Ed:WMF Martins Fontes. São Paulo, SP, 2010.

APÊNDICES

Apêndice 1 - Banco de Dados: NBIs (Necessidades Básicas Insatisfeitas - RJ) - de Angra dos Reis a Iguaba Grande

MUNICÍPIOS.	ALF	DOM	LEI	CUL
Angra dos Reis	8,9	22,9	0,8	1,7
Aperibé	13,3	16,7	3,9	0,0
Araruama	12,3	44,8	2,1	0,3
Areal	9,4	34,4	4,2	1,0
Armação dos Búzios	7,3	55,4	0,0	2,2
Arraial do Cabo	7,2	23,6	2,7	1,3
Barra do Piraí	6,9	30,4	2,5	0,3
Barra Mansa	6,4	15,8	1,3	1,0
Belford Roxo	8,0	28,6	0,7	0,0
Bom Jardim	17,0	45,5	2,5	2,0
Bom Jesus do Itabapoana	13,6	18,9	6,5	2,7
Cabo Frio	8,3	41,8	1,3	1,1
Cachoeiras de Macacu	14,0	37,7	1,4	0,9
Cambuci	17,5	39,3	5,5	0,8
Campos dos Goytacazes	10,1	36,8	2,5	1,9
Cantagalo	12,6	29,1	1,2	2,1
Carapebus	12,7	47,2	0,0	1,1
Cardoso Moreira	19,7	48,5	0,0	0,9
Carmo	13,5	29,4	2,5	1,6
Casimiro de Abreu	12,4	30,8	2,9	2,7
Comendador Levy Gasparian	9,9	19,5	0,0	2,2
Conceição de Macabu	13,1	42,1	3,6	1,5
Cordeiro	9,0	8,8	2,7	2,2
Duas Barras	17,6	47,4	2,2	3,9
Duque de Caxias	8,0	28,4	0,7	1,2
Engenheiro Paulo de Frontin	9,1	50,4	2,6	0,9
Guapimirim	11,8	51,5	1,1	0,5
Iguaba Grande	8,8	41,3	0,0	0,8

FONTE: Tabulações Próprias - Fontes Primárias: NBIs - FUNDAÇÃO CIDE/FAPERJ - 2004. ALF - Déficit da taxa de alfabetização da população de 15 anos ou mais. DOM - Déficit do percentual médio de domicílios com abastecimento de água adequado, com esgotamento sanitário adequado e coleta de lixo. LEI - Leitos nas especialidades básicas em hospitais credenciados pelos SUS, para grupo de cada 1000 habitantes. CUL - Infraestrutura cultural: soma dos números de estabelecimentos de teatros, cinemas, bibliotecas, dividido pela raiz da população e multiplicado por 100.

Apêndice 2 - Banco de Dados: NBIs (Necessidades Básicas Insatisfeitas - RJ) - de Itaboraí até Quatis.

MUNICÍPIOS.	ALF	DOM	LEI	CUL
Itaboraí	10,8	62,7	2,0	0,5
Itaguaí	9,4	31,7	1,9	0,7
Italva	16,3	33,6	10,0	3,6
Itaocara	13,3	32,9	2,4	1,3
Itaperuna	12,2	15,1	4,4	2,4
Itatiaia	8,0	17,9	1,6	3,8
Japeri	12,4	50,6	2,6	0,0
Laje do Muriaé	18,7	35,7	5,4	5,6
Macaé	7,9	16,8	1,2	1,6
Macuco	10,1	11,5	0,0	4,3
Magé	9,9	46,6	1,6	0,9
Mangaratiba	8,3	44,1	2,0	1,3
Maricá	8,7	65,66	0,8	0,4
Mendes	7,6	35,4	2,5	0,8
Mesquita	7,4	26,5	0,9	0,0
Miguel Pereira	9,1	57,4	2,7	5,2
Miracema	14,4	14,2	2,2	4,3
Natividade	15,2	28,2	2,8	4,9
Nilópolis	3,8	8,4	2,3	0,8
Niterói	3,6	17,2	2,2	3,4
Nova Friburgo	7,4	18,3	1,6	2,6
Nova Iguaçu	7,2	26,5	1,1	0,9
Paracambi	10,6	27,7	5,5	1,0
Paraíba do Sul	10,7	19,9	1,6	2,1
Parati	12,8	44,3	1,2	0,6
Paty do Alferes	17,4	54,1	0,3	3,8
Petrópolis	6,4	27,8	1,3	5,6
Pinheiral	7,6	15,9	0,0	0,0
Piraí	10,8	28,2	1,9	0,7
Porciúncula	16,6	26,7	2,9	2,4
Porto Real	10,5	20,8	0,0	0,0
Quatis	10,6	22,6	2,7	0,0

FONTE: Tabulações Próprias - Fontes Primárias: NBIs - FUNDAÇÃO CIDE/FAPERJ - 2004. ALF - Déficit da taxa de alfabetização da população de 15 anos ou mais. DOM - Déficit do percentual médio de domicílios com abastecimento de água adequado, com esgotamento sanitário adequado e coleta de lixo. LEI - Leitos nas especialidades básicas em hospitais credenciados pelos SUS, para grupo de cada 1000 habitantes. CUL - Infraestrutura cultural: soma dos números de estabelecimentos de teatros, cinemas, bibliotecas, dividido pela raiz da população e multiplicado por 100.

Apêndice 3- Banco de Dados: NBIs (Necessidades Básicas Insatisfeitas - RJ) - de Queimados até Volta Redonda

MUNICÍPIOS.	ALF	DOM	LEI	CUL
Queimados	9,3	37,4	2,8	0,3
Quissamã	15,7	46,9	2,1	1,7
Resende	6,9	7,9	1,4	2,5
Rio Bonito	12,8	48,1	2,1	0,4
Rio Claro	16,4	41,0	3,0	0,0
Rio das Flores	13,6	31,5	1,8	5,7
Rio das Ostras	10,6	66,7	0,0	0,5
Rio de Janeiro	4,4	8,4	1,6	15,8
Santa Maria Madalena	17,4	45,9	4,3	3,9
Santo Antônio de Pádua	14,2	25,6	8,0	1,0
São Fidélis	16,0	30,5	4,5	1,0
São Francisco de Itabapoana	25,0	80,3	0,8	0,0
São Gonçalo	5,8	29,4	1,2	1,1
São João da Barra	13,8	47,4	1,5	0,6
São João de Meriti	5,7	13,4	1,0	1,3
São José de Ubá	20,0	66,0	0,0	2,5
São José do Vale do Rio Preto	14,7	53,2	1,2	0,0
São Pedro da Aldeia	9,9	28,9	1,0	0,8
São Sebastião do Alto	18,3	61,5	4,5	1,1
Sapucaia	16,8	36,0	1,4	1,5
Saquarema	11,9	64,5	1,0	0,4
Seropédica	9,8	40,9	0,0	1,2
Silva Jardim	19,7	58,1	0,6	0,7
Sumidouro	21,7	72,0	1,9	0,8
Tanguá	14,1	57,6	0,0	0,0
Teresópolis	10,4	45,8	2,1	1,1
Trajano de Morais	20,4	59,1	3,6	1,0
Três Rios	8,0	14,3	1,3	0,7
Valença	8,8	20,1	4,3	2,7
Varre-Sai	18,8	63,6	4,3	2,3
Vassouras	11,0	39,0	9,4	2,3
Volta Redonda	5,1	3,4	1,3	1,4

FONTE: Tabulações Próprias - Fontes Primárias: NBIs - FUNDAÇÃO CIDE/FAPERJ - 2004. ALF - Déficit da taxa de alfabetização da população de 15 anos ou mais. DOM - Déficit do percentual médio de domicílios com abastecimento de água adequado, com esgotamento sanitário adequado e coleta de lixo. LEI - Leitos nas especialidades básicas em hospitais credenciados pelos SUS, para grupo de cada 1000 habitantes. CUL - Infraestrutura cultural: soma dos números de estabelecimentos de teatros, cinemas, bibliotecas, dividido pela raiz da população e multiplicado por 100.

Apêndice 4- IDEB 4ª Série ou 5º Ano de Escolaridade - Estado do Rio de Janeiro - de Angra dos Reis até Itaguaí

Município	2005	2007	2009	2011
Angra Dos Reis	3.6	4.4	4.2	5.1
Aperibe	5.1	5.8	6.1	5.5
Araruama	3.9	3.8	4.2	4.5
Areal	3.7	3.7	4.2	4.6
Armacao Dos Buzios	3.9	4.2	4.5	4.6
Arraial Do Cabo	4.0	3.7	4.1	4.5
Barra Do Pirai	4.0	4.0	4.3	4.5
Barra Mansa	4.6	4.5	4.9	5.1
Belford Roxo	3.5	3.6	3.7	3.8
Bom Jardim	4.3	4.2	4.7	4.6
Bom Jesus Do Itabapoana	4.4	4.5	4.7	5.0
Cabo Frio	3.9	4.0	4.6	4.7
Cachoeiras De Macacu	3.9	3.9	3.8	4.1
Cambuci	4.2	4.7	5.8	4.7
Campos Dos Goytacazes	2.9	4.3	3.3	3.6
Cantagalo	3.4	3.7	3.9	3.9
Carapebus	3.4	4.1	4.1	4.5
Cardoso Moreira	3.5	3.2	3.8	3.8
Carmo	3.6	4.2	4.4	4.3
Casimiro De Abreu	4.2	4.9	4.8	5.2
Comendador Levy Gasparian	4.1	4.4	5.1	5.4
Conceicao De Macabu	3.7	4.8	4.7	4.6
Cordeiro	4.1	4.0	4.0	4.2
Duas Barras	3.9	4.0	3.8	4.3
Duque De Caxias	3.3	3.7	3.8	4.3
Engenheiro Paulo De Frontin	4.3	4.6	5.0	4.8
Guapimirim	3.0	3.5	4.0	4.3
Iguaba Grande	3.7	4.3	4.5	4.6
Itaborai	3.6	3.8	4.1	4.6
Itaguai	3.3	3.7	4.1	4.5

Fonte: Tabulações Próprias - Fontes Primárias: INEP Obs: * Número de participantes na Prova Brasil insuficiente para que os resultados sejam divulgados. ** Solicitação de não divulgação conforme Portaria Inep nº 410. *** Sem média na Prova Brasil 2011

Apêndice 5 - IDEB 4ª Série ou 5º Ano de Escolaridade - Estado do Rio de Janeiro - de Italva até Queimados

Município	2005	2007	2009	2011
Italva	4.8	3.6	4.8	5.4
Itaocara	3.6	4.3	4.4	4.7
Itaperuna	4.6	5.0	5.4	5.0
Itatiaia	3.5	3.7	4.4	4.9
Japeri	3.1	3.7	3.6	3.8
Laje Do Muriae	4.1	3.9	4.1	3.9
Macae	4.4	4.7	5.0	5.0
Macuco	4.3	3.8	3.8	4.2
Mage	3.3	3.6	3.6	3.9
Mangaratiba	4.1	3.9	4.2	5.3
Marica	3.9	4.3	4.2	4.3
Mendes	4.7	4.5	4.9	4.9
Mesquita	3.7	3.9	4.1	4.1
Miguel Pereira	4.8	5.1	5.5	5.8
Miracema	4.9	4.7	5.1	5.3
Natividade		3.8	4.0	4.5
Nilopolis	3.0	3.9	3.6	4.4
Niteroi	3.9	4.4	4.6	4.6
Nova Friburgo	4.6	4.2	4.9	5.4
Nova Iguacu	3.6	3.9	4.0	4.1
Paracambi	3.4	4.5	4.5	4.9
Paraiba Do Sul	3.9	4.2	4.5	4.8
Parati	3.7	4.0	4.5	4.4
Paty Do Alferes	2.9	4.8	5.2	5.5
Petropolis	4.1	4.4	4.6	4.9
Pinheiral	3.9	4.3	4.5	4.9
Pirai	4.2	4.8	4.9	5.2
Porciuncula	4.3	4.3	4.6	4.6
Porto Real	3.7	3.7	4.1	5.0
Quatis	4.0	4.1	4.7	5.1
Queimados	3.7	3.9	3.9	4.2

Fonte: Tabulações Próprias - Fontes Primárias: INEP Obs: * Número de participantes na Prova Brasil insuficiente para que os resultados sejam divulgados. ** Solicitação de não divulgação conforme Portaria Inep nº 410. *** Sem média na Prova Brasil 2011

Apêndice 6 - IDEB 4ª Série ou 5º Ano de Escolaridade - Estado do Rio de Janeiro - de Quissamã até Volta Redonda

Município	2005	2007	2009	2011
Quissama	3.2	4.5	4.3	5.1
Resende	4.0	4.1	4.4	5.2
Rio Bonito	3.5	4.2	4.5	4.8
Rio Claro	4.1	4.1	4.0	4.4
Rio Das Flores	3.5	4.1	4.5	4.6
Rio Das Ostras	4.2	5.1	5.3	5.7
Rio De Janeiro	4.2	4.5	5.1	5.4
Santa Maria Madalena	5.0	4.3	4.5	5.2
Santo Antonio De Padua	4.6	5.0	5.0	5.9
Sao Fidelis	3.8	4.6	4.5	5.1
Sao Francisco De Itabapoana	3.6	3.2	3.6	4.3
Sao Goncalo	3.8	3.8	3.9	4.1
Sao Joao Da Barra	3.3	4.1	3.3	4.8
Sao Joao De Meriti	3.7	3.6	4.0	4.2
Sao Jose De Uba	5.4	5.5	5.4	5.5
Sao Jose Do Vale Do Rio Preto	3.7	4.4	4.5	5.0
Sao Pedro Da Aldeia	3.7	4.1	4.3	4.7
Sao Sebastiao Do Alto		4.4	4.7	4.8
Sapucaia	3.9	4.1	4.3	4.1
Saquarema	3.3	4.1	4.4	4.8
Seropedica	3.2	3.6	3.7	4.3
Silva Jardim	3.9	3.7	3.6	4.1
Tangua	3.2	3.7	3.8	4.5
Teresopolis	3.9	4.2	5.4	5.7
Trajano De Morais	5.4	4.6	5.0	5.6
Tres Rios	3.9	4.0	4.3	4.5
Valenca	3.8	4.5	4.7	4.7
Varre-Sai		5.0	4.6	4.7
Vassouras	3.6	3.7	4.0	4.1
Volta Redonda	4.7	4.8	5.2	5.4

Fonte: Tabulações Próprias - Fontes Primárias: INEP Obs: * Número de participantes na Prova Brasil insuficiente para que os resultados sejam divulgados. ** Solicitação de não divulgação conforme Portaria Inep nº 410. *** Sem média na Prova Brasil 2011.

Apêndice 7 - IDEB 4ª Série ou 5º Ano de Escolaridade - Estado do Rio de Janeiro - Metas Projetadas - de Angra dos Reis até Itaguaí

Município	2007	2009	2011	2013	2015	2017	2019	2021
Angra Dos Reis	3.7	4.0	4.4	4.7	5.0	5.3	5.6	5.9
Aperibe	5.2	5.5	5.9	6.1	6.3	6.6	6.8	7.0
Araruama	4.0	4.3	4.7	5.0	5.3	5.6	5.8	6.1
Areal	3.7	4.1	4.5	4.8	5.1	5.3	5.6	5.9
Armacao Dos Buzios	3.9	4.3	4.7	5.0	5.2	5.5	5.8	6.1
Arraial Do Cabo	4.0	4.4	4.8	5.0	5.3	5.6	5.9	6.1
Barra Do Pirai	4.1	4.4	4.8	5.1	5.4	5.6	5.9	6.2
Barra Mansa	4.7	5.0	5.4	5.7	5.9	6.2	6.4	6.6
Belford Roxo	3.5	3.9	4.3	4.6	4.9	5.1	5.4	5.7
Bom Jardim	4.4	4.7	5.1	5.4	5.7	5.9	6.2	6.4
Bom Jesus Do Itabapoana	4.5	4.8	5.2	5.5	5.7	6.0	6.2	6.5
Cabo Frio	4.0	4.3	4.7	5.0	5.3	5.6	5.8	6.1
Cachoeiras De Macacu	3.9	4.3	4.7	5.0	5.3	5.5	5.8	6.1
Cambuci	4.3	4.6	5.0	5.3	5.6	5.8	6.1	6.4
Campos Dos Goytacazes	2.9	3.3	3.7	4.0	4.3	4.6	4.9	5.2
Cantagalo	3.4	3.8	4.2	4.5	4.8	5.1	5.3	5.6
Carapebus	3.4	3.8	4.2	4.5	4.8	5.1	5.4	5.6
Cardoso Moreira	3.5	3.9	4.3	4.6	4.9	5.2	5.4	5.7
Carmo	3.7	4.0	4.4	4.7	5.0	5.3	5.6	5.9
Casimiro De Abreu	4.3	4.6	5.0	5.3	5.6	5.9	6.1	6.4
Comendador Levy Gasparian	4.1	4.5	4.9	5.1	5.4	5.7	6.0	6.2
Conceicao De Macabu	3.7	4.1	4.5	4.8	5.0	5.3	5.6	5.9
Cordeiro	4.2	4.5	4.9	5.2	5.5	5.7	6.0	6.3
Duas Barras	3.9	4.3	4.7	5.0	5.3	5.5	5.8	6.1
Duque De Caxias	3.4	3.7	4.2	4.4	4.7	5.0	5.3	5.6
Engenheiro Paulo De Frontin	4.3	4.7	5.1	5.3	5.6	5.9	6.1	6.4
Guapimirim	3.0	3.4	3.8	4.1	4.4	4.7	5.0	5.3
Iguaba Grande	3.8	4.1	4.5	4.8	5.1	5.4	5.7	5.9
Itaborai	3.7	4.0	4.4	4.7	5.0	5.3	5.6	5.8
Itaguai	3.4	3.7	4.1	4.4	4.7	5.0	5.3	5.6

Fonte: Tabulações Próprias - Fontes Primárias: INEP - Obs: * Número de participantes na Prova Brasil insuficiente para que os resultados sejam divulgados. ** Solicitação de não divulgação conforme Portaria Inep nº 410. *** Sem média na Prova Brasil 2011.

Apêndice 8 - IDEB 4ª Série ou 5º Ano de Escolaridade - Estado do Rio de Janeiro - Metas Projetadas - de Italva até Queimados

Município	2007	2009	2011	2013	2015	2017	2019	2021
Italva	4.9	5.2	5.6	5.9	6.1	6.4	6.6	6.8
Itaocara	3.7	4.0	4.4	4.7	5.0	5.3	5.6	5.8
Itaperuna	4.7	5.0	5.4	5.7	5.9	6.2	6.4	6.7
Itatiaia	3.5	3.9	4.3	4.6	4.9	5.2	5.4	5.7
Japeri	3.2	3.5	4.0	4.2	4.5	4.8	5.1	5.4
Laje Do Muriae	4.2	4.5	4.9	5.2	5.5	5.8	6.0	6.3
Macae	4.4	4.8	5.2	5.4	5.7	6.0	6.2	6.5
Macuco	4.4	4.7	5.1	5.4	5.6	5.9	6.2	6.4
Mage	3.3	3.7	4.1	4.4	4.7	5.0	5.2	5.5
Mangaratiba	4.2	4.5	4.9	5.2	5.5	5.7	6.0	6.3
Marica	3.9	4.3	4.7	5.0	5.2	5.5	5.8	6.1
Mendes	4.7	5.0	5.4	5.7	5.9	6.2	6.4	6.7
Mesquita	3.7	4.1	4.5	4.8	5.0	5.3	5.6	5.9
Miguel Pereira	4.9	5.2	5.6	5.9	6.1	6.3	6.6	6.8
Miracema	4.9	5.3	5.6	5.9	6.1	6.4	6.6	6.8
Natividade		4.0	4.3	4.6	4.9	5.1	5.4	5.7
Nilopolis	3.1	3.4	3.8	4.1	4.4	4.7	5.0	5.3
Niteroi	4.0	4.3	4.7	5.0	5.3	5.5	5.8	6.1
Nova Friburgo	4.7	5.0	5.4	5.7	5.9	6.2	6.4	6.7
Nova Iguacu	3.7	4.0	4.4	4.7	5.0	5.3	5.6	5.8
Paracambi	3.5	3.8	4.3	4.5	4.8	5.1	5.4	5.7
Paraiba Do Sul	4.0	4.3	4.8	5.0	5.3	5.6	5.9	6.1
Parati	3.8	4.2	4.6	4.8	5.1	5.4	5.7	6.0
Paty Do Alferes	3.0	3.3	3.7	4.0	4.3	4.6	4.9	5.2
Petropolis	4.1	4.5	4.9	5.2	5.4	5.7	6.0	6.2
Pinheiral	3.9	4.3	4.7	5.0	5.3	5.5	5.8	6.1
Pirai	4.3	4.6	5.0	5.3	5.5	5.8	6.1	6.3
Porciuncula	4.3	4.7	5.1	5.3	5.6	5.9	6.1	6.4
Porto Real	3.8	4.1	4.5	4.8	5.1	5.4	5.6	5.9
Quatis	4.1	4.4	4.8	5.1	5.4	5.6	5.9	6.2
Queimados	3.8	4.1	4.5	4.8	5.1	5.4	5.6	5.9

Fonte: Tabulações Próprias - Fontes Primárias: INEP - Obs: * Número de participantes na Prova Brasil insuficiente para que os resultados sejam divulgados. ** Solicitação de não divulgação conforme Portaria Inep nº 410. *** Sem média na Prova Brasil 2011.

Apêndice 9 - IDEB 4ª Série ou 5º Ano de Escolaridade - Estado do Rio de Janeiro - Metas Projetadas - de Quissamã até Volta Redonda

Município	2007	2009	2011	2013	2015	2017	2019	2021
Quissama	3.3	3.6	4.0	4.3	4.6	4.9	5.2	5.5
Resende	4.0	4.4	4.8	5.0	5.3	5.6	5.9	6.1
Rio Bonito	3.6	4.0	4.4	4.7	4.9	5.2	5.5	5.8
Rio Claro	4.2	4.5	4.9	5.2	5.5	5.7	6.0	6.3
Rio Das Flores	3.5	3.9	4.3	4.6	4.9	5.1	5.4	5.7
Rio Das Ostras	4.2	4.6	5.0	5.2	5.5	5.8	6.0	6.3
Rio De Janeiro	4.3	4.6	5.1	5.3	5.6	5.9	6.1	6.4
Santa Maria Madalena	5.1	5.4	5.8	6.0	6.3	6.5	6.7	6.9
Santo Antonio De Padua	4.6	5.0	5.4	5.6	5.9	6.1	6.4	6.6
Sao Fidelis	3.9	4.2	4.7	4.9	5.2	5.5	5.8	6.0
Sao Francisco De Itabapoana	3.7	4.0	4.4	4.7	5.0	5.3	5.6	5.8
Sao Goncalo	3.8	4.2	4.6	4.9	5.1	5.4	5.7	6.0
Sao Joao Da Barra	3.3	3.7	4.1	4.4	4.7	5.0	5.2	5.5
Sao Joao De Meriti	3.8	4.1	4.5	4.8	5.1	5.4	5.6	5.9
Sao Jose De Uba	5.5	5.8	6.1	6.4	6.6	6.8	7.0	7.2
Sao Jose Do Vale Do Rio Preto	3.8	4.1	4.5	4.8	5.1	5.4	5.6	5.9
Sao Pedro Da Aldeia	3.8	4.1	4.5	4.8	5.1	5.4	5.7	5.9
Sao Sebastiao Do Alto		4.6	4.9	5.2	5.4	5.7	6.0	6.2
Sapucaia	4.0	4.3	4.7	5.0	5.3	5.6	5.8	6.1
Saquarema	3.4	3.7	4.1	4.4	4.7	5.0	5.3	5.6
Seropedica	3.2	3.6	4.0	4.3	4.5	4.8	5.1	5.4
Silva Jardim	3.9	4.3	4.7	5.0	5.2	5.5	5.8	6.1
Tangua	3.3	3.6	4.0	4.3	4.6	4.9	5.2	5.5
Teresopolis	4.0	4.3	4.7	5.0	5.3	5.5	5.8	6.1
Trajano De Morais	5.5	5.8	6.1	6.4	6.6	6.8	7.0	7.2
Tres Rios	3.9	4.3	4.7	5.0	5.2	5.5	5.8	6.1
Valenca	3.9	4.2	4.7	4.9	5.2	5.5	5.8	6.0
Varre-Sai		5.2	5.5	5.8	6.0	6.2	6.5	6.7
Vassouras	3.6	4.0	4.4	4.7	5.0	5.2	5.5	5.8
Volta Redonda	4.8	5.1	5.5	5.7	6.0	6.2	6.5	6.7

Fonte: Tabulações Próprias - Fontes Primárias: INEP - Obs: * Número de participantes na Prova Brasil insuficiente para que os resultados sejam divulgados. ** Solicitação de não divulgação conforme Portaria Inep nº 410. *** Sem média na Prova Brasil 2011.

Apêndice 10 - IDEB Observado 8ª Série ou 9º Ano de Escolaridade - De Angra dos Reis Até Comendador Levy Gasparian

Município	2005	2007	2009	2011
Angra Dos Reis	3.3	3.4	3.3	3.9
Aperibe		4.0	4.2	4.8
Araruama	3.8	3.5	3.7	3.9
Areal				3.7
Armacao Dos Buzios	3.1	3.6	3.6	4.0
Arraial Do Cabo	3.1	3.0	3.2	4.7
Barra Do Pirai	3.9	2.9	4.1	4.7
Barra Mansa	4.1	3.9	4.3	4.1
Belford Roxo	2.7	2.7	2.8	3.2
Bom Jardim	3.9	3.9	4.8	4.6
Bom Jesus Do Itabapoana	3.6	3.5	4.4	***
Cabo Frio	3.9	3.7	4.0	3.8
Cachoeiras De Macacu	3.8	4.0	3.8	*
Cambuci		3.9	4.4	***
Campos Dos Goytacazes	2.7	3.2	3.1	3.4
Cantagalo		4.3		***
Carapebus	3.1	3.9	3.6	3.3
Cardoso Moreira	4.1	3.3	4.3	4.3
Carmo		4.5		***
Casimiro De Abreu	3.4	3.5	3.7	3.9
Comendador Levy Gasparian	3.8	3.6	3.5	3.8

Fonte: Tabulações Próprias - Fontes Primárias: Inep. Obs: * Número De Participantes Na Prova Brasil Insuficiente Para Que Os Resultados Sejam Divulgados. ** Solicitação De Não Divulgação Conforme Portaria Inep Nº 410. *** Sem Média Na Prova Brasil 2011.

Apêndice 11 - IDEB Observado 8ª Série ou 9º Ano de Escolaridade - De Conceição de Macabu Até Miguel Pereira

Município	2005	2007	2009	2011
Conceicao De Macabu	3.4	2.7	3.2	4.1
Cordeiro	3.7	3.8	3.8	*
Duas Barras		3.6	3.6	3.3
Duque De Caxias	2.5	2.7	2.7	3.5
Engenheiro Paulo De Frontin	3.7	4.0	4.4	3.9
Guapimirim	3.0	2.9	3.4	3.6
Iguaba Grande	3.5	4.2	3.9	4.1
Itaborai	3.6	3.5	3.8	3.9
Itaguai	3.0	2.9	4.0	3.9
Italva	3.3	3.8	3.9	4.3
Itaocara	3.5	3.8	3.6	4.0
Itaperuna	4.5	4.3	4.2	4.2
Itatiaia	2.9	3.1	3.4	4.1
Japeri	3.1	3.1	3.2	2.9
Laje Do Muriae	4.3	3.7	3.9	***
Macae	3.6	3.9	3.7	4.1
Mage	3.0	3.3	3.5	3.4
Mangaratiba	3.7	3.2	3.8	4.5
Marica	4.1	3.9	4.1	4.0
Mendes		3.5		3.7
Mesquita	3.4	3.3	3.4	3.5
Miguel Pereira	5.1	5.7	5.2	5.6

Fonte: Tabulações Próprias - Fontes Primárias: Inep. Obs: * Número De Participantes Na Prova Brasil Insuficiente Para Que Os Resultados Sejam Divulgados. ** Solicitação De Não Divulgação Conforme Portaria Inep Nº 410. *** Sem Média Na Prova Brasil 2011

Apêndice 12 - IDEB Observado 8ª Série ou 9º Ano de Escolaridade - De Miracema Até Rio das Flores

Município	2005	2007	2009	2011
Miracema		4.2	4.9	4.7
Natividade		3.4		3.1
Nilopolis	2.4	3.4	3.7	4.1
Niteroi	3.8	3.8	3.8	3.7
Nova Friburgo	4.2	4.0	4.4	4.5
Nova Iguacu	3.5	3.6	3.5	3.5
Paracambi	3.5	3.8	4.3	4.9
Paraiba Do Sul	3.8	3.6	3.9	4.6
Parati	4.0	3.7	3.7	2.9
Paty Do Alferes				4.9
Petropolis	3.5	3.7	4.0	4.2
Pinheiral	3.5	4.2	4.5	4.7
Pirai	4.0	3.9	4.1	4.5
Porciuncula				5.3
Porto Real		3.3	3.3	3.4
Quatis	3.5	3.6	4.0	3.6
Queimados	3.2	3.6	3.6	4.3
Quissama	3.5	2.9	3.8	3.9
Resende	3.3	3.2	3.4	4.1
Rio Bonito	3.4	3.7	4.0	4.7
Rio Claro	3.3	4.1	3.6	3.9
Rio Das Flores	3.8	3.3	3.1	3.7

Fonte: Tabulações Próprias - Fontes Primárias: Inep. Obs: * Número De Participantes Na Prova Brasil Insuficiente Para Que Os Resultados Sejam Divulgados. ** Solicitação De Não Divulgação Conforme Portaria Inep Nº 410. *** Sem Média Na Prova Brasil 2011

Apêndice 13 - IDEB Observado 8ª Série ou 9º Ano de Escolaridade - De Rio das Ostras Até Volta Redonda

Município	2005	2007	2009	2011

Fonte: Tabulações Próprias - Fontes Primárias: Inep. Obs: * Número De Participantes Na Prova Brasil Insuficiente Para Que Os Resultados Sejam Divulgados. ** Solicitação De Não Divulgação Conforme Portaria Inep Nº 410. *** Sem Média Na Prova Brasil 2011

Apêndice 14 - IDEB 8ª Série ou 9º Ano de Escolaridade - Metas Projetadas - De Angra dos Reis Até Itatiaia

Fonte: Tabulações Próprias - Fontes Primárias: Inep. Obs: * Número De Participantes Na Prova Brasil Insuficiente Para Que Os Resultados Sejam Divulgados. ** Solicitação De Não Divulgação Conforme Portaria Inep Nº 410. *** Sem Média Na Prova Brasil 2011.

Apêndice 15 - IDEB 8ª Série ou 9º Ano de Escolaridade - Metas Projetadas - De Japeri Até Santo Antônio de Pádua

Município	2007	2009	2011	2013	2015	2017	2019	2021

Fonte: Tabulações Próprias - Fontes Primárias: Inep. Obs: * Número De Participantes Na Prova Brasil Insuficiente Para Que Os Resultados Sejam Divulgados. ** Solicitação De Não Divulgação Conforme Portaria Inep Nº 410. *** Sem Média Na Prova Brasil 2011.

Apêndice 16 - IDEB 8ª Série ou 9º Ano de Escolaridade - Metas Projetadas - De São Fidelis Até Volta Redonda

Município	2007	2009	2011	2013	2015	2017	2019	2021
Sao Fidelis	4.4	4.6	4.9	5.2	5.6	5.8	6.1	6.3
Sao Francisco De Itabapoana		3.8	4.0	4.4	4.7	4.9	5.2	5.4
Sao Goncalo	3.0	3.1	3.4	3.8	4.2	4.5	4.7	5.0
Sao Joao Da Barra	3.4	3.5	3.8	4.2	4.6	4.9	5.1	5.4
Sao Joao De Meriti	2.7	2.8	3.1	3.5	3.8	4.1	4.4	4.6
Sao Jose Do Vale Do Rio Preto	3.4	3.5	3.8	4.2	4.6	4.8	5.1	5.4
Sao Pedro Da Aldeia	3.6	3.8	4.1	4.5	4.8	5.1	5.3	5.6
Sapucaia	3.2	3.4	3.7	4.1	4.4	4.7	5.0	5.2
Saquarema	3.6	3.8	4.1	4.5	4.8	5.1	5.3	5.6
Seropedica	3.6	3.7	4.0	4.4	4.8	5.0	5.3	5.5
Silva Jardim	4.1	4.2	4.5	4.9	5.3	5.5	5.7	6.0
Tangua	3.0	3.1	3.4	3.8	4.2	4.4	4.7	5.0
Teresopolis	3.7	3.9	4.1	4.5	4.9	5.2	5.4	5.7
Tres Rios	4.0	4.2	4.5	4.9	5.2	5.5	5.7	5.9
Valenca	4.2	4.4	4.7	5.1	5.4	5.7	5.9	6.1
Varre-Sai		3.0	3.3	3.6	3.9	4.2	4.5	4.7
Vassouras	2.8	3.0	3.2	3.6	4.0	4.3	4.5	4.8
Volta Redonda	4.2	4.4	4.7	5.0	5.4	5.6	5.9	6.1

Fonte: Tabulações Próprias - Fontes Primárias: Inep. Obs: * Número De Participantes Na Prova Brasil Insuficiente Para Que Os Resultados Sejam Divulgados. ** Solicitação De Não Divulgação Conforme Portaria Inep Nº 410. *** Sem Média Na Prova Brasil 2011.

Apêndice 17 - IDEB Médio (2011) - Estado do Rio de Janeiro - De Angra dos Reis Até Duque de Caxias

Municípios	5º ANO	9º ANO	MED
Angra dos Reis	4.4	3.8	4,1
Aperibé	5.9	4.3	5,1
Araruama	4.7	4.2	4,1
Areal	4.5		*
Armação dos Búzios	4.7	3.7	4,2
Arraial do Cabo	4.8	3.6	4,2
Barra do Piraí	4.8	4.3	4,55
Barra Mansa	5.4	4.5	4,95
Belford Roxo	4.3	3.1	3,7
Bom Jardim	5.1	4.4	4,75
Bom Jesus do Itabapoana	5.2	4.1	4,65
Cabo Frio	4.7	4.3	4,5
Cachoeiras de Macacu	4.7	4.2	4,45
Cambuci	5.0	4.2	4,6
Campos dos Goytacazes	3.7	3.2	3,45
Cantagalo	4.2	4.6	4,4
Carapebus	4.2	3.6	3,9
Cardoso Moreira	4.3	4.5	4,4
Carmo	4.4	4.8	4,6
Casimiro de Abreu	5.0	3.8	4,4
Comendador Levy Gasparian	4.9	4.3	4,6
Conceição de Macabu	4.5	3.8	4,15
Cordeiro	4.9	4.2	4,55
Duas Barras	4.7	3.9	4,3
Duque de Caxias	4.2	3.0	3,6

Fonte: Tabulações Próprias - Fontes Primárias: Inep (2013)

Apêndice 18 - IDEB Médio (2011) - Estado do Rio de Janeiro - De Engenheiro Paulo de Frontin Até Nilópolis

Municípios	5º ANO	9º ANO	MED
Engenheiro Paulo de Frontin	5.1	4.2	4,65
Guapimirim	3.8	3.4	3,6
Iguaba Grande	4.5	3.9	4,2
Itaboraí	4.4	4.0	4,2
Itaguaí	4.1	3.4	3,75
Italva	5.6	3.7	4,65
Itaocara	4.4	3.9	4,15
Itaperuna	5.4	5.0	5,2
Itatiaia	4.3	3.3	3,8
Japeri	4.0	3.5	3,75
Laje do Muriaé	4.9	4.7	4,8
Macaé	5.2	4.0	4,6
Macuco	5.1	*	*
Magé	4.1	3.4	3,75
Mangaratiba	4.9	4.1	4,5
Maricá	4.7	4.6	4,75
Mendes	5.4	3.8	4,6
Mesquita	4.5	3.9	4,2
Miguel Pereira	5.6	5.5	5,55
Miracema	5.6	4.5	5,05
Natividade	4.3	3.7	4
Nilópolis	3.8	3.0	3,4

Fonte: Tabulações Próprias - Fontes Primárias: Inep (2013)

Apêndice 19 - IDEB Médio (2011) - Estado do Rio de Janeiro - De Niterói Até S. Fidélis

Municípios	5º ANO	9º ANO	MED
Niterói	4.7	4.3	4
Nova Friburgo	5.4	4.6	5
Nova Iguaçu	4.4	3.9	4,15
Paracambi	4.3	4.0	4,15
Paraíba do Sul	4.8	4.3	4,55
Parati	4.6	4.5	4,55
Paty do Alferes	3.7	*	*
Petrópolis	4.9	4.0	4,45
Pinheiral	4.7	4.0	4,35
Piraí	5.0	4.5	4,75
Porciúncula	5.1	*	*
Porto Real	4.5	3.6	4,05
Quatis	4.8	3.9	4,35
Queimados	4.5	3.7	4,1
Quissamã	4.0	4.0	4
Resende	4.8	3.8	4,3
Rio Bonito	4.4	3.9	4,15
Rio Claro	4.9	3.8	4,3
Rio das Flores	4.3	4.3	4,3
Rio das Ostras	5.0	4.4	4,7
Rio de Janeiro	5.1	4.2	4,65
Santa Maria Madalena	5.8	5.2	5,5
Santo Antônio de Pádua	5.4	4.5	4,95
São Fidélis	4.7	4.9	4,8

Fonte: Tabulações Próprias - Fontes Primárias: Inep (2013)

Apêndice 20 - IDEB Médio (2011) - Estado do Rio de Janeiro - De S. F. Itabapoana Até V. Redonda

Municípios	5º ANO	9º ANO	MED
São Francisco de Itabapoana	4.4	4.0	4,2
São Gonçalo	4.6	3.4	4
São João da Barra	4.1	3.8	3,95
São João de Meriti	4.5	3.1	3,8
São José de Ubá	6.1	*	*
São José do Vale do Rio Preto	4.5	3.8	4,15
São Pedro da Aldeia	4.5	4.1	4,3
São Sebastião do Alto	4.9	*	*
Sapucaia	4.7	3.4	4,05
Saquarema	4.1	3.8	3,95
Seropédica	4.0	3.7	3,85
Silva Jardim	4.7	4.2	4,45
Sumidouro	*	*	*
Tanguá	4.0	3.1	3,55
Teresópolis	4.7	3.9	4,3
Trajano de Morais	6.1	*	*
Três Rios	4.7	4,5	4,6
Valença	4.7	4,7	4,7
Varre-Sai	5.5	3,3	4,4
Vassouras	4.4	3.2	3,8
Volta Redonda	5.5	4.7	5,1

Fonte: Tabulações Próprias - Fontes Primárias: Inep (2013)

ANEXOS

Anexo 1 - Construção do Índice de Corrupção – Região Metropolitana do Estado do Rio de Janeiro – Índice Transparência Administrativa (Grande Rio – Ano Base 2007)

Municípios	Rep Fed R$	Pib Mun R$	Orcmun R$
Belford Roxo	194.328.000,00	66.798.000,00	261.126.000,00
Duque De Caxias	570.916.000,00	267.858.000,00	838.774.000,00
Guapimirim	31.041.000,00	23.454.000,00	54.495.000,00
Itaboraí	121.798.000,00	60.051.000,00	181.849.000,00
Itaguaí	117.403.000,00	92.936.000,00	210.339.000,00
Japeri	56.703.000,00	21.768.000,00	78.471.000,00
Magé	202.668.000,00	682.902.000,00	885.570.000,00
Maricá	52.467.000,00	53.103.000,00	105.570.000,00
Mesquita	63.533.000,00	25.602.000,00	89.135.000,00
Nilópolis	67.411.000,00	47.381.000,00	114.792.000,00
Niterói	277.370.000,00	545.251.000,00	822.621.000,00
Nova Iguaçu	374.348.000,00	168.602.000,00	542.950.000,00
Paracambi	56.494.000,00	12.295.000,00	68.789.000,00
Queimados	60.792.000,00	19.351.000,00	80.143.000,00
Rio De Janeiro	3.645.011.000,00	5.869.598.000,00	9.514.609.000,00
Seropédica	44.250.000,00	41.569.000,00	85.819.000,00
São Gonçalo	260.452.000,00	148.187.000,00	408.639.000,00
São João De Meriti	154.098.000,00	100.668.000,00	254.766.000,00
Tanguá	25.215.000,00	8.195.000,00	33.410.000,00
Total	25.215.000,00	8.195.000,00	33.410.000,00

Fonte: Tabulações próprias - Fontes primárias: TCE (Tribunal de Contas do Estado do Rio de Janeiro)

Anexo 2- Construção do Índice de Corrupção – Região Metropolitana do Estado do Rio de Janeiro – Índice Transparência Administrativa (Grande Rio – Ano Base 2007) - Ressalvas e Impropriedades

Municípios	INCIDÊNCIA DE MÁ GESTÃO		
	RESSALVAS	IMPROP	SUB TOT N
Belford Roxo	16	0	16
Duque De Caxias	0	22	22
Guapimirim	17	0	17
Itaboraí	24	0	24
Itaguaí	12	0	12
Japeri	18	0	18
Magé	22	0	22
Maricá	6	1	7
Mesquita	21	8	29
Nilópolis	16	0	16
Niterói	19	0	19
Nova Iguaçu	8	0	8
Paracambi	19	0	19
Queimados	20	0	20
Rio De Janeiro	5	0	5
Seropédica	16	0	16
São Gonçalo	2	18	20
São João De Meriti	3	35	38
Tanguá	16	0	16
Total	260	84	344

Fonte: Tabulações próprias - Fontes primárias: TCE (Tribunal de Contas do Estado do Rio de Janeiro)

Anexo 3 - Construção do Índice de Corrupção – Região Metropolitana do Estado do Rio de Janeiro – Índice Transparência Administrativa (Grande Rio – Ano Base 2007) - Análise de Educação e Saúde

Município	Incidência De Corrupção			
	R$ Educação	R$ Saúde	Outros	Sub Total
Belford Roxo	-	-	0	0
Duque De Caxias	243.280.721,30	1.154.840,40	67.505.032,40	311.940.594,30
Guapimirim	-	-	0	0
Itaboraí	-	-	0	0
Itaguaí	-	-	0	0
Japeri	-	-	0	0
Magé	-	-	0	0
Maricá	-	-	0	0
Mesquita	-	-	0	0
Nilópolis	-	-	0	0
Niterói	-	-	0	0
Nova Iguaçu	-	-	0	0
Paracambi	-	-	0	0
Queimados	-	-	0	0
Rio De Janeiro	-	-	0	0
Seropédica	-	-	0	0
São Gonçalo	4.494.752,81	43.450.163,80	3.327.005,33	51.271.921,94
São João De Meriti	29.329.338,96	392.010,00	25.504.200,00	55.225.548,96
Tanguá	-	-	0	0
Total	277.104.813,07	44.997.014,20	96336237,73	418438065,2

Fonte: Tabulações próprias - Fontes primárias: TCE (Tribunal de Contas do Estado do Rio de Janeiro)

Anexo 4- Construção do Índice de Corrupção – Região Metropolitana do Estado do Rio de Janeiro – Índice Transparência Administrativa (Grande Rio – Ano Base 2008) - Orçamento e Repasses Federais

Município	Rep Fed R$	Pib Mun R$	Orcmun R$
Belford Roxo	231.947.000,00	82.211.000,00	314.158.000,00
Duque De Caxias	760.891.000,00	508.493.000,00	1.269.384.000,00
Guapimirim	R$ 36.568.000,00	R$ 45.928.000,00	R$ 82.496.000,00
Itaboraí	R$ 146.914.000,00	R$ 72.877.000,00	R$ 219.791.000,00
Itaguaí	R$ 123.476.000,00	R$ 112.385.000,00	R$ 235.861.000,00
Japeri	R$ 59.493.000,00	R$ 28.294.000,00	R$ 87.787.000,00
Magé	R$ 259.916.000,00	R$ 890.815.000,00	R$ 1.150.731.000,00
Maricá	R$ 61.597.000,00	R$ 53.212.000,00	R$ 114.809.000,00
Mesquita	R$ 98.139.000,00	R$ 31.299.000,00	R$ 129.438.000,00
Nilópolis	R$ 86.217.000,00	R$ 49.235.000,00	R$ 135.452.000,00
Niterói	R$ 318.211.000,00	R$ 564.376.000,00	R$ 882.587.000,00
Nova Iguaçu	R$ 494.966.000,00	R$ 210.241.000,00	R$ 705.207.000,00
Paracambi	R$ 32.200.000,00	R$ 13.331.000,00	R$ 45.531.000,00
Queimados	R$ 77.205.000,00	R$ 24.178.000,00	R$ 101.383.000,00
Rio De Janeiro	R$ 3.832.556.000,00	R$ 7.123.156.000,00	R$ 10.955.712.000,00
Seropédica	R$ 55.655.000,00	R$ 46.041.000,00	R$ 101.696.000,00
São Gonçalo	R$ 275.469.000,00	R$ 171.636.000,00	R$ 447.105.000,00
São João De Meriti	R$ 176.797.000,00	R$ 115.634.000,00	R$ 292.431.000,00
Tanguá	R$ 32.430.000,00	R$ 9.798.000,00	R$ 42.228.000,00
Total	R$ 7.160.647.000,00	R$ 10.153.140.000,00	R$ 17.313.787.000,00

Fonte: Tabulações próprias - Fontes primárias: TCE (Tribunal de Contas do Estado do Rio de Janeiro)

Anexo 5- Construção do Índice de Corrupção – Região Metropolitana do Estado do Rio de Janeiro – Índice Transparência Administrativa (Grande Rio – Ano Base 2008) - Ressalvas e Impropriedades

Município	INCIDÊNCIA DE MÁ GESTÃO		
	Ressalvas	Improp	Sub Tot N
Belford Roxo	9	0	9
Duque De Caxias	17	4	21
Guapimirim	11	0	11
Itaboraí	3	15	18
Itaguaí	10	0	10
Japeri	13	0	13
Magé	5	8	13
Maricá	11	0	11
Mesquita	0	20	20
Nilópolis	5	0	5
Niterói	0	21	21
Nova Iguaçu	13	0	13
Paracambi	6	0	6
Queimados	11	0	11
Rio De Janeiro	6	0	6
Seropédica	7	0	7
São Gonçalo	10	0	10
São João De Meriti	12	9	21
Tanguá	16	0	16
Total	165	77	242

Fonte: Tabulações próprias - Fontes primárias: TCE (Tribunal de Contas do Estado do Rio de Janeiro)

Anexo 6 - Construção do Índice de Corrupção – Região Metropolitana do Estado do Rio de Janeiro – Índice Transparência Administrativa (Grande Rio – Ano Base 2008) - Educação e Saúde

Município	Incidência de Corrupção			
	R$ Educação	R$ Saúde	Outros	Sub Total
Belford Roxo	-	-	-	-
Duque De Caxias	42.479.902,05	-	242.414.945,30	284.894.847,30
Guapimirim	-	-	-	-
Itaboraí	26.902.418,40	1.237.610,76	52.945.628,01	81.085.657,17
Itaguaí	-	-	-	-
Japeri	-	-	-	-
Magé	11.661.648,70	880.050,52	-	12.541.699,22
Maricá	-	-	-	-
Mesquita	2.629.894,34	-	36.852.423,79	39.482.318,14
Nilópolis	-	-	-	-
Niterói	2.810.109,45	7.169.943,39	18.261.900,00	33.358.439,38
Nova Iguaçu	-	-	-	-
Paracambi	-	-	-	-
Queimados	-	-	-	-
Rio De Janeiro	-	-	-	-
Seropédica	-	-	-	-
São Gonçalo	6.741.604,24	-	25.425.180,10	32.166.784,34
São João De Meriti	8.739.779,44	651.900,38	60.118.071,83	69.509.751,65
Tanguá	-	-	-	-
Total	101.965.356,62	9.939.505,05	436.018.149,03	553.039.497,20

Fonte: Tabulações próprias - Fontes primárias: TCE (Tribunal de Contas do Estado do Rio de Janeiro)

Anexo 7- Construção do Índice de Corrupção – Região Metropolitana do Estado do Rio de Janeiro – Índice Transparência Administrativa (Grande Rio – Ano Base 2009) - Orçamentos e Repasses Municipais

Município	Rep Fed R$	Pib Mun R$	Orcmun R$
Belford Roxo	233.237.000,00	88.136.000,00	321.373.000,00
Duque De Caxias	727.108.000,00	451.442.000,00	1.178.550.000,00
Guapimirim	40.942.000,00	40.372.000,00	81.314.000,00
Itaboraí	150.484.000,00	93.362.000,00	243.846.000,00
Itaguaí	109.932.000,00	126.155.000,00	236.087.000,00
Japeri	63.364.000,00	28.189.000,00	91.553.000,00
Magé	297.344.000,00	816.019.000,00	1.113.363.000,00
Maricá	64.588.000,00	72.532.000,00	137.120.000,00
Mesquita	102.698.000,00	27.886.000,00	130.584.000,00
Nilópolis	78.856.000,00	47.724.000,00	126.580.000,00
Niterói	314.534.000,00	571.055.000,00	885.589.000,00
Nova Iguaçu	449.943.000,00	295.236.000,00	745.179.000,00
Paracambi	58.537.000,00	11.704.000,00	70.241.000,00
Queimados	80.808.000,00	40.451.000,00	121.259.000,00
Rio De Janeiro	4.037.591.000,00	7.629.591.000,00	11.667.182.000,00
Seropédica	62.972.000,00	46.409.000,00	109.381.000,00
São Gonçalo	355.830.000,00	188.851.000,00	544.681.000,00
São João De Meriti	189.291.000,00	107.937.000,00	297.228.000,00
Tanguá	29.426.000,00	9.154.000,00	38.580.000,00
Total	4.675.110.000,00	7.981.942.000,00	12.657.052.000,00

Fonte: Tabulações próprias - Fontes primárias: TCE (Tribunal de Contas do Estado do Rio de Janeiro)

Anexo 8 - Construção do Índice de Corrupção – Região Metropolitana do Estado do Rio de Janeiro – Índice Transparência Administrativa (Grande Rio – Ano Base 2009) - Ressalvas e impropriedades

Município	INCIDÊNCIA DE MÁ GESTÃO		
	RESSALVAS	IMPROP	SUB TOT N
Belford Roxo	11	0	11
Duque De Caxias	19	0	19
Guapimirim	10	0	10
Itaboraí	16	0	16
Itaguaí	7	0	17
Japeri	14	11	25
Magé	8	0	8
Maricá	21	0	21
Mesquita	27	0	27
Nilópolis	6	0	6
Niterói	19	0	19
Nova Iguaçu	19	0	19
Paracambi	12	0	12
Queimados	12	0	12
Rio De Janeiro	0	6	6
Seropédica	10	0	10
São Gonçalo	10	0	10
São João De Meriti	23	0	23
Tanguá	5	0	5
Total	249	17	276

Fonte: Tabulações próprias - Fontes primárias: TCE (Tribunal de Contas do Estado do Rio de Janeiro)

Anexo 9 - Construção do Índice de Corrupção – Região Metropolitana do Estado do Rio de Janeiro – Índice Transparência Administrativa (Grande Rio – Ano Base 2009) - Saúde e Educação

Município	INCIDÊNCIA DE CORRUPÇÃO			
	R$ Educação	R$ Saúde	Outros	Sub Total
Belford Roxo	0	0	0	0
Duque De Caxias	0	0	0	0
Guapimirim	0	0	0	0
Itaboraí	0	0	0	0
Itaguaí	0	0	0	0
Japeri	0	0	0	0
Magé	0	0	0	0
Maricá	0	0	0	0
Mesquita	0	0	0	0
Nilópolis	0	0	0	0
Niterói	0	0	0	0
Nova Iguaçu	0	0	0	0
Paracambi	0	0	0	0
Queimados	0	0	0	0
Rio De Janeiro	0	0	0	0
Seropédica	0	0	0	0
São Gonçalo	0	0	0	0
São João De Meriti	0	0	0	0
Tanguá	0	0	0	0
Total	0	0	0	0

Fonte: Tabulações próprias - Fontes primárias: TCE (Tribunal de Contas do Estado do Rio de Janeiro)

Anexo 10 - Construção do Índice de Corrupção – Região Metropolitana do Estado do Rio de Janeiro – Índice Transparência Administrativa (Grande Rio – Ano Base 2010) - Repasses e Orçamento Municipal

Município	Rep Fed R$	Pib Mun Rs	Orcmun R$
Belford Roxo	313.817.000,00	125.609.000,00	439.426.000,00
Duque De Caxias	891.290.000,00	570.605.000,00	1.461.895.000,00
Guapimirim	48.167.000,00	46.372.000,00	94.539.000,00
Itaboraí	175.183.000,00	137.646.000,00	312.829.000,00
Itaguaí	143.300.000,00	190.110.000,00	333.410.000,00
Japeri	77.272.000,00	32.991.000,00	110.263.000,00
Magé	373.743.000,00	982.306.000,00	1.356.049.000,00
Maricá	80.009.000,00	101.011.000,00	181.020.000,00
Mesquita	122.783.000,00	44.207.000,00	166.990.000,00
Nilópolis	122.334.000,00	52.607.000,00	174.941.000,00
Niterói	379.660.000,00	675.111.000,00	1.054.771.000,00
Nova Iguaçu	505.895.000,00	234.495.000,00	740.390.000,00
Paracambi	73.766.000,00	1.514.900,00	75.280.900,00
Queimados	95.704.000,00	39.835.000,00	135.539.000,00
Rio De Janeiro	4.638.678.000,00	10.604.534.000,00	15.243.212.000,00
Seropédica	62.972.000,00	46.409.000,00	109.381.000,00
São Gonçalo	460.788.000,00	228.712.000,00	689.500.000,00
São João De Meriti	228.982.000,00	124.233.000,00	353.215.000,00
Tanguá	36.925.000,00	10.788.000,00	47.713.000,00
Total	8.831.268.000,00	14.249.095.900,00	23.080.363.900,00

Fonte: Tabulações próprias - Fontes primárias: TCE (Tribunal de Contas do Estado do Rio de Janeiro)

Anexo 11 - Construção do Índice de Corrupção – Região Metropolitana do Estado do Rio de Janeiro – Índice Transparência Administrativa (Grande Rio – Ano Base 2010) - Ressalvas e Impropriedades

Município	INCIDÊNCIA DE MÁ GESTÃO		
	Ressalvas	Improp	Sub Tot N
Belford Roxo	2	11	13
Duque De Caxias	9	14	23
Guapimirim	7	0	7
Itaboraí	13	0	13
Itaguaí	16	0	16
Japeri	8	5	13
Magé	0	11	11
Maricá	12	0	12
Mesquita	20	0	20
Nilópolis	8	0	8
Niterói	21	0	21
Nova Iguaçu	19	0	19
Paracambi	14	0	14
Queimados	11	0	11
Rio De Janeiro	0	6	6
Seropédica	19	0	19
São Gonçalo	12	0	12
São João De Meriti	6	19	25
Tanguá	8	0	8
Total	205	66	271

Fonte: Tabulações próprias - Fontes primárias: TCE (Tribunal de Contas do Estado do Rio de Janeiro)

Anexo 12 - Construção do Índice de Corrupção – Região Metropolitana do Estado do Rio de Janeiro – Índice Transparência Administrativa (Grande Rio – Ano Base 2010) - Educação e Saúde

Município	INCIDÊNCIA DE CORRUPÇÃO			
	R$ EDUCAÇÃO	R$ SAÚDE	outros	SUB TOTAL
Belford Roxo	3.258.653,22	0,00	86.516.458,58	89.775.111,80
Duque De Caxias	0	0	0	0
Guapimirim	0	0	0	0
Itaboraí	0	0	0	0
Itaguaí	0,00	0,00	0,00	0,00
Japeri	0,00	0	0,00	0
Magé	78.003.821,71	0,00	6.809.386,09	84.813.207,80
Maricá	0,00	0	0,00	0
Mesquita	0,00	0,00	0,00	0,00
Nilópolis	0,00	0,00	0,00	0,00
Niterói	0,00	0,00	0,00	0,00
Nova Iguaçu	0,00	0,00	0,00	0,00
Paracambi	0,00	0,00	0,00	0,00
Queimados	0,00	0,00	0,00	0,00
Rio De Janeiro	0,00	0,00	0,00	0,00
Seropédica	0,00	0,00	0,00	0,00
São Gonçalo	0,00	0,00	0,00	0,00
São João De Meriti	11.058.036,60	0,00	191.318.419,00	202.376.486,60
Tanguá	0,00	0,00	0,00	0,00
Total	92.320.511,53	0,00	284.644.263,67	376.964.806,20

Fonte: Tabulações próprias - Fontes primárias: TCE (Tribunal de Contas do Estado do Rio de Janeiro)

Anexo 13 - Construção do Índice de Corrupção – Região Metropolitana do Estado do Rio de Janeiro – Índice Transparência Administrativa (Grande Rio – Média dos Anos Base 2007 à 2010)

Município	INCIDÊNCIA DE MÁ GESTÃO		
	Total N	N. Obs *	N/Obs
Belford Roxo	49	111	0,4441441441
Duque De Caxias	85	111	0,765765
Guapimirim	45	111	0,4054054
Itaboraí	71	111	0,639639
Itaguaí	55	111	0,495495
Japeri	69	111	0,621621
Magé	54	111	0,486486
Maricá	51	111	0,459459
Mesquita	96	111	0,864864
Nilópolis	35	111	0,31531531
Niterói	80	111	0,729729
Nova Iguaçu	59	111	0,531531
Paracambi	51	111	0,459459
Queimados	54	111	0,486486
Rio De Janeiro	23	111	0,207207
Seropédica	52	111	0,468468
São Gonçalo	52	111	0,468468
São João De Meriti	107	111	0,963963
Tanguá	45	111	0,405405
Total	1133	2109	0,537221

Fonte: Tabulações próprias - Fontes primárias: TCE (Tribunal de Contas do Estado do Rio de Janeiro)

Anexo 14 - Construção do Índice de Corrupção – Região Metropolitana do Estado do Rio de Janeiro – Índice Transparência Administrativa - Ranking

Município	INCIDÊNCIA DE CORRUPÇÃO			
	I.M.G	INC. COR.	TR.ADM.	RANKING
Belford Roxo	0,4441441441	0,067192	0,2556680721	12º
Duque De Caxias	0,765765	0,125686	0,4457255	17º
Guapimirim	0,4054054	0,00	0,2027027	3º
Itaboraí	0,639639	0,084612	0,3621255	15º
Itaguaí	0,495495	0,00	0,2477475	9º
Japeri	0,621621	0,00	0,3108105	14º
Magé	0,486486	0,0221606	0,2543233	11º
Maricá	0,459459	0,00	0,2297295	5º
Mesquita	0,864864	0,076494	0,470679	18º
Nilópolis	0,31531531	0,00	0,157657655	2º
Niterói	0,729729	0,00914	0,3694345	16º
Nova Iguaçu	0,531531	0,00	0,2657655	13º
Paracambi	0,459459	0,00	0,229731	6º
Queimados	0,486486	0,00	0,243243	8º
Rio De Janeiro	0,207207	0,00	0,1036035	1º
Seropédica	0,468468	0,00	0,234234	7º
São Gonçalo	0,468468	0,039924	0,254196	10º
São João De Meriti	0,963963	0,27313	0,6185465	20º
Tanguá	0,405405	0,00	0,2027025	3º
Total	0,537221	0,6983386	0,6177798	

Fonte: Tabulações próprias - Fontes primárias: TCE (Tribunal de Contas do Estado do Rio de Janeiro)

Anexo 15 - IDEB X Corrupção

Município	IDEB 2011			
	5ª ANO	9ª ANO	MED	RANKING
Belford Roxo	4.3	3.1	3,7	12º
Duque De Caxias	4.2	3.0	3,6	17º
Guapimirim	3.8	3.4	3,6	3º
Itaboraí	4.4	4.0	4,2	15º
Itaguaí	4.1	3.4	3,75	9º
Japeri	4.0	3.5	3,75	14º
Magé	4.1	3.4	3,75	11º
Maricá	4.7	4.6	4,75	5º
Mesquita	4.5	3.9	4,2	18º
Nilópolis	3.8	3.0	3,4	2º
Niterói	4.7	4.3	4,5	16º
Nova Iguaçu	4.4	3.9	4,15	13°
Paracambi	4.3	4.0	4,15	6º
Queimados	4.5	3.7	4,1	8º
Rio De Janeiro	5.1	4.2	4,65	1º
Seropédica	4.7	4.2	4,45	7°
São Gonçalo	4.6	3.4	4	10º
São João De Meriti	4.5	3.1	3,8	20º
Tanguá	4.7	3.9	4,3	3º
Total	0,537221	0,6983386	0,6177798	

Fonte: Tabulações próprias - Fontes primárias: TCE (Tribunal de Contas do Estado do Rio de Janeiro)

Anexo 16 - Paraguai Índices De Pobreza: Assunção e Departamentos

Departamentos	Cidade Sede.	Idh	Cgini	I.pob
Assunción	Assunción	0,834	0,505	0,248
Alto Paraguay	Fuerte Olimpo	0,679	0,566	0,373
Alto Paraná	Ciudad Del Leste	0,744	0,533	0,291
Amambay	Pedro Juan Caballero	0,706	0,544	0,398
Boquerón	Filadelfia	0,702	0,526	0,213
Caaguazú	Coronel Oviedo	0,733	0,589	0,487
Caazapá	Caazapá	0,748	0,564	0,465
Canindeyú	Salto Del Guaira	0,742	0,622	0,442
Central	Areguá	0,749	0,477	0,417
Concepción	Concepción	0,751	0,531	0,528
Cordilheira	Caacupé	0,742	0,446	0,305
Guairá	Vilarrica	0,743	0,501	0,366
Itapuá	Encarnación	0,748	0,606	0,411
Missiones	San Juan Bautista	0,755	0,542	0,427
Ñeembucú	Pilar	0,736	0,461	0,406
Paraguarí	Paraguarí	0,729	0,492	0,357
Presidente Hayes	Villa Hayes	0,713	0,531	0,303
San Pedro	San Pedro	0,739	0,52	0,511

Fonte: Tabulações próprias - Fontes Primárias: MECPY (2013)

Anexo 17 - Paraguai NBIs

Departamentos	Cidade Sede.	N.b.i.			
		Ac. Educ	Q.casa	Inf.san.	C.subs.
Assunción	Assunción		17	6,3	6,2
Alto Paraguay	Fuerte Olimpo		66,1	66,1	23,2
Alto Paraná	Ciudad Del Leste		26,8	24,7	14,2
Amambay	Pedro Juan Caballero		33,4	16,6	16,6
Boquerón	Filadelfia		49,9	66,7	24,1
Caaguazú	Coronel Oviedo		42,1	20,7	15,7
Caazapá	Caazapá		45,1	17,4	19,8
Canindeyú	Salto Del Guaira		43,8	22,3	20,1
Central	Areguá		27,8	11,7	9,4
Concepción	Concepción		44,4	27,5	18,8
Cordilheira	Caacupé		36,8	12,1	13,9
Guairá	Vilarrica		37	19,2	15,1
Itapuá	Encarnación		32,6	17,7	17
Missiones	San Juan Bautista		19,5	19,2	19,5
Ñeembucú	Pilar		32	24,7	14
Paraguarí	Paraguarí		34,5	14,8	18,4
Presidente Hayes	Villa Hayes		48,6	57,2	17,9
San Pedro	San Pedro		47,1	14,6	19,3

Fonte: Tabulações próprias - Fontes Primárias: DGPEPY (Departamento Geral de Pesquisas da República do Paraguai - 2013)

Anexo 18 - Rendimento Escolar no Paraguai - 3ª GD

Departamentos	REND.3°GD			
	COM	MAT	M.A.	MED
Assunción	50,01	59,27	59,19	56,15
Alto Paraguay	54,46	70,63	66,71	63,93
Alto Paraná	44,15	55,36	51,91	50,47
Amambay	41,86	50,79	47,42	46,69
Boquerón	43,74	52,99	55,05	50,59
Caaguazú	49,93	63,13	58,1	57,05
Caazapá	54,04	70,82	67,46	64,1
Canindeyú	55,23	75,86	67,38	66,15
Central	47,09	57,5	55,5	53,63
Concepción	44,07	56,64	50,1	50,27
Cordilheira	43,41	51,61	51,8	48,94
Guairá	53,3	67,9	66,09	62,43
Itapuá	44,4	59,33	57,17	53,63
Missiones	47,16	58,5	52,61	52,75
Ñeembucú	41,33	51,9	50,49	47,9
Paraguarí	52,34	68,73	64,15	61,74
Presidente Hayes	50,82	74,86	62,28	62,65
San Pedro	49,32	61,67	56,3	55,76

Fonte: Tabulações Próprias - Fontes primárias: reprovado/evasão: MEC, DGPE-SIEC 2010. MED = média de todos os ciclos; COM= Comunicação; MAT - Matemática; MA =; Meio Ambiente; REP = Reprovação; EVAS = Evasão; REND = Rendimento 3° Grado 3° GD

Anexo 19 - Rendimento Escolar - Paraguai 6º GD

Departamentos	REND.6°GD			
	COM	MAT	M.A.	MED
Assunción	47,46	47,86	55,32	50,21
Alto Paraguay	50,99	54,36	64,74	56,96
Alto Paraná	42,07	36,85	45,81	41,57
Amambay	37,19	32,36	40,07	36,54
Boquerón	40,67	40,75	47,52	42,98
Caaguazú	44,97	46,43	53,29	48,23
Caazapá	46,96	46,77	53,85	49,19
Canindeyú	49,53	48,67	54,38	50,86
Central	44,42	41,93	50,19	45,51
Concepción	46,04	43,44	48,28	45,92
Cordilheira	39,23	37,52	47,98	41,57
Guairá	47,98	47,76	54,51	50,08
Itapuá	43,26	46,66	53,85	47,92
Missiones	41,3	35,19	46,49	40,99
Ñeembucú	40,62	38,32	45,15	41,36
Paraguarí	46,13	45,04	52,62	47,93
Presidente Hayes	46	53,6	52,01	50,53
San Pedro	45,61	47	48,18	46,93

Fonte: Tabulações Próprias - Fontes primárias: reprovado/evasão: MEC, DGPE-SIEC 2010. MED = média de todos os ciclos; COM= Comunicação; MAT - Matemática; MA =; Meio Ambiente; REP = Reprovação; EVAS = Evasão; REND = Rendimento 6º Grado 6º GD

Anexo 20 - Paraguai Reprovação/Evasão

Departamentos	Média Geral	Reprovação/Evasão	
		Reprovação	Evasão
Assunción	53,18	2,4	2,45
Alto Paraguay	60,44	8,7	10,4
Alto Paraná	46,02	3,7	4,3
Amambay	41,61	3,3	6,95
Boquerón	46,78	3,9	9,65
Caaguazú	52,64	3,9	4,75
Caazapá	56,64	6	6,25
Canindeyú	58,5	4,2	5,95
Central	49,57	2,8	2,65
Concepción	48,09	4,2	4,55
Cordilheira	45,25	3,6	3,35
Guairá	56,25	4,3	4,45
Itapuá	50,77	5,9	5
Missiones	46,87	2,3	2,95
Ñeembucú	44,63	3,4	3
Paraguarí	54,83	3,1	3,5
Presidente Hayes	56,59	3,5	8,05
San Pedro	51,34	5,2	5,25

Fonte: Tabulações Próprias - Fontes primárias: reprovado/evasão: MEC, DGPE-SIEC 2010

Anexo 21 - IDEB Metropolitano X Corrupção

Grande Rio	IDEB									
Municípios	5ª Ano					9º ano				
Belford Roxo	3.5	3.6	↑3.7	↑3.8	4.6	2.7	2.7	↑2.8	↑3.2	3.5	0,255668
Duque De Caxias	3.3	↑3.7	↑3.8	↑4.3	4.4	2.5	↑2.7	2.7	↑3.5	3.4	0,445626
Guapimirim	3.0	3.0	↑3.5	↑4.0	↑4.3	2.5	↑2.7	2.7	↑3.5	3.4	0,202703
Itaboraí	3.0	3.8	↑4.1	↑4.6	4.7	3.6	↓3.5	↑3.8	↑3.9	4.4	0,362126
Itaguaí	3.3	↑3.7	↑4.1	↑4.5	4.4	3.0	↓2.9	↑4.0	↓3.9	3.8	0,247748
Japeri	3.1	↑3.7	↓3.6	↑3.8	4.2	3.1	3.1	↑3.2	↓2.9	3.9	0,310811
Magé	3.3	3.6	3.6	↑3.9	4.4	3.0	↑3.3	↑3.5	↓3.4	3.8	0,254323
Maricá	3.9	↑3.6	3.6	↑3.9	4.4	4.1	↓3.9	↑4.1	↓4.0	5.0	0,22973
Mesquita	3.7	3.9	↑4.1	4.1	4.8	3.4	↓3.3	↑3.4	↑3.5	4.3	0,470679
Nilópolis	3.0	↑3.9	↓3.6	↑4.4	4.1	2.4	↑3.4	↑3.7	↑4.1	3.5	0,157658
Niterói	3.9	↑4.4	↑4.6	4.6	5.0	3.8	3.8	3.8	↓3.7	4.7	0,369435
Nova Iguaçu	3.6	↑3.9	↑4.0	↑4.1	4.7	3.5	↑3.6	↓3.5	3.5	4.3	0,265766
Paracambi	3.4	↑4.5	4.5	↑4.9	4.5	3.5	↑3.8	↑4.3	↑4.9	4.4	0,229731
Queimados	3.7	↑3.9	3.9	↑4.2	4.8	3.2	↑3.6	3.6	↑4.3	4.1	0,243243
Rio De Janeiro	4.2	↑4.5	↑5.1	↑5.4	5.3	3.7	↑4.3	↓3.6	↑4.4	4.6	0,103604
Seropédica	3.2	↑3.6	↑3.7	↑4.3	4.3	3.5	↑3.7	↓3.5	↑3.7	4.4	0,234234
São Gonçalo	3.2	↑3.6	↑3.7	↑4.3	4.3	2.9	↑3.4	↓3.1	↑3.2	3.8	0,254196
São João De Meriti	3.7	↓3.6	↑4.0	↑4.2	4.8	2.6	↓2.5	↑3.5	3.5	3.5	0,618547
Tanguá	3.7	↓3.6	↑4.0	↑4.2	4.8	2.9	↑3.6	↑4.0	↑4.3	3.8	4.2

Fonte: Tabulações Próprias - Fontes Primárias: Corrupção - TCERJ - 2007 a 2014 (Tribunal de Contas do Estado do Rio de Janeiro) - IDEB: INEP/MEC(BR) 2005 a 2013.

Anexo 22 - Homocedasticidade e P-Valor Normalidade – Banco De Dados IDEB X Nbis - Brasil

	Homocedasticidade P Valor	Normalidade P Valor
1ª - IDEB 5º Ano = F{(Alf; Dom; Lei; Cul)	0,17	0,72
1ª - IDEB 5º Ano = F{(Lei; Cul)	0,19	0,66
2ª - IDEB 9º Ano = F{(Alf; Dom; Lei; Cul)	0,53	0,35
2ª - IDEB 9º Ano = F{(Alf; Cul)	0,46	0,37
3ª - IDEB Med = F{(Alf; Dom; Lei; Cul)	0,68	0,95
3ª - IDEB Med = F{(Alf; Dom; Cul)	0,73	0,95

Fonte: Tabulações próprias

Anexo 23 - ANÁLISE EXPLORATÓRIA – Banco De Dados IDEB X Nbis - Brasil

	DOM	LEI	CUL	IDEB5	IDEB9	MED
N	92	92	92	92	92	92
Média	35,83	2,20	1,75	4,72	4,01	4,34
Mediana	34,00	1,88	1,08	4,70	4,00	4,30
DP	16,95	1,92	2,05	0,52	0,51	0,44
Mínimo	3,40	0,00	0,00	3,70	3,00	3,40
Máximo	80,30	9,97	15,82	6,10	5,50	5,55
Soma	3296,36	202,77	160,77	429,40	336,90	364,60

Fonte: Tabulações próprias

Anexo 24 - Correlação – Banco De Dados IDEB X Nbis - Brasil

	Idh	Cgini	I.pob	Ac..Educ	Q.casa	Inf.san.	C.subs.	Rep	Evas
Idh	1,00	-0,16	-0,03	-0,68	-0,73	-0,68	-0,72	-0,47	-0,74
Cgini	-0,16	1,00	0,34	0,38	0,31	0,19	0,46	0,45	0,44
I.pob	-0,03	0,34	1,00	-0,17	0,16	-0,35	0,19	0,24	-0,17
Ac..Educ	-0,68	0,38	-0,17	1,00	0,61	0,80	0,84	0,36	0,83
Q.casa	-0,73	0,31	0,16	0,61	1,00	0,71	0,73	0,75	0,82
Inf.san.	-0,68	0,19	-0,35	0,80	0,71	1,00	0,64	0,43	0,85
C.subs.	-0,72	0,46	0,19	0,84	0,73	0,64	1,00	0,54	0,73
Rep	-0,47	0,45	0,24	0,36	0,75	0,43	0,54	1,00	0,63
Evas	-0,74	0,44	-0,17	0,83	0,82	0,85	0,73	0,63	1,00

Fonte: Tabulações próprias

Anexo 25 - Homocedasticidade X Normalidade P-Valor X Durbin-Watson X R^2 - Modelos Grupo III - Corrupção - Brasil

	Homocedasticidade p valor	Normalidade p valor	durbin. watson p valor	R^2
1ª - IDEB(2005) 5ª ano = f(corrupção);	0,3511	0,3990	0,4900	0,0017
2ª - IDEB 5ª ano (2007) = f(corrupção);	0,0531	0,0164	0,4960	0,0092
3ª - IDEB 5ª ano (2009) = f(corrupção);	0,0195	0,0153	0,4980	0,0012
4ª - IDEB 5ª ano (2011)= f(corrupção);	0,2438	0,3006	0,7700	0,0526
5ª - IDEB 5ª ano (2013)= f(corrupção);	0,0266	0,2005	0,9860	0,0200
6ª - IDEB(2005) 9ª ano = f(corrupção);	0,6469	0,8076	0,7980	0,0199
7ª - IDEB 9ª ano (2007) = f(corrupção);	0,8833	0,5593	0,2720	0,2764
8ª - IDEB 9ª ano (2009) = f(corrupção);	0,9201	0,4369	0,1600	0,0378
9ª - IDEB 5ª ano (2011)= f(corrupção);	0,2664	0,7488	0,3960	0,1596
10ª - IDEB 9ª ano (2013)= f(corrupção);	0,7503	0,3228	0,6080	0,0278

Fonte: Tabulações próprias

Anexo 26 - homocedasticidade X Normalidade P-Valor X Durbin-Watson - Modelos Grupo II - Brasil IDEB/Nbis.

Fonte: Tabulações próprias

Anexo 27 - Homocedasticidade X Normalidade P-Valor X Durbin-Watson - Modelos Grupo II E III- Paraguai - Índices De Pobreza E Nbis

	Homocedasticidade P Valor	Normalidade P Valor	Durbin. watson P Valor
1ª - 3º Grd = F(Idh; Cgini; I.pob)	0,620	0,220	0,306
2ª - 6º Grd = F(Idh; Cgini; I.pob)	0,933	0,902	0,160
3ª Med = F(Idh; Cgini; I.pob)	0,827	0,689	0,192
4ª - 3º Grd = F(Ac.educ; Q. Casa; Inf.san; C.subs)	0,457	0,164	0,442
4ª - 3º Grd = F(Q. Casa)	0,561	0,164	0,318
5ª - 6º Grd = F(Ac.educ; Q. Casa; Inf.san; C.subs)	0,772	0,498	0,222
5ª - 6º Grd = F(Q. Casa)	0,924	0,772	0,056
6º Med = F(Ac.educ; Q. Casa; Inf.san; C.subs)	0,629	0,269	0,346
6º Med = F(Q. Casa)	0,756	0,479	0,162

Fonte: Tabulações próprias

Anexo 28 - R^2 Dos Modelos Do Grupo I E II

Modelo	R^2
1ª - IDEB 5ª Ano = F(Corrupção);	<0,001
2ª - IDEB 9º Ano = F(Corrupção);	0,05749
3ª - IDEB Med= F(Corrupção).	0,02512
1ª - IDEB 5º Ano = F{(Alf; Dom; Lei; Cul)	0,1554
	0,1302
2ª - IDEB 9º Ano = F{(Alf; Dom; Lei; Cul)	0,08502
	0,0726
3ª - IDEB Med = F{(Alf; Dom; Lei; Cul)	0,1452
	0,1268
1ª - 3º Grd = F{(Idh; Cgini; I.pob)	0,1703
2ª - 6º Grd = F{(Idh; Cgini; I.pob)	0,1361
3ª Med = F{(Idh; Cgini; I.pob)	0,1646
4ª - 3º Grd = F{(Ac.educ; Q. Casa; Inf.san; C.subs)	0,2035
5ª - 6º Grd = F{(Ac.educ; Q. Casa; Inf.san; C.subs)	0,3659
6º Med = F{(Ac.educ; Q. Casa; Inf.san; C.subs)	0,2624

Fonte: Tabulações próprias

Anexo 29 - R² Modelo Grupo III

Modelo	R²
1	0,001682
2	0,009173
3	0,001183
4	0,05258
5	0,02001
6	0,01988
7	0,2764
8	0,0378
9	0,1596
10	0,02779

Fonte: Tabulações própria

Anexo 30 - Análise Exploratória - IDEB X CORRUPÇÃO - Modelo I - Grupo III.

	IDEB5					IDEB9					Corrupção
	2005	2007	2009	2011	2013	2005	2007	2009	2011	2013	
N	19,00	19,00	19,00	19,00	19,00	19,00	19,00	19,00	19,00	19,00	19,00
Média	3,46	3,79	3,96	3,29	4,57	3,15	3,36	3,52	3,76	4,03	0,29
Médian	3,40	3,70	3,90	4,20	4,50	3,10	3,40	3,50	3,70	3,90	0,25
DP	0,35	0,36	0,41	0,40	0,30	0,49	0,48	0,46	0,49	0,48	0,12
Mínimo	3,00	3,00	3,50	3,80	4,10	2,40	2,50	2,70	2,90	3,40	0,10
Máximo	4,20	4,50	5,10	5,40	5,30	4,10	4,30	4,30	4,90	5,00	0,62
Soma	65,70	72,10	75,20	81,50	86,80	59,90	63,80	66,80	71,40	76,60	5,46

Fonte: Tabulações próprias

Anexo 31 - Pressupostos - Grupo III

	Homocedasticidade p valor	Normalidade p valor	durbin. watson p valor	R²
1ª - IDEB(2005) 5ª ano = f(corrupção);	0,3511	0,3990 0,4900 0,0017		
2ª - IDEB 5ª ano (2007) = f(corrupção);	0,0531	0,0164	0,4960	0,0092
3ª - IDEB 5ª ano (2009) = f(corrupção);	0,0195	0,0153	0,4980	0,0012
4ª - IDEB 5ª ano (2011)= f(corrupção);	0,2438	0,3006	0,7700	0,0526
5ª - IDEB 5ª ano (2013)= f(corrupção);	0,0266	0,2005	0,9860	0,0200
6ª - IDEB(2005) 9ª ano = f(corrupção);	0,6469	0,8076	0,7980	0,0199
7ª - IDEB 9ª ano (2007) = f(corrupção);	0,8833	0,5593	0,2720	0,2764
8ª - IDEB 9ª ano (2009) = f(corrupção);	0,9201	0,4369	0,1600	0,0378
9ª - IDEB 9ª ano (2011)= f(corrupção);	0,2664	0,7488	0,3960	0,1596
10ª - IDEB 9ª ano (2013)= f(corrupção);	0,7503	0,3228	0,6080	0,0278

Fonte: Tabulações próprias

Anexo 32 - Correlação de Sperman - IDEB X CORRUPÇÃO - Grupo III

	Correlação	p-valor
IDEB5_2005	0,0319	0,8970
IDEB5_2007	0,0272	0,9121
IDEB5_2009	0,1966	0,4197
IDEB5_2011	-0,1834	0,4523
IDEB5_2013	0,2164	0,3735
IDEB9_2005	-0,0123	0,9601
IDEB9_2007	-0,4716	0,0415
IDEB9_2009	-0,3681	0,1210
IDEB9_2011	-0,5940	0,0073
IDEB9_2013	-0,0947	0,6998

Fonte: Tabulações próprias

Anexo 33 - Resultado do Modelo (IDEB5 - 2005) - IDEB X CORRUPÇÃO - Grupo III

	Estimativa	Erro Padr.	t valor	p valor
Intercepto	3,42407	0,21596	15,85477	0,00000
Corrupção	0,11776	0,69572	0,16926	0,86759

Fonte: Tabulações próprias

Anexo 34- Resultado do Modelo (IDEB5 - 2007) - IDEB X CORRUPÇÃO - Modelo Grupo III

	Estimativa	Erro Padr.	t valor	p valor
Intercepto	3,87665	0,22311	17,37569	0,00000
Corrupção	-0,28514	0,71873	-0,39673	0,69650

Fonte: Tabulações próprias

Anexo 35 - Resultado do Modelo (IDEB5 - 2009) - IDEB X CORRUPÇÃO - Modelo Grupo III

Fonte: Tabulações próprias

Anexo 36 - Histograma Ideb 5º Ano - 2005 - Modelos I e II - Brasil - Grupo I

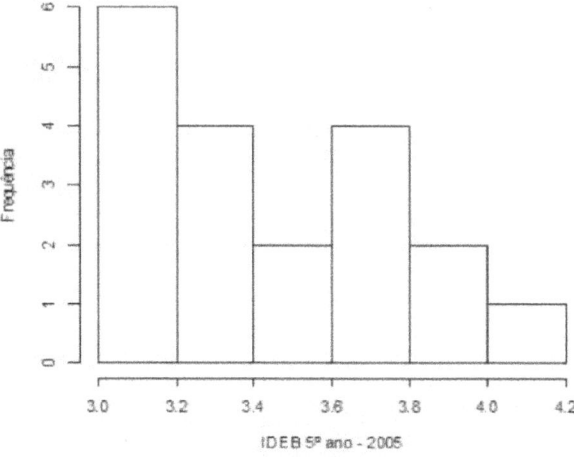

Fonte: Tabulações próprias

Anexo 37 - Histograma Ideb 5º Ano - 2007 - Modelos I E II - Brasil - Grupo I

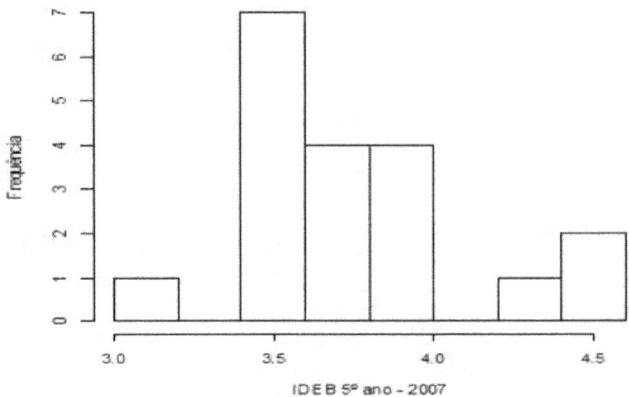

Fonte: Tabulações próprias

Anexo 38 - Histograma Qcasa. - Modelos I E II Paraguai.

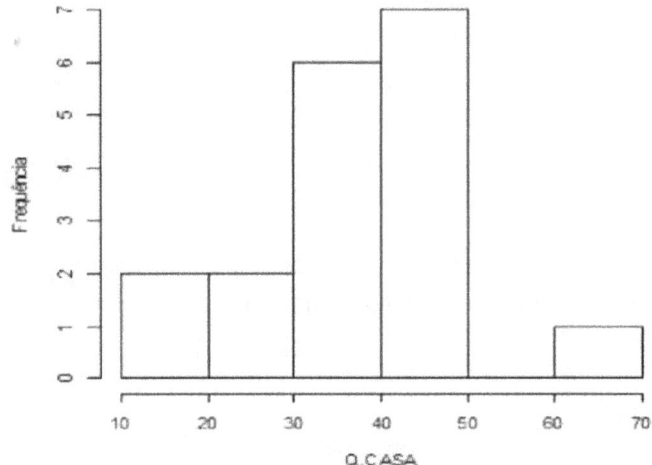

Fonte: Tabulações próprias

Anexo 39 - Histograma Ideb 5º Ano - 2009 - Modelos I E II - Brasil - Grupo I

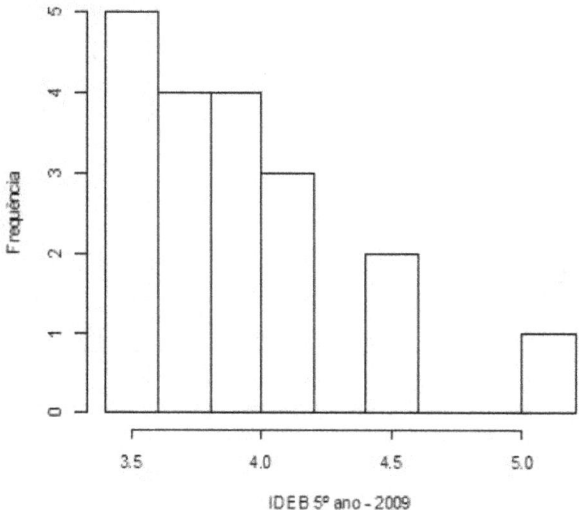

Fonte: Tabulações própria

Anexo 40 - Histograma Ideb 5º Ano - 2011 - Modelos I E II - Brasil - Grupo I

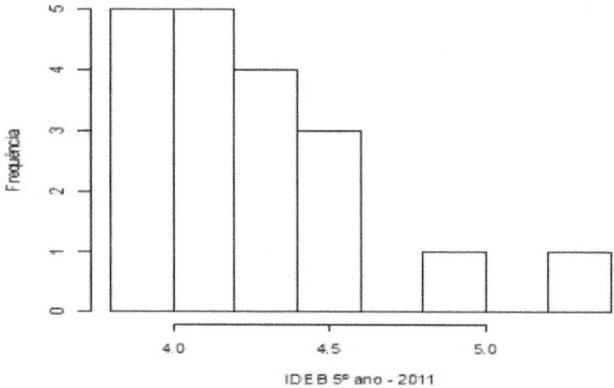

Fonte: Tabulações próprias

Anexo 41 - Histograma Ideb 5º Ano - 2013 - Modelos I E II - Brasil - Grupo I

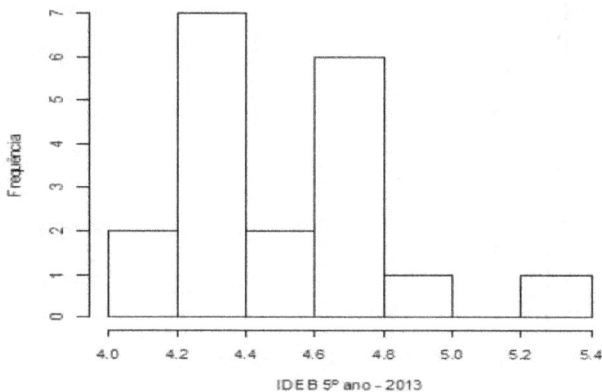

Fonte: Tabulações próprias

Anexo 42 - Histograma Ideb 5º Ano - 2011 - Modelos I E II - Brasil - Grupo I

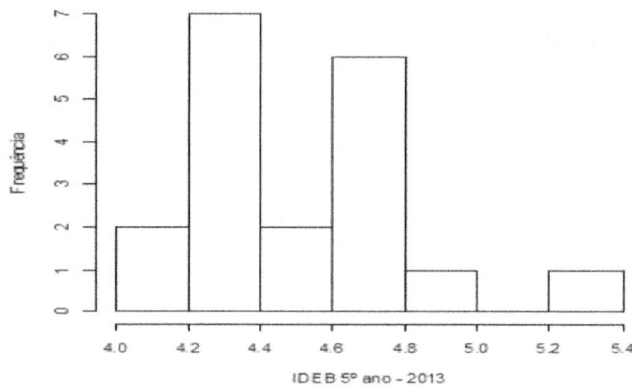

Fonte: Tabulações própria

Anexo 43 - Histograma Ideb 5º Ano - 2011 - Modelos I E II - Brasil - Grupo I

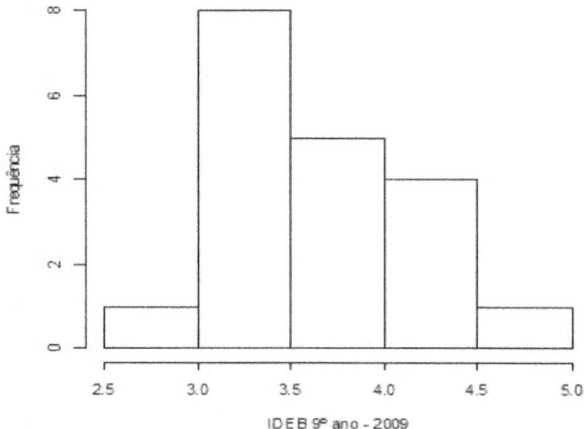

Fonte: Tabulações próprias

Anexo 44 - Histograma Ideb 5º Ano - Modelo Grupo III- Brasil

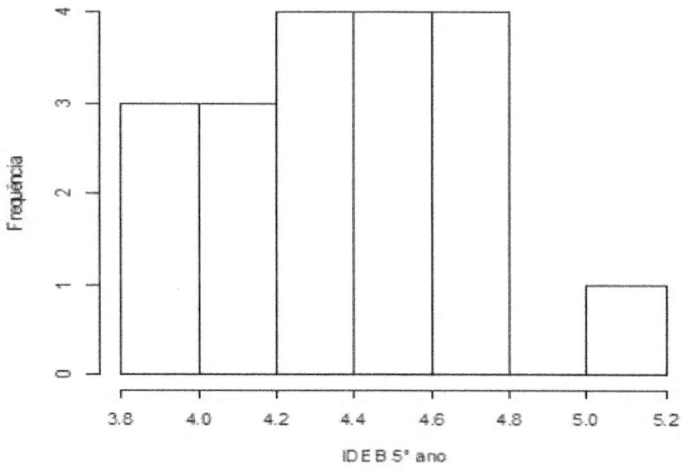

Fonte: Tabulações próprias

Anexo 45 - Histograma Ideb 9º Ano - Modelos Grupo III - Corrupção - Brasil.

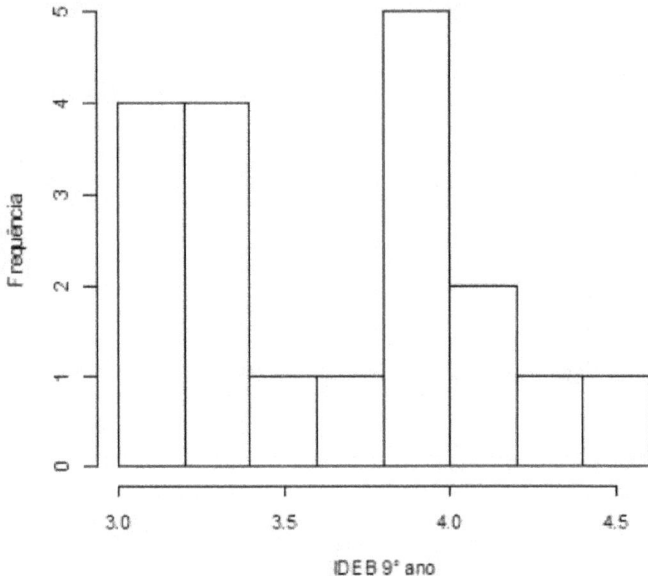

Fonte: Tabulações próprias

Anexo 46 - Histograma Ideb 9º Ano - 2011 - Modelos I E II (Grupo I) - Brasil.

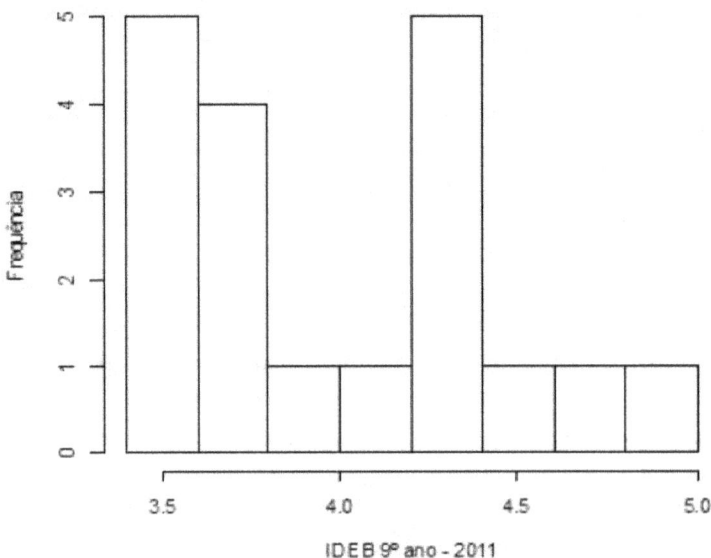

Fonte: Tabulações próprias

Anexo 47 - Histograma Corrupção - Modelo Grupo III - Corrupção - Brasil.

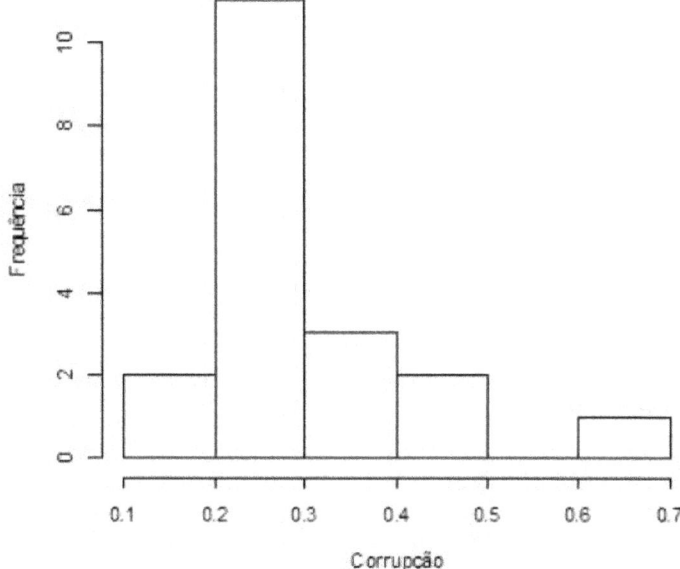

Fonte: Tabulações próprias

Anexo 48 - Histograma Ideb Med - Modelo do Grupo III - Corrupção

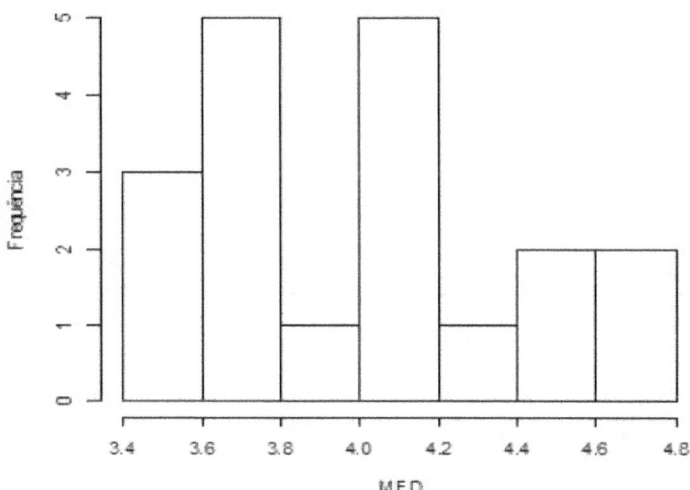

Fonte: Tabulações próprias

Anexo 49 - Histograma C.gini - Modelos I e II (Grupo I) Paraguai

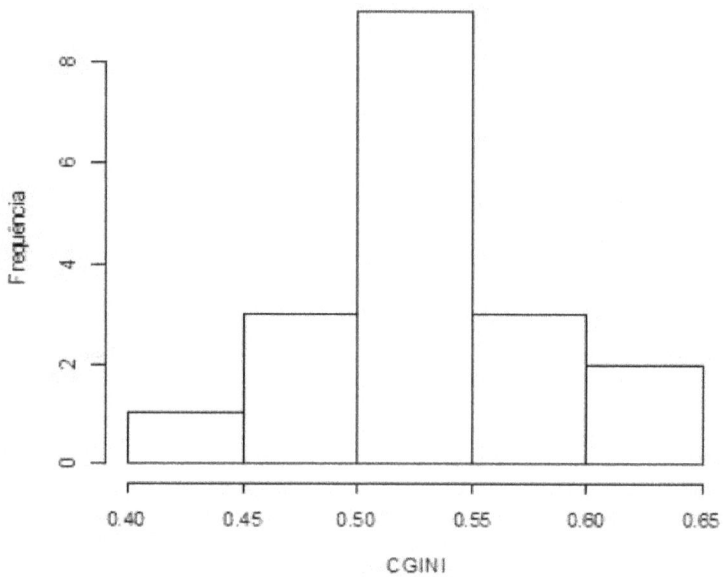

Fonte: Tabulações próprias

Anexo 50 - Histograma IDH - Modelos I e II (Grupo I) Paraguai

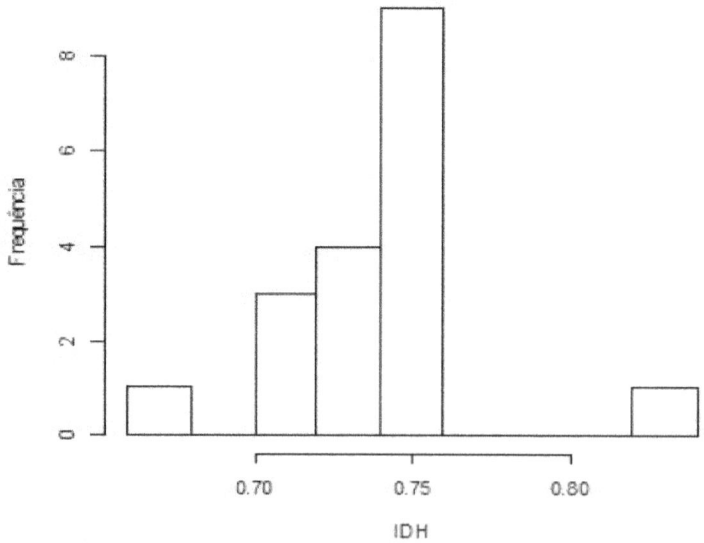

Fonte: Tabulações próprias

Anexo 51 - Histograma I. POB. - Modelos I e II (Grupo I) Paraguai

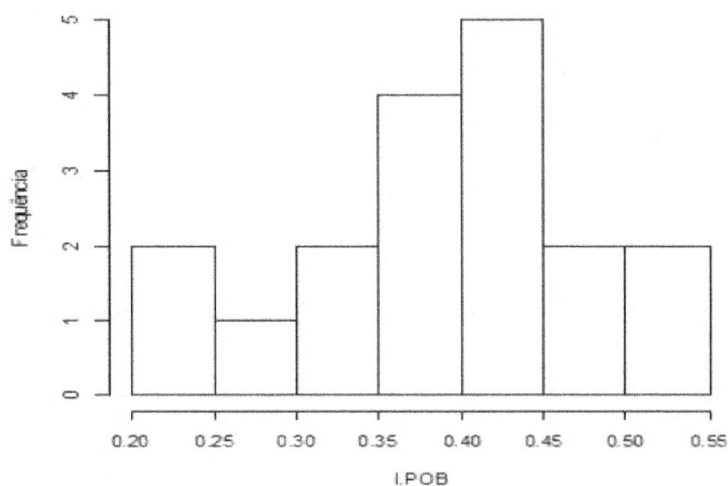

Fonte: Tabulações próprias

Anexo 52 - Histograma AC. EDUC - Modelos I e II (Grupo I) Paraguai

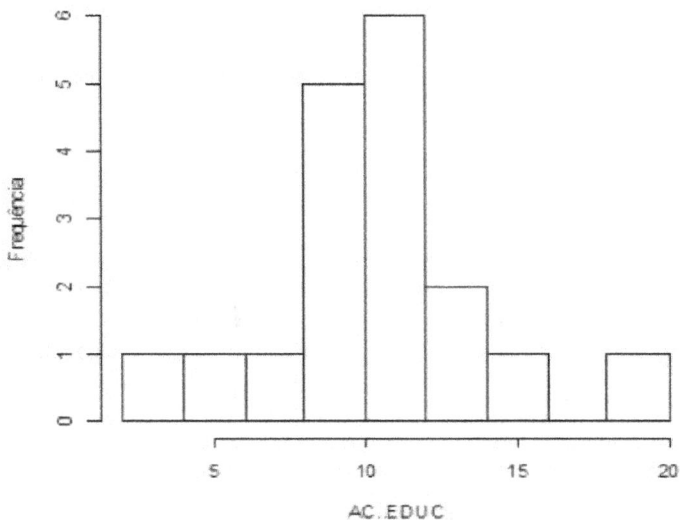

Fonte: Tabulações próprias

Anexo 53 - Histograma C, SUBS - Modelos I e II (Grupo I) Paraguai

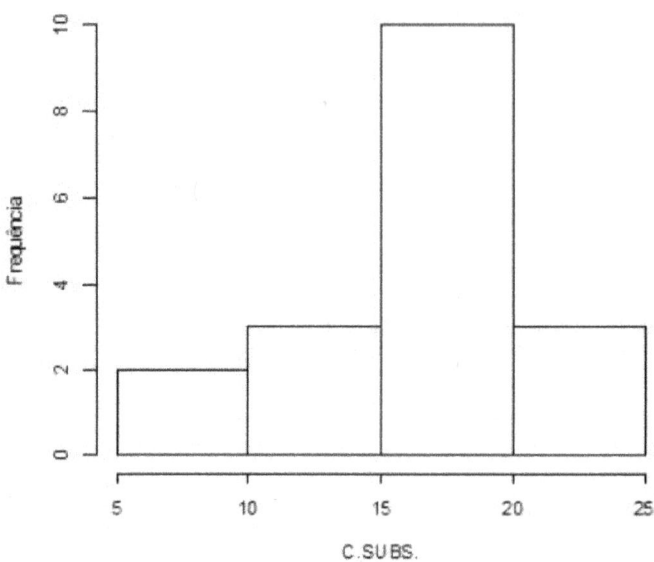

Fonte: Tabulações próprias

Anexo 54 - Histograma 3º Grd - Modelos II E II (Grupo I) Paraguai.

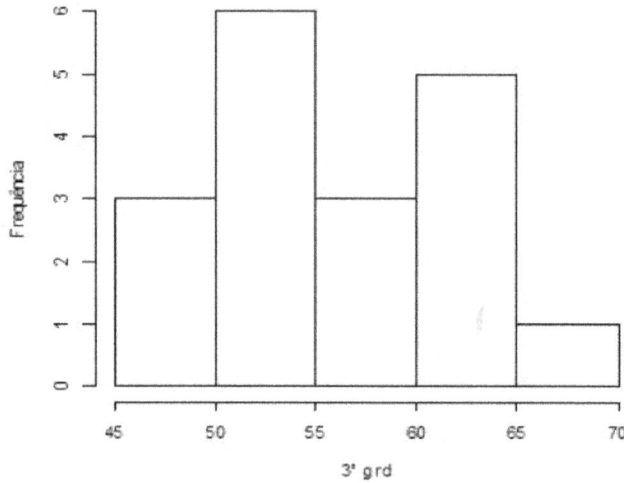

Fonte: Tabulações próprias

Anexo 55 - Histograma INF. SAN - Modelos II E II (Grupo I) Paraguai.

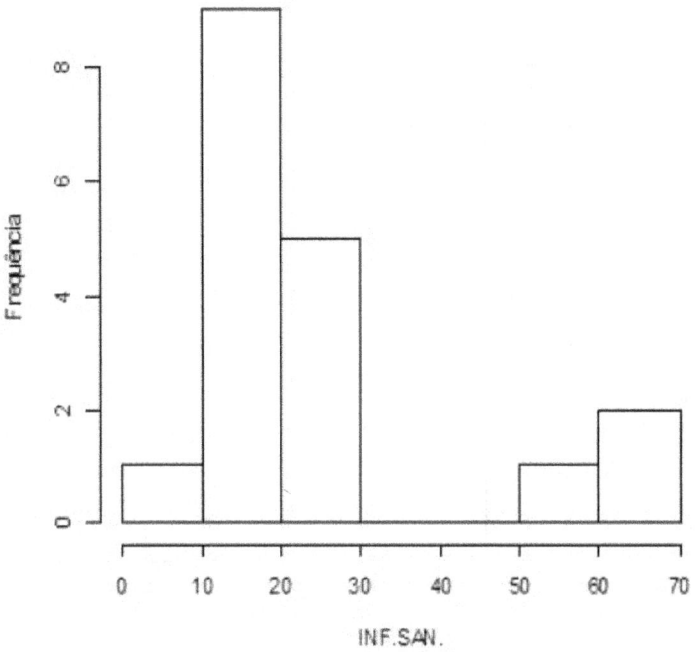

Fonte: Tabulações próprias

Anexo 56 - Histograma GD MED - Modelos II E II (Grupo I) Paraguai

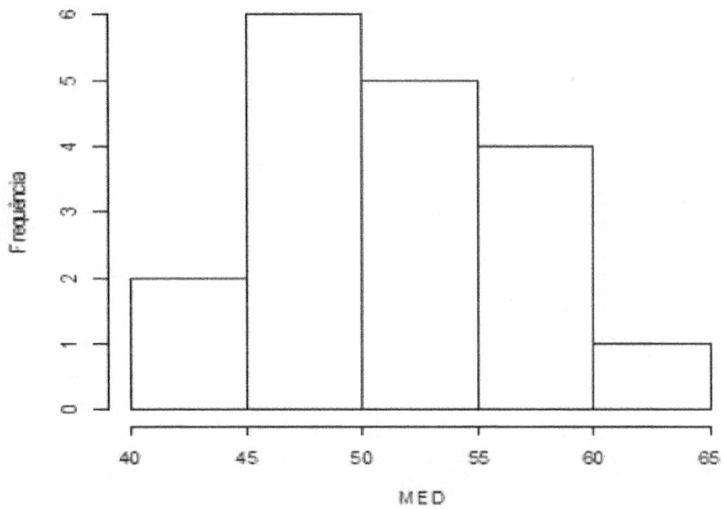

Fonte: Tabulações próprias

Anexo 57 - Histograma REP - Modelos II E II (Grupo I) Paraguai

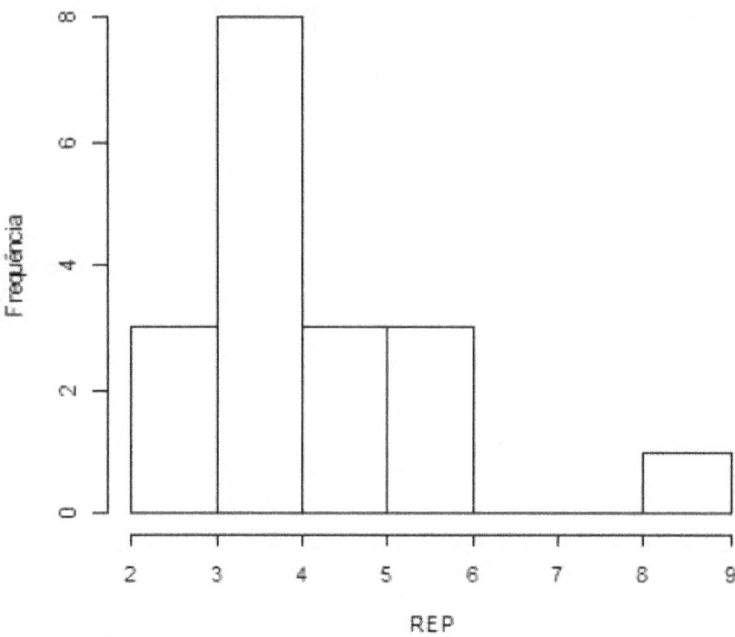

Fonte: Tabulações próprias

Anexo 58 - Histograma EVAS - Modelos II E II (Grupo I) Paraguai

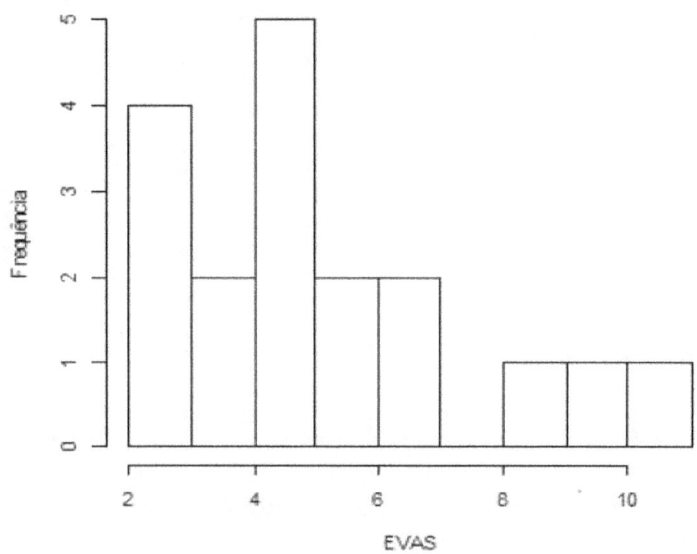

Fonte: Tabulações próprias

Anexo 59 - Histograma 6º Grd - Modelos II E II (Grupo I) Paraguai

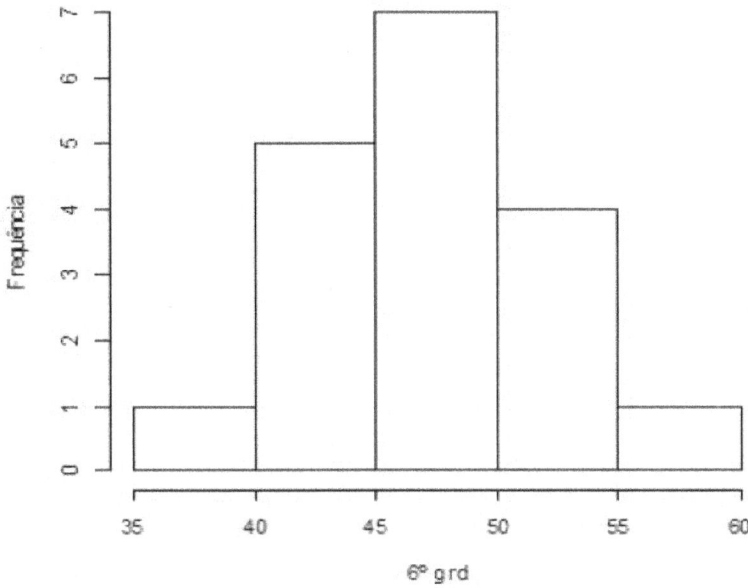

Fonte: Tabulações próprias

(TESTE DE HOMOGENEIDADE COM TRANSFORMAÇÕES DE DADOS)

Geralmente utilizam-se três grupos de transformações com o intuito de buscar homogeneidade de variâncias, a primeira, mais funcional, e mais comumente utilizada é a transformação logarítmica, que consiste basicamente na extração do logaritmo natural ou de base 10 das variáveis apresentadas, geralmente, para evitar-se indeterminações matemáticas para valores iguais à zero utiliza-se a abordagem V=log. (v+1), de Vê o novo valor transformado e v é o antigo valor, não transformado, da variável. Outra transformação comum é raiz quadrada, neste caso V=raiz(v), uma terceira transformação indicada para dados de proporção é a transformação arco-seno, que não foi utilizada no nosso caso. Nenhuma destas resultou em homogeneidade dos resíduos ao longo das retas de regressão, abaixo o teste para cada um dos modelos após as transformações logarítmicas e de raiz quadradas terem sido aplicadas.

Anexo 60 - Variáveis com transformação logarítmica (Modelo I - Grupo I)

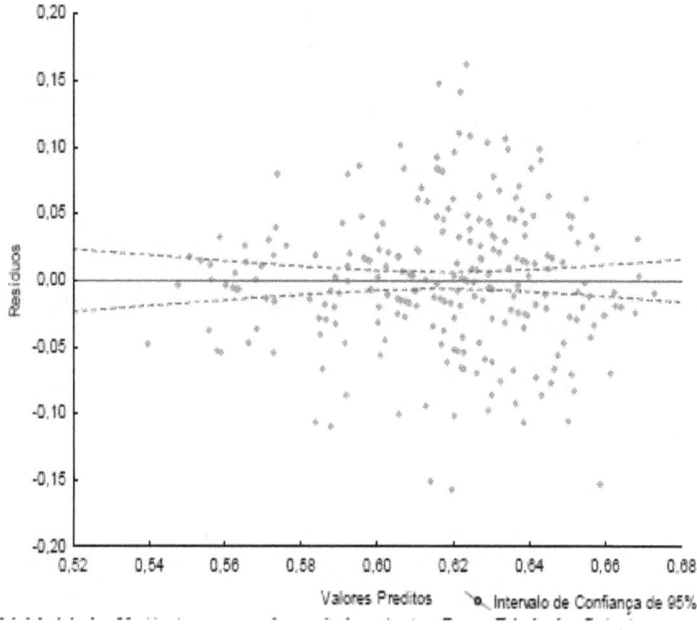

Fonte: Tabulações próprias

Repare o grande espalhamento dos pontos fora do intervalo de confiança, o que indica violação do pressuposto de Homocedasticidade mesmo após transformação do conjunto de dados.

Anexo 61 - Variáveis com transformação logarítmica (Modelo II - Grupo I)

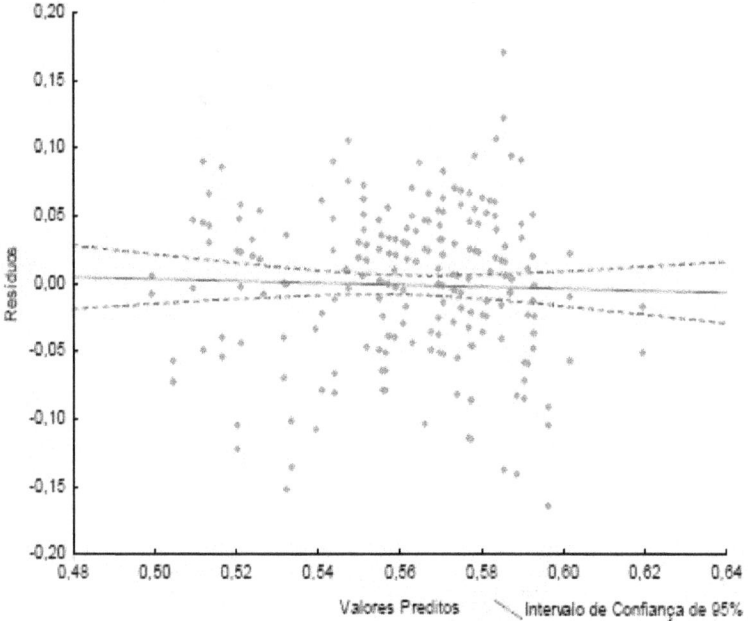

Fonte: Tabulações próprias

Anexo 62 - Variáveis com transformação logarítmica (Modelo II - Grupo I)

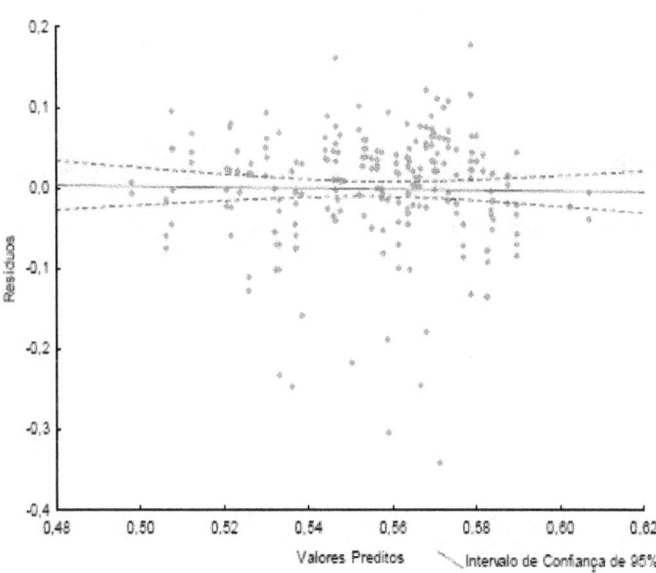

Fonte: Tabulações próprias

Repare o grande espalhamento dos pontos fora do intervalo de confiança, o que indica violação do pressuposto de Homocedasticidade mesmo após transformação do conjunto de dados.

Anexo 63 - Variáveis com transformação logarítmica (Modelo III - Grupo I)

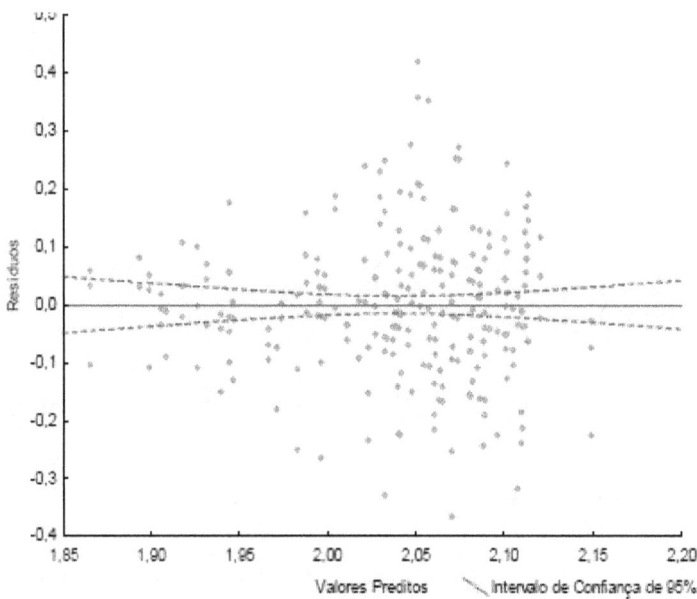

Fonte: Tabulações próprias

Grande espalhamento dos pontos fora do intervalo de confiança, o que indica violação do pressuposto de Homocedasticidade mesmo após transformação do conjunto de dados.

Anexo 64 - Modelo I (Grupo I) – Variáveis com transformação Raiz-quadrada.

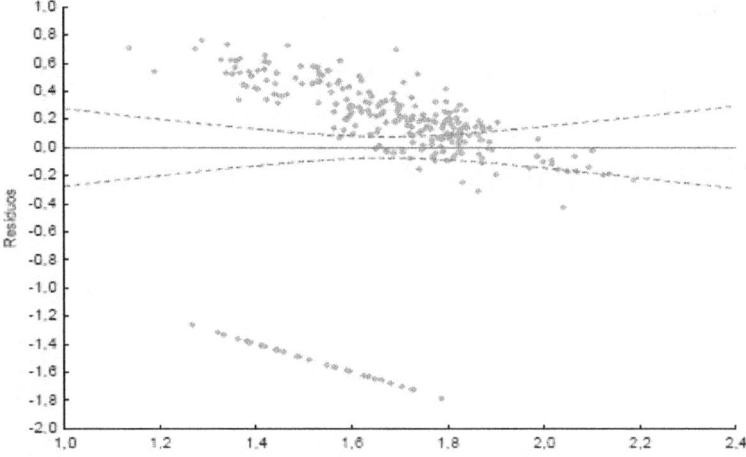

Fonte: Tabulações próprias

Modelo 2 (Grupo I) – Variáveis com transformação Raiz-quadrada: a despeito de um melhor arranjo com as variáveis transformadas em raiz quadrada ainda pontos fora do intervalo de confiança, o que indica violação do pressuposto de Homocedasticidade mesmo após transformação do conjunto de dados.

Anexo 65 - Modelo II (Grupo I) – Variáveis com transformação Raiz-quadrada.

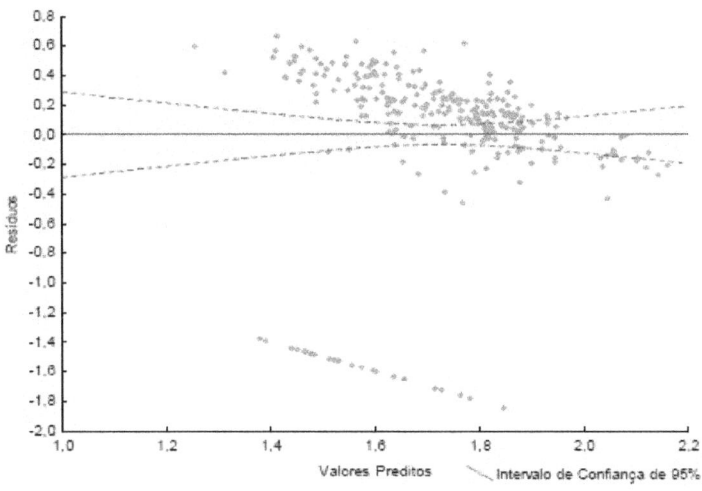

Fonte: Tabulações próprias

Modelo 3 – Variáveis com transformação Raiz-quadrada: grande espalhamento dos pontos fora do intervalo de confiança, o que indica violação do pressuposto de Homocedasticidade mesmo após transformação do conjunto de dados.

Anexo 66 - Modelo III (Grupo I) - Variáveis com Transformação de Raiz Quadradas.

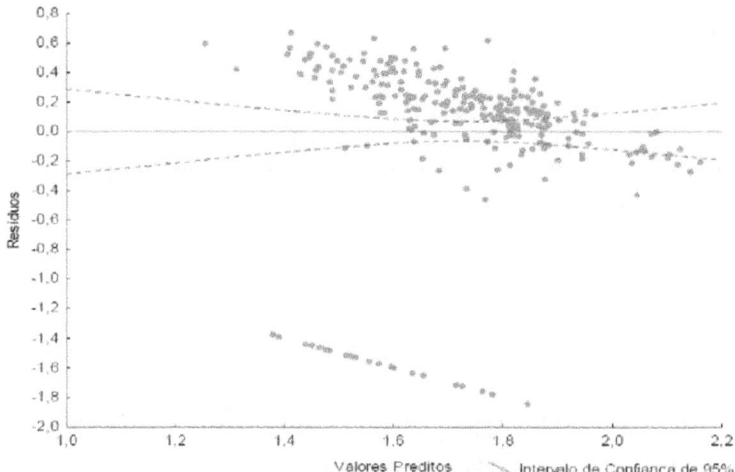

Fonte: Tabulações próprias

www.ingramcontent.com/pod-product-compliance
Lightning Source LLC
Chambersburg PA
CBHW080437170426
43195CB00017B/2807